L'évolution comptable en Afrique francophone au sud du Sahara

Raisons et perspectives des états financiers

Collection « Études africaines »

dirigée par Denis Pryen et son équipe

Forte de plus de mille titres publiés à ce jour, la collection « Études africaines » fait peau neuve. Elle présentera toujours les essais généraux qui ont fait son succès, mais se déclinera désormais également par séries thématiques : droit, économie, politique, sociologie, etc.

Dernières parutions

Dieudonné ENIYANKITAN OLABIYI OTEKPO, *Assainir la vie publique en Afrique. Une éthique politique pour la bonne gouvernance*, 2021.
Arthur VIDO, *Biographie du roi Kpengla du Danhomè,* 2019.
Claude IGUMA WAKENGE, *Stade coltan, Extraction minière artisanale, réformes et changement social à l'est de la République démocratique du Congo,* 2019.
Phidias AHADI SENGE MILEMBA, *États de l'État en Afrique, Des déficiences fonctionnelles aux perspectives d'un horizon possible*, 2019.
Nestor Kobenan TAN, *L'Église au défi des identités, Pastorale de l'interculturalité en Côte d'Ivoire*, 2019.
Gervais MUBERANKIKO, *La protection du locataire-gérant en droit OHADA, Nouvelle édition*, 2019.
Mamadou Diarafa DIALLO, *L'hygiène en milieu de soins au Mali, Entre représentations, normes et pratiques*, 2019.
Galedi NZEY, *La formation des professeurs du second degré au Gabon (1971-2010)*, 2019.
Olivier FANDJIP, *Le temps dans le contentieux administratif en droit français et des États d'Afrique francophone*, 2019.
Olivier FANDJIP, *Les mutations récentes de la justice administrative en Afrique francophone. Étude critique à partir du modèle camerounais*, 2019.
Placide MALUNG'MPER AKPANABI, *L'éducation aux valeurs chez les Ding orientaux en RDC, De 1885 à nos jours, tome 1, 2 et 3, 2019.*
Jérôme TOUNG-NZUE, *Réalités du pouvoir au Gabon et fondements du blocage sociopolitique*, 2019.
NIAMKEY-KOFFI, *Révolution et liberté*, 2019.

Souleymanou Kadouamaï

L'évolution comptable en Afrique francophone au sud du Sahara

Raisons et perspectives des états financiers

Préface de Mouhamed El Bachir Wade

L'Harmattan

5-7, rue de l'École-Polytechnique ; 75005 Paris

http://www.editions-harmattan.fr/

ISBN : 978-2-336-44335-5
EAN : 9782336443355

REMERCIEMENTS

À

Monsieur le Professeur Guy DJONGOUE, Enseignant-chercheur - Université de Douala-Cameroun, Chef de Département de Comptabilité à l'École Nationale d'Administration et de Magistrature (ENAM), Expert rattaché au Conseil National de la Comptabilité Publique - Ministère des Finances (CNCP-MINFI) du Cameroun, pour sa profonde implication dans la relecture, ses critiques pertinentes et constructives du présent ouvrage.

Monsieur le Docteur David DJORA et Monsieur le Docteur Mohamadou DJIBRILLA, autrefois mes promotionnaires d'études en comptabilité au Lycée Technique de Maroua, respectivement Directeur du Collège d'Enseignement Technique Industriel et Commercial (CETIC) de Petté, et Directeur Adjoint de l'École Normale d'Instituteurs de l'Enseignement Technique (ENIET) et par ailleurs, chercheurs rattachés au Département de Comptabilité et Finance de la Faculté des Sciences Économiques et de Gestion (FSEG) de l'Université de Maroua (UMa), pour leurs relectures contributives.

Madame SOULEYMANOU née AWA ABDOU, pour ses attentives relectures.

Madame Mathilde COINEAU, Service des manuscrits à Harmattan, pour les conseils et les relectures de mon manuscrit.

SIGLES ET ACRONYMES

ANC : Autorité des Normes Comptables
AO : Activités Ordinaires
AU : Acte Uniforme
AUDC : Acte Uniforme du Droit Comptable
AUDCIF : Acte Uniforme relatif au Droit Comptable et à l'Information Financière
BCEAO : Banque Centrale des États de l'Afrique de l'Ouest
CAC : Conseil Africain de la Comptabilité
CAF : Capacité d'Autofinancement
CCAO : Conseil Comptable de l'Afrique de l'Ouest
CCJA : Cour Commune de Justice et d'Arbitrage
CCS : Comité de Concertation et de Suivi
CEDEAO : Communauté Economique des États de l'Afrique de l'Ouest
CEE : Communauté Economique Européenne
CEMAC : Communauté Economique et Monétaire de l'Afrique Centrale
CFA : Communauté Financière Africaine (pour le franc de l'Afrique de l'Ouest, son code ISO est XOF) ou Coopération financière en Afrique (pour le franc de l'Afrique centrale, son code ISO est XAF)
CGA : Centre de Gestion Agréé
CNAM : Conservatoire National des Arts et Métiers
CNC : Conseil National de la Comptabilité
COBAC : Commission Bancaire de l'Afrique Centrale
***CRTV**: Cameroon Radio and Television*
CSC : Conseil Supérieur de la Comptabilité
DCG : Droit Commercial Général
DSF : Déclaration Statistique et Fiscale
EBE : Excédent Brut d'Exploitation
ERSUMA : Ecole Régionale Supérieure de Magistrature
ETE : Excédent de Trésorerie d'Exploitation
FMI: Fond Monétaire International.
GIE : Groupement d'Intérêt Economique
HAO : Hors Activités Ordinaires
***IASB**: International Accounting Standard Board*
***IASC**: International Accounting Standard Committee*
***IAS**: International Accounting Standard*
***IFAC**: International Federation of Accountants*
***IFRS**: International Financial Reporting Standards*
***IPSAS**: International Public Sector Accounting Standards*
***ISA** : International Standards on Auditing* (Norme Internationale d'Audit)
MC : Marge Commerciale
OCAM : Organisation Commune Africaine et Malgache
OCAMM : Organisation Commune Africaine, Malgache et Mauricienne
OCDE : Organisation de Coopération et de Développement Economiques

OHADA : Organisation pour l'Harmonisation en Afrique du Droit des Affaires
ONECCA : Ordre National des Experts Comptables et Comptables Agréés
ONECCAC : Ordre National des Experts Comptables et Comptables Agréés du Cameroun
ONECCAS : Ordre National des Experts Comptables et Comptables Agréés du Sénégal
OPA : Offre Publique d'Achat
OPE : Offre Publique d'Echange
OUA : Organisation de l'Unité Africaine
PCG : Plan Comptable Général
PCGO : Plan Comptable Général de l'OHADA
PIB : Produit Intérieur Brut
PME : Petite et Moyenne Entreprise
RAO : Résultat sur Activité Ordinaire
RCA : République Centrafricaine
RDC : République Démocratique de Congo
RE : Résultat d'Exploitation
RF : Résultat Financier
RHAO : Résultat sur Hors Activité Ordinaire
RHE: Résultat Hors Exploitation
ROSC: *Reports on the Observance of Standards and Codes*
RRNC : Rapports sur le Respect des Normes et Codes
SA : Société Anonyme
SCG : Soldes Caractéristiques de Gestion
SCN : Système Comptable Normal
SYSCOA : Système Comptable Ouest-Africain
SYSCOHADA : Système Comptable de l'Organisation pour l'Harmonisation en Afrique du Droit des Affaires (OHADA)
TAFIRE : Tableau Financier des Ressources et des Emplois
TFT : Tableau des Flux de Trésorerie
TPSCP : Tableau de Passage aux Soldes des Comptes Patrimoniaux
TPE : Très Petite Entreprise
TVA : Taxe sur la Valeur Ajoutée
UA : Unité Africaine
UAM : Unité Africaine et Malgache
UAMCE : Unité Africaine et Malgache de Coopération Economique
UDEAC : Union Douanière et Économique de l'Afrique Centrale
UEMOA : Union Economiques et Monétaire Ouest-Africaine
UNIDA : Unification de Droit en Afrique
VA : Valeur Ajoutée
VANCE : Variation de l'Avoir Net au Cours de l'Exercice

PRÉFACE

Selon Capron (1985), la comptabilité est le produit de la société dans laquelle elle est pratiquée ; elle est un phénomène social. Dans ce cas, il est tout à fait légitime pour les chercheurs africains en comptabilité de se poser la question suivante: quelle a été l'évolution de cette discipline dans notre contexte ? C'est précisément la problématique que soulève cet ouvrage du Pr Souleymanou mais pour l'Afrique francophone au sud du Sahara. D'ailleurs, le titre de cette réflexion sous-entend un certain nombre de questions spécifiques contenues dans la question principale et dont le développement constitue la trame du livre. Assurément, les réponses fournies ne feront pas l'unanimité, car nos maîtres qui ont défriché le terrain n'ont pas pu s'entendre sur les contours et le relief du domaine. C'est pourquoi Robert Teller (1985) disait : « Chaque catégorie d'acteurs a contribué à l'évolution du Système comptable qui est fonction « hypothèses implicites qui le sous-tendent » ; et Karl Marx considérait que la comptabilité « est encore plus nécessaire dans la production communautaire que dans la production capitaliste » ; tandis que Hatchuel (2010) affirmait que la comptabilité est inhérente au capitalisme.

Pour délimiter les contours de l'espace étudié, le choix de la langue française ne permet pas d'avoir une homogénéité. Non seulement l'aire géographique englobe d'immenses enclaves anglophones (Nigéria, Ghana...) mais aussi des territoires lusophones et hispanophones. Qui plus est, les pays francophones n'ont jamais pu se fédérer dans une association commune avant l'avènement de l'OHADA.

Ceci permet alors de comprendre la trajectoire de l'histoire de la comptabilité en Afrique francophone à partir du socle commun qu'est l'école continentale de la comptabilité. En effet, en Afrique Francophone, depuis l'ordonnance de Colbert en 1673, la source de la comptabilité demeure le droit comptable édicté par les pouvoirs publics dans un cadre national ou dans le cadre d'organisations sous régionales, dont la vie est marquée par des péripéties géopolitiques diverses, mais aussi des influences changeantes du droit commercial, du droit fiscal et de la normalisation internationale (Gouadain, 2000).

La justification de cette approche est fournie par Burlaud et Pérez (2012) pour qui :

- les comptes annuels produits par les entités sont en principe un « bien commun » comme en atteste le principe de la pertinence partagée, mais en fait, ils sont un « bien club », car ils ne sont accessibles qu'aux seuls initiés ;
- le coût d'obtention de l'information qu'ils véhiculent doit être minimisé grâce à une harmonisation des règles d'élaboration et de présentation.

Géneviève Causse (1999, p. 212) fournit une explication supplémentaire : « c'est sans doute le contexte économique, social et politique de l'après-guerre, celui de la planification qui a abouti (au) Plan comptable 47 ». Ce dernier visait la fourniture d'informations comparables… il relève également de la tradition française d'élaboration des comptes nationaux dont les bases ont été établies par Quesnay au XVIIIe siècle. C'est le formalisme de notre Plan comptable qui a rendu notre système attractif. On ne saurait compter les pays qui ont adopté un Système comptable proche du modèle français. Nos anciennes Colonies, après les indépendances, ont continué à utiliser notre système, puis l'ont perfectionné ».

En réalité, la comptabilité en Afrique francophone, avec l'adoption du principe de la prééminence de la réalité économique sur l'apparence juridique, montre également sa grande ouverture à la normalisation internationale pour mieux profiter de la mondialisation du marché des capitaux et de la financiarisation de la gouvernance des grandes entreprises à qui elle impose l'adoption des IFRS.

Le livre du Pr Souleymanou explique dans le détail des opérations comptables, les changements qui sont induits par les évolutions des systèmes comptables et prouve éloquemment qu'un Système comptable pertinent est le reflet du contexte économique et juridique. Ce qui est en écho avec Scheid (1995) pour qui, les besoins de comptabilité sont des besoins associés à un genre de vie et non seulement des besoins engendrés par ou proportionnels à l'activité économique.

Ouagadougou, le 4 décembre 2023

Pr Mouhamed El Bachir WADE
Professeur Titulaire CAMES
Secrétaire Permanent du Cursus de formation
à l'expertise comptable de l'UEMOA

AVANT-PROPOS

Après plusieurs années d'expérience et de mise en application des états financiers d'un ancien Acte Uniforme la volonté des pays membres de SYSCOHADA d'adopter un changement de leurs pratiques comptables, dans la perspective de prendre l'élan d'amélioration volontaire et progressive des structures informelles à capital fermé dominantes en Afrique francophone au sud du Sahara, est mise en évidence. « En réponse à la nouvelle donne, le référentiel SYSCOA et OHADA a offert aux pays concernés l'occasion de procéder ensemble à une mise à jour de grande ampleur ... » (Gouadain et Wade, 2009, p.1310), quoique cette évolution semble aborder une philosophie visant à écarter la comptabilité patrimoniale pour sa conception davantage financière. « En réalité, ce système en vigueur tient compte d'une part des spécificités du contexte, puis tente d'autre part d'adopter les IFRS et de se mettre en conformité avec l'extérieur.

Cette tentation est renforcée par la pression forte exercée par les bailleurs de fonds, ainsi que par certains cabinets étrangers qui ont pour champ d'activité la zone de l'Afrique francophone » (Causse, 2014, p. 159). Il se veut « ... un Système comptable de qualité nécessaire pour attirer les capitaux extérieurs en provenance des banques, des organismes internationaux ou des investisseurs privés » (Causse, 2018, p. 9).

Les contributions de cet ouvrage partent du point selon lequel il apparaît que la pratique concrète de la comptabilité peut être un enjeu dans l'évolution de besoins sociaux et humains, multiples et variés. Sur un plan organisationnel, nous soulignons que des rôles peuvent être créés pour la comptabilité dans un contexte de développement pour d'autres formes de pratiques managériales. Nous constatons aussi que le Système comptable, tout comme les modes de contrôle organisationnel, peut émerger par une interaction de processus politiques à la fois à l'intérieur de l'organisation et à l'interface avec les autres référentiels dominants en considérant certaines analyses qui attribuent une signification sociale substantive au fonctionnement comptable.

Comme d'autres, cet ouvrage sera utile aux élèves et étudiants spécialisés en comptabilité dans les pays membres de l'OHADA qui s'y intéresseraient. En tant que moyen de pilotage interne de l'entité et de les amener à fournir une information financière normalisée, plus pertinente et fiable auprès de divers utilisateurs, cette évolution comptable est une ouverture vers la mondialisation financière (Burlaud et Causse, 2019) qui s'avère plus précieuse pour améliorer la comparabilité des données financières au-delà du continent Africain.

Toutes les dispositions ont été prises pour faire du présent ouvrage, un auxiliaire à la fois commode à la connaissance théorique, à la pratique et toujours de bon enseignement ou de culture comptable africaine aussi bien pour les professionnels (chefs d'entreprise, responsables comptables et financiers) que pour les enseignants, les élèves ou les étudiants de ce continent.

INTRODUCTION

« La comptabilité, c'est l'art de lire des chiffres pour dévoiler l'histoire cachée des affaires » (W. Davidson)

L'élaboration des états financiers va de concert avec l'art de lire des chiffres pour dévoiler l'histoire cachée des affaires, au point où celle-ci s'impose comme un fait social d'envergure, suscitant l'attention aussi bien de l'entreprise que celle des parties prenantes. Les comptables ne se contentent pas de manipuler des chiffres, mais ils décrivent des informations cachées derrière ces données financières pour raconter l'histoire de l'entreprise et celle réalisée avec ses partenaires. C'est ainsi que la comptabilité a commencé à être tenue à Babylone, sous forme d'écritures sur des tablettes d'argile ou sur des papyrus pour les Égyptiens. Les Sumériens et les Assyriens ont aussi laissé de nombreuses tablettes d'inventaires (terres, bétails, hommes). Ces découvertes témoigneraient aussi de l'importance des courants commerciaux et des échanges en Mésopotamie, au quatrième millénaire avant notre ère. Les fouilles archéologiques mettent constamment au jour des preuves que la tenue des comptes était bien une caractéristique des premières civilisations. Les Romains et les Égyptiens étaient donc les premiers à utiliser la comptabilité dans la vie commerciale. Les Romains en particulier utilisaient des livres "recettes et dépenses" en forme de journal qualifiés de livres des comptes. En Égypte, la priorité était davantage accordée à la comptabilité publique pour les impôts et les stocks publics.

Figure 1. Compte de la construction d'Athéna Parthénos par Phidias

Pour établir donc le lien entre les paradigmes[1] du changement ou de l'évolution de la comptabilité et la théorie évolutionniste, ce lien est d'abord perçu au départ

1 Le terme paradigme est originellement mis en avant par Platon pour désigner le monde des idées. Kuhn (1962) quant à lui pense qu'il s'agit de l'ensemble des principes et des méthodes partagés par une communauté scientifique, un modèle à suivre qui pour un temps fait autorité, puis sera remplacé par un autre. Pour Degos et Souleymanou (2018), il s'agit d'un ensemble de conceptions, notamment celles relatives à notre univers et à notre monde. Les paradigmes ont, selon les auteurs, des fonctions normatives et consensuelles qui façonnent la vie scientifique.

comme une simple technique des chiffres, ayant permis à la comptabilité de se transformer au fil des temps en système complexe et très évolué (Degos et Souleymanou, 2016). Ce constat est reconnu de tous à l'occasion des observations de la littérature spécialisée. Mais la perception du mode de l'évolution comptable n'est pas évidente et commune pour tous les chercheurs.

Si pour certains, l'évolution de la comptabilité résulte d'une révolution radicale (en termes de rupture entre l'ancienne méthode et la nouvelle), pour d'autres, l'évolution résulte d'une série d'innovations et d'accumulation (en termes de continuité entre l'ancienne méthode et la nouvelle). Il se construit alors deux courants de pensée. D'une part, la pensée radicale de l'évolution comptable et d'autre part, la pensée de révolution comptable incrémentale.

Pour les partisans de l'évolution comptable radicale, la comptabilité comme toute autre science progresse par l'émergence d'un nouveau paradigme qui vient supplanter l'ancien jusque-là accepté. Il y a alors une rupture radicale entre la nouvelle approche et l'ancienne. L'un des grands défenseurs de cette perception est Kuhn (1962). Il indique que lorsqu'on fait une expérience qui dément le paradigme en place, cela suppose qu'il y a déjà une évolution qui amènera un changement radical, une révolution. Pour cet auteur, les paradigmes se succèdent et l'on passe de l'un à l'autre par une révolution, car ils sont inconciliables.

En opposition aux partisans de l'évolution comptable radicale, la pensée incrémentale se perçoit par le progrès successif de la comptabilité par accumulation et innovation. À ce propos, Littleton (1953)[2] indique que l'évolution comptable s'observe à partir des méthodes comptables qui s'élaborent par les pratiques qui procèdent par essais et erreurs pour dégager les plus adaptées. Pour Belkaoui (1984, 1985) la comptabilité, comme toute science sociale, n'évolue pas suivant un processus quelconque d'élaboration, mais plutôt graduellement au moyen d'une série successive d'innovations. L'évolution de la comptabilité prend donc ici un sens cyclique dans la mesure où des connaissances nouvelles viennent toujours peaufiner les systèmes en place afin de les rendre plus aptes à répondre aux attentes des utilisateurs de l'environnement en mutation. Ainsi, la méthode comptable en Afrique francophone a connu (de la période coloniale à nos jours) beaucoup de changements[3] justifiés par la volonté de répondre aux nouvelles attentes exprimées par la société elle-même aussi évolutive.
En nous inspirant de Belkaoui (1983, p. 213), élaborons les caractéristiques du changement et de l'évolution des méthodes comptables. Ce qui conduit à déduire que l'évolution des méthodes comptables a été formalisée pour servir de repère

---

[2] Littleton, A.C. (1953), « Structure of Accounting Theory », Monographie n°5, American Accounting Association, cité par Degos et Souleymanou (2016)

[3] Notamment au cours du 20ème siècle, où l'on est rapidement passé d'un objectif de normalisation comptable consistant à définir les règles de tenue de la comptabilité à un objectif désormais incontournable d'harmonisation des pratiques comptables à travers le monde.

(Belkaoui, 1997). S'inspirant de Kuhn (1970), Belkaoui (1984, 1985) est persuadé que pour comprendre l'évolution de la comptabilité, il suffit d'observer l'évolution des sciences sociales en général pour déduire que, comme toute science sociale, la comptabilité n'évolue pas suivant un processus quelconque d'accumulation, mais plutôt au moyen d'une série de révolutions qui entraînent le remplacement d'une théorie par une autre.

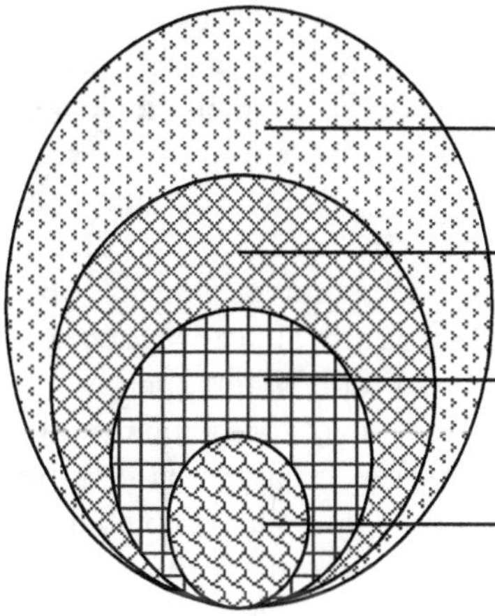

Figure 2. Les niveaux de l'évolution comptable en Afrique

Plusieurs raisons expliquent les origines historiques et mémorables de l'évolution comptable. Elles se déclinent harmonieusement en cinq grandes phases liées aux événements marquants suivants : la naissance de la comptabilité, la notion de la partie double de la comptabilité, l'évolution des normes légales comptables, la comptabilité moderne, et enfin l'automatisation assurée de la comptabilité. La comptabilité interroge et bouscule le quotidien des teneurs des comptes et des créateurs d'entreprise. De son état le plus primitif à son état de « comptabilité » que nous connaissons aujourd'hui, chacun tend à son niveau d'en comprendre brièvement son rôle, sa complexité, ses règles (tant de manière intuitive que non intuitive). Grâce au métier d'expertise comptable, la manière de tenir la comptabilité et la gestion d'une entreprise ont finalement beaucoup évolué avec le temps. Les cinq phases sus évoquées peuvent être regroupées en trois raisons historiques fondamentales : des raisons lointaines, des raisons proches et des raisons immédiates.

1). Pour les ***raisons historiques lointaines*** de l'évolution de la comptabilité, la première raison fait surface, celle du besoin de la ***tenue de la comptabilité de la maison*** dans l'histoire (qualifiée d'histoire égyptienne) au 4e millénaire[4] avant Jésus-Christ à travers les traces de comptabilité. Ce besoin à la fois d'ordre juridique, économique et social se traduit de tout temps par un besoin

[4] Il s'agit de l'époque du patriarche (du prophète) Abraham où, le teneur des comptes de sa maison, son serviteur (qui fut un esclave érudit) était nommé *Eliezer de Damas* (voir à cet effet la Bible « Genèse 15 : 2 »). La Genèse est l'un des 5 livres de la première partie de la Sainte Bible appelée le Pentateuque qui rappelle que, 4000 ans avant Jésus-Christ, la comptabilité était bien tenue.

remarquable reconnu du besoin de la traçabilité des échanges. Ainsi, les prémisses anciennes de la comptabilité consistaient en un besoin de suivi des entrées et des sorties des biens que l'on a pu retrouver grâce aux écritures sur de l'argile ou sur du papyrus. En cela, aussi surprenant soit-il que, la comptabilité puisse prétendre être l'un des métiers les plus vieux du monde, logiquement, son invention a précédé celle de l'écriture.

Plus tard, à l'Antiquité, de nombreuses rencontres avaient régulièrement lieu entre les plus fortunés et les banquiers pour gérer la comptabilité de la maison : une fonction occupée donc par les esclaves érudits, ancêtres des comptables d'entreprises. Ainsi, c'est quelques siècles plus tard que la comptabilité entra définitivement dans l'histoire de l'humanité grâce à la partie double de Luca Pacioli (à qui la paternité comptable est d'ailleurs reconnue) et que la comptabilité conversationnelle par lettrage informatique est pensée. Luca Pacioli (reconnu en 1494 comme le père fondateur de la comptabilité) marque l'histoire évolutionniste et entre dans l'histoire universelle de la comptabilité autour de ce 15e siècle. Pratiquement, vers le début du 16e siècle, on assiste effectivement à la Renaissance de la comptabilité. Les grands principes de la comptabilité que l'on utilise de nos jours dans les entreprises trouvent leurs fondements à cette époque. C'est ce qui fait rapidement penser à la reconnaissance de la naissance de la comptabilité, qui se perçoit non seulement comme l'un des métiers les plus vieux du monde, mais comme la matière pédagogique qui a le plus évolué au fil des siècles, désormais aussi fortement impactée par les évolutions technologiques et numériques. Désormais, la tenue des comptes (que nous utilisons encore actuellement), s'articule en trois grands documents comptables (livres) : le *journal* pour enregistrer chronologiquement les mouvements comptables ; le *grand livre* pour analyser les enregistrements comptables ; et la *balance* pour servir d'outil de vérification des écritures enregistrées dans les deux autres livres précédents.

2). Pour les ***raisons historiques proches relatives à l'évolution de la comptabilité***, la deuxième raison ayant fait surface est celle liée au besoin de la pratique permettant de ***faciliter les regroupements et de constater plus facilement les disparités d'enregistrement des écritures comptables***. Même si les grands principes n'ont pas changé, la comptabilité a dû s'adapter aux exigences économiques modernes. C'est ce qui fait donc appeler cette comptabilité : ***la comptabilité moderne***. Cette deuxième raison se fait suivre du besoin de développement des méthodes de gestion et l'apparition d'un nouveau service dans l'organisation des entreprises appelé « contrôle de gestion » ont contribué au développement de la comptabilité analytique. La comptabilité analytique s'articule non plus en « comptes classiques » (identiques à ceux de la comptabilité financière), mais en « codes affaires » différents dans chaque entreprise traduisant leurs spécificités organisationnelles. Ensuite, la comptabilité s'adapte aux nouvelles Technologies de l'Information et de la Communication, changeant profondément le quotidien des teneurs de livres et des créateurs d'entreprises. La ***comptabilité moderne*** s'appuie donc fondamentalement sur la notion de la comptabilité en partie double. Comme de nos jours, toutes les entreprises et les organisations utilisaient le système de la comptabilité à partie double. Les opérations et la situation financière d'une organisation sont fondées sur l'idée qu'elles sont représentées par des comptes. Chaque compte représente l'historique complet des modifications qui lui sont apportées. La notion de « Compte » regorge toute une histoire de la divinisation de la comptabilité. C'est ce qui fait justement penser certains auteurs à diviniser la comptabilité. D'ailleurs, des auteurs obsessionnels de la comptabilité comme Deprez et Duvant (1992) en sont une illustration (Kamgo et *al.* 2008, p. 81). Ils affirment (à leur avis) que la lecture de la Bible laisse comprendre que "DIEU Lui-Même est Comptable", car IL fait de la "comptabilité" lorsqu'IL dit « ...*Tout ce que vous ferez sur terre*[5] *vous sera compté dans les cieux...les bons sont classés à droite*[6]*, les méchants à gauche*[7] » (ne s'agit-il pas de débit et de crédit[8], langage typiquement comptable ?).

La raison de l'évolution de la comptabilité moderne est donc facilement assimilée à celle de la comptabilité en partie double. En matière de cette comptabilité en partie double, le terme débit signifie littéralement « ce qui est dû », puisque le débit se traduit par un appauvrissement. On parle alors de crédit, lorsqu'il s'agit d'un enrichissement de l'entreprise, mais selon qu'il se rapporte à un compte de gestion (classe 6 et 7) ou à un compte de bilan (classe 1 à 5), la logique de fonctionnement sera différente. Spécifiquement, dans le cadre de l'évolution des normes comptables, des caractéristiques légales se sont sans cesse développées en s'érigeant en des **besoins croissants des entreprises** fortement spécialisées dans leur secteur d'activité, à consacrer désormais principalement leur temps et leur énergie à la **tenue et à la surveillance de la comptabilité** ; de **contrôle de gestion**, d'**audit financier, d'analyse des comptes**, et de **conseils** en termes d'expertise comptable, voire d'expertise juridique.

---

[5] Dans l'Évangile selon Matthieu 18 : 18, par exemple, il est dit : « Tout ce que vous lierez sur la terre sera lié dans le ciel, et tout ce que vous délierez sur la terre sera délié dans le ciel ».

[6] Comme expression similaire, voir par exemple dans l'un des 5 livres de la première partie de la Sainte Bible, le Pentateuque, qui le rappelle dans Deutéronome 5 : 32 ; Deutéronome 28 : 14. Voir également le Saint Coran au chapitre 8, le verset 37.

[7] Comme propos similaire, certains passages des livres de l'Ancien Testament et du Nouveau Testament de la Sainte Bible le rappellent, par exemple, dans Psaumes 147 : 6 ; Proverbes 15 : 3 ; Esaïe 48 : 22 ; Esaïe 57 : 21 ; Matthieu 13 : 49 ; Matthieu 18 : 32 ; Matthieu 20 : 21 ; Matthieu 20 : 23 ; Matthieu 22 : 13 ; Matthieu 25 : 21 ; Matthieu 25 : 23 ; Matthieu 25 : 30 ; Marc 10 : 37 ; Marc 10 : 40. Voir également le Saint Coran au chapitre 7, le verset 202.

[8] Autrement dit, les termes divins ci-dessus sont utilisés similairement aux termes comptables : Actif-Passif ; Destination-Origine ; Emplois-Ressources ; Charges-Produits ; Dépenses-Recettes ; Doit-Avoir ; Appauvrissement-Enrichissement ; Débit-Crédit, "classé à gauche" - "classé à droite",..., expriment les deux parties relatives à la notion de la partie double en comptabilité moderne. Encore, par principe de similarité, cela peut signifier que, dans la philosophie comptable, comme dans la philosophie théologique, il existe un principe théorique d'équilibre général conçu et géré automatiquement et divinement par DIEU Lui-Même (Psaumes 1 : 5 ; Psaumes 37 : 9 ; Luc 13 : 28). Dans le jargon théologique, les religieux parleraient donc de la gestion spécifique de la destinée de l'Homme soit pour l'Enfer (Psaumes 9 : 18 ; Psaumes 106 : 18 ; Matthieu 13 : 50), soit pour le Paradis (Luc 23 : 43 ; Actes 7 : 55 ; Hébreux 12 : 2 ; Apocalypse 2 : 7), en étant soit bon, soit méchant, ou alors en faisant sur terre, soit du bien, soit du mal.

3). Pour les **raisons historiques immédiates relatives à l'évolution de la comptabilité**, la troisième raison ayant fait surface est celle liée au besoin **d'adaptation aux exigences économiques modernes.** Il s'agit donc du besoin de la numérisation ou de la dématérialisation de la comptabilité, et donc de sa modernisation avancée en la rendant plus automatisée. Alors que les principes qui régissent la comptabilité n'ont pas changé, celle-ci a néanmoins dû **s'adapter aux exigences économiques modernes**. Les principales méthodes de gestion ont ainsi donné essentiellement naissance à la comptabilité analytique, à l'enregistrement automatique des écritures comptables, à la centralisation de la comptabilité au sein des entreprises, à l'externalisation ou la délocalisation du traitement des éléments comptables ; à la dématérialisation de la comptabilité. Cette évolution qui participe à transformer l'ensemble des professions en général permet particulièrement de protéger davantage les documents comptables et le patrimoine documentaire de l'entité, le tout en assurant les obligations légales et la qualité professionnelle. La continuité en modernité comptable s'est déclinée en besoin accéléré d'internationalisation de la comptabilité. Aujourd'hui, seuls les logiciels de comptabilité proposent des **services fiables pour assurer les flux administratifs et financiers**.

Les raisons historiques de l'évolution comptable à l'Africaine peuvent être abordées selon le temps et l'espace concernés. En effet, c'est depuis les sommets atteints par les marchés d'actions au début de l'année 2000 que la confiance du public africain dans la qualité des informations publiées par les entreprises a été ébranlée à cause des évènements intervenus en Afrique et dans le monde entier. Plusieurs facteurs ont suscité des raisons à faire prendre conscience aux africains : « les normes comptables africaines doivent être corrigées ou du moins révisées ». Pour restaurer la confiance du public, les dirigeants d'entreprises, les auditeurs, les analystes, les normalisateurs comptables et les autorités boursières, c'est-à-dire, tous les acteurs de la chaîne de la communication comptable et financière se sont remis à travailler ensemble des manuels comptables pour introduire la responsabilité, la transparence et l'intégrité dans le Système comptable et boursier[9]. Or, les marchés de capitaux ne fonctionnent que si l'information est crédible et fiable.
Aujourd'hui, l'internationalisation des marchés financiers a rendu nécessaire l'harmonisation des méthodes de préparation et de présentation des états financiers, en particulier pour les entreprises multinationales. Les normes

---

[9] Précisément, en ce qui concerne la révision du système boursier en Afrique Centrale, c'est le projet de fusion dont l'avis a été rendu public le 31 mai 2019 et le 4 juillet 2019 à Douala, l'Assemblée Générale Consultative de l'opération de la Fusion-Absorption du Douala Stock Exchange (DSX) et de la Bourse de Valeur Mobilière de l'Afrique Centrale (BVMAC) est intervenue. C'était le 31 octobre 2017, lors du sommet des chefs d'État de la sous-région à N'Djamena au Tchad (en session extraordinaire de la conférence des chefs d'État de la CEMAC), que la décision de fusion par voie d'absorption de la bourse du Cameroun Douala Stock Exchange (DSX) par la Bourse des Valeurs Mobilières de l'Afrique Centrale (BVMAC) a été actée le 26 septembre 2019.

comptables internationales IFRS (*International Financial Reporting Standards*)[10] ont alors acquis pendant la crise financière une place inédite dans les débats publics. Jamais auparavant, on n'avait vu des sujets tels que la comptabilité en juste valeur et la prise en compte des conditions de marché dans les états financiers occuper l'attention des dirigeants politiques au plus haut niveau. Ainsi, la Fondation *IFRS* a élaboré des normes via le comité de normalisation : l'IASB (*International Accounting Standards Board*). Cette transition fournit l'occasion de considérer les vives polémiques concernant les IFRS dans le contexte du développement de l'IASB et de ses défis probables dans les années à venir.

L'Afrique s'est ainsi trouvée confrontée à l'enjeu considérable de l'harmonisation comptable internationale de référence suite au besoin d'ouverture de son économie et à l'internationalisation des marchés. L'Afrique s'est donc résolument engagée dans un processus de libéralisation économique s'acheminant vers son intégration progressive dans l'économie mondiale. Avec ces mutations profondes et ces changements économiques, il a fallu un Système comptable à la hauteur de ces enjeux. La conception du SYSCOHADA a permis d'assurer une certaine harmonisation avec les normes internationales et cela, dans le but d'améliorer les qualités de l'information financière divulguée par les entités africaines.
Les principales étapes ci-dessous, quoique lointaines, ont significativement aidé à l'accompagnement évolutif de la comptabilité en Afrique francophone :
1494 : Le moine italien Luca Pacioli édite à Venise son traité sur la pratique de la comptabilité en « partie double » ;
1581 : En France, le « *Collegio des Raxonati* » la première société de comptables ;
1673 : En France, Jean-Baptiste Colbert impose la tenue de livres comptables ;
1807 : Mise en place du Code de commerce napoléonien ;
1881 : Création en France de la société de comptabilité ;
1942 : Conception du premier Plan comptable français
1947 : Conception et adoption du deuxième Plan comptable français applicable dans les pays de l'Afrique francophone au sud du Sahara. Le Plan comptable 1947 est largement considéré comme le premier Plan comptable français dans la mesure où le Plan comptable de 1942 n'a jamais été appliqué.
1957 : Légère modification du Plan comptable 1947
1968 : Projet d'étude d'un Plan comptable propre aux pays africains
1970 : Adoption par la conférence des Chefs d'État et de Gouvernement de l'Organisation Commune Africaine et Malgache (OCAM) réunis à Yaoundé du 28 au 30 janvier 1970 du Plan comptable général OCAM. Ce Plan comptable applicable dans les pays membres de l'OCAM est le premier Plan comptable africain.
1972 : La Côte d'Ivoire adopte son propre Plan comptable national tout en maintenant l'application du Plan comptable français de 1957 sur son territoire.

---

[10] IFRS signifie *International Financial Reporting Standards* ou Statements (Normes internationales d'information financière). Il s'agit du terme employé à compter de 2003 pour les normes IAS révisées, que l'Union européenne imposa aux sociétés européennes dans leur communication financière vis-à-vis des tiers et qu'une bonne partie de la communauté internationale s'apprêterait à reprendre à leur compte pour parvenir à une harmonisation comptable.

1979 : Mise à jour du Plan OCAM par l'adoption, les 26 et 27 juin 1979, des ajouts et des modifications résultant de cette révision.
1982 : Publication du Plan comptable français révisé. On peut relever qu'en dépit de l'existence du Plan OCAM, certains pays africains ont conservé l'application de ce Plan comptable français. De même, dans certains pays africains, quoique sans être officiellement applicable, le Plan comptable français est utilisé par certaines entités.
1987 : Adoption du Plan comptable Malagasy applicable à Madagascar
1992 : Projet en vue de l'harmonisation du droit des affaires en Afrique
1993 : Signature du traité OHADA le 17 octobre 1993 à Port-Louis (Île Maurice)
1995 : Projet en vue de l'harmonisation du droit comptable OHADA
1996 : Adoption du Système comptable Ouest Africain (SYSCOA) applicable à partir du 1er janvier 1998 dans les pays de l'Union Economique et Monétaire Ouest Africain
1998 : Adoption et application des actes uniformes de droits des affaires en Afrique.
2000 : Adoption de l'Acte Uniforme relatif au droit comptable auquel est annexé le Système comptable OHADA applicable, à partir du 1er janvier 2001 pour les comptes personnels des entreprises et du 1er janvier 2002, pour les comptes consolidés et les comptes combinés dans les pays signataires du traité OHADA.

Comme illustrée par la figure ci-dessous, la pertinence de l'évolution comptable en Afrique Francophone est réalisée en quatre zones successives correspondant aux besoins ressentis et aux raisons de leur mise en application.

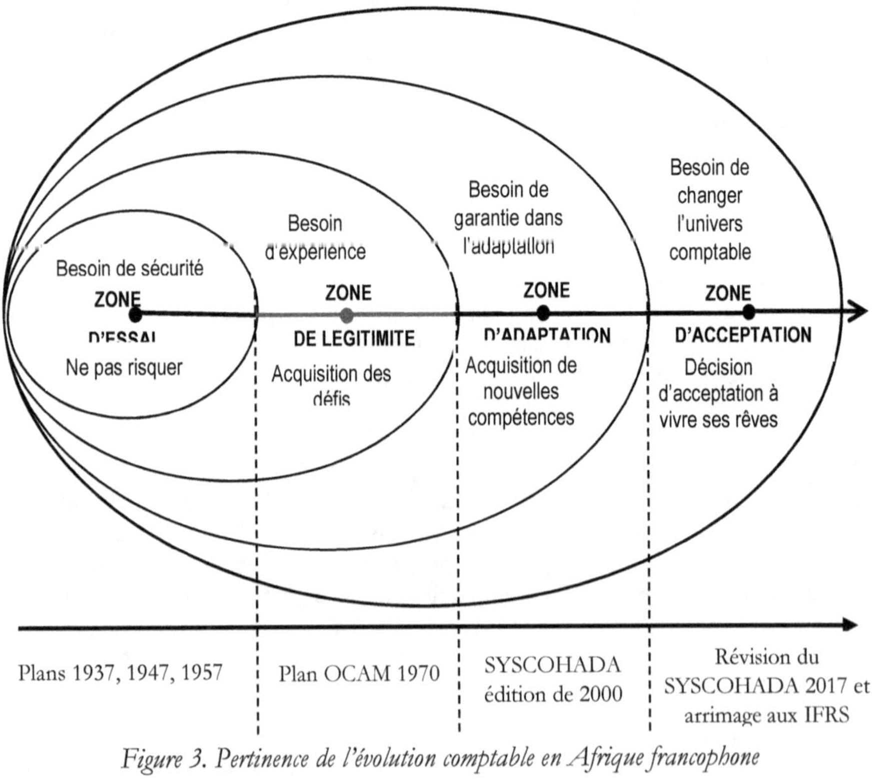

Figure 3. Pertinence de l'évolution comptable en Afrique francophone

De la figure ci-dessus, nous relevons la correspondance du même mouvement de l'évolution des méthodes comptables tant en Europe que dans les pays d'Afrique. L'Allemagne par exemple s'est dotée dès 1937 d'un Plan comptable qui a, comme on l'a relevé, fortement influencé les premières versions du Plan comptable français. Aux États-Unis, les institutions comptables qui régissent cette normalisation ont été créées à la suite de la crise de 1929.

Le début de l'effort de normalisation de la comptabilité date donc en France à la suite de la Seconde Guerre mondiale. Après un premier Plan comptable inspiré du Plan comptable allemand de 1937 et publié en 1942 de manière non officielle, furent élaborés successivement :
-le Plan 1947, œuvre d'une « Commission de normalisation des comptabilités », qui devait s'appliquer aux sociétés liées à l'État, « Création simultanée en 1947 du Conseil Supérieur de la Comptabilité (CSC) qui avait pour mission d'adapter le Plan aux secteurs d'activité ».
-une version révisée de ce Plan en 1957 est élaborée par le Conseil National de la Comptabilité (CNC). En effet, le Conseil National de la Comptabilité est créé en 1957 en remplacement du CSC pour promouvoir la normalisation française et son évolution. Il est composé de représentants des entreprises, de l'administration, de professionnels de la comptabilité et de divers acteurs sociaux. Il joue le rôle consultatif auprès du Ministre de l'Economie et des Finances, émettant périodiquement des recommandations et des avis sur des problèmes comptables, qu'ils soient pratiques ou de doctrine, qui prévoient son utilisation par toutes les sociétés privées importantes.

Légitimement, le Plan 1947 est un héritage épuré entre dirigisme et rationalisme. L'héritage du Plan comptable s'est par la suite reconstruit en s'appuyant sur un changement incrémental des pratiques économiques administrées et sur les réformes structurelles de grande ampleur en Afrique francophone. En effet, les États avaient besoin de cadres comptables rigoureux pour s'informer des résultats des entreprises publiques et de celles qu'ils soutiennent. À cette époque (entre 1945 et 1951), l'objectif prioritaire de la normalisation comptable est celui du contrôle étatique.

L'idéologie évolutionniste suggère que toutes les espèces vivantes soient en perpétuelle transformation et subissent, au fil du temps et des générations, des modifications génétiques ou morphologiques. Ce concept présenté le 24 novembre 1859 par Charles Darwin a permis à Littleton (1933) de déduire que « les méthodes comptables sont élaborées par la pratique qui procède par essais et erreurs pour dégager les plus adaptées ». Ainsi, les règles et les procédures sont énoncées, formalisées puis transmises par la littérature et l'enseignement pour des pratiques comptables à venir.

L'analyse de l'évolution des nomenclatures comptables et des états financiers fait penser au premier Plan à la description du processus selon lequel, une génération des pratiques comptables transmet ses caractéristiques acquises à une nouvelle autre génération. La théorie de Lamarck (1809) tente justement de rendre compte de la succession des transmissions entre les espèces, similaire à l'idée de la théorie évolutionniste selon Charles Darwin (1859) développée cinquante ans plus tard. Dans cet ordre d'idée, quoique les individus aient une marge de manœuvre limitée pour modifier leur corps avec son utilisation, les caractéristiques acquises sont souvent héritées. Un organisme peut donc acquérir des traits au cours de sa vie en réponse à son environnement ou à ses besoins, et ces caractéristiques acquises peuvent ensuite être transmises à sa descendance.

De l'origine des espèces par la sélection naturelle, selon laquelle les organismes évoluent au fil des générations grâce à la sélection naturelle, et présente des preuves indiquant que la diversité des formes de vie provient d'ancêtres communs qui ont évolué au fil du temps, l'évolution comptable, comme toute évolution, se produit tout le temps et elle est plus évidente dans les organismes simples. Mais il faut beaucoup de temps avant que ses effets deviennent évidents dans les organismes jugés meilleurs et plus complets.

Le Système comptable étant un ensemble de règles et de pratiques appliquées par une entité ou par une organisation donnée, il se rapporte à la présentation et au bon suivi des opérations ainsi qu'à la communication des états financiers obtenus par l'entreprise (Sylvain, 1982). L'un des objectifs essentiels du remplacement successif d'un Système comptable par un autre (Plan 1957 remplacé par le Plan OCAM, remplacé à son tour par le Système OHADA en 2000, remplacé ensuite par une nouvelle édition en 2017) est de produire des informations pertinentes à travers les états financiers pour une meilleure prise de décision par leurs utilisateurs. C'est dans cet ordre d'idées que le plus apporté par une méthode comptable mérite d'être mis en évidence dans le but de chercher à percevoir la pertinence de l'information comptable véhiculée par les états financiers de l'un ou l'autre de ces référentiels comptables appliqués. Ainsi, des réflexions sur la pertinence de l'information comptable à travers une comparaison des états financiers produits par chacun des systèmes comptables sont menées selon deux propositions. La première consiste à analyser la pertinence des informations comptables produites par les états financiers présentés. La deuxième consiste à chercher à connaître à partir de quelles raisons et pour quelles perspectives les états financiers peut-on dire que les informations véhiculées sont plus pertinentes pour une prise de décision.

Sur les traces des origines de la théorie évolutionniste, il est aujourd'hui admis qu'elle s'est développée suite aux travaux de Nelson et Winter (1982) en prenant exclusivement appui sur la tradition schumpetérienne. En s'appuyant sur la génétique organisationnelle et en critiquant en même temps l'orthodoxie contemporaine et ses fondements microéconomiques, ces auteurs s'inspirent d'une métaphore biologique pour analyser le processus de changement économique, pour expliquer le processus de la dynamique économique à travers la formation des routines. Aujourd'hui élargie au champ de la comptabilité, la théorie évolutionniste s'intéresse à la dynamique ou à l'évolution des systèmes comptables ressentie dans la présentation des états financiers. Elle construit notamment des visions paradigmatiques autour de l'évolution des états de synthèse présentés par les systèmes comptables.

Cinq chapitres analysent les améliorations apportées à partir des états financiers des nouveaux référentiels comptables aux anciens ; notamment du Plan comptable français 1957 au Plan comptable OCAM 1970, du Plan OCAM (1970) au SYSCOHADA (2000), du SYSCOHADA (2000) au SYSCOHADA révisé en 2017, et enfin, du SYSCOHADA révisé en 2017 aux états financiers des normes IFRS.

Premièrement, les états financiers du Plan 1957 constitués essentiellement de bilan et de compte de résultat de l'exercice sont décrits au chapitre 1. Il y est bien démontré que l'établissement et la présentation des états financiers constituent un fondement important de la profession comptable et donc de l'utilisation de l'information économique et juridique. La détermination du meilleur mécanisme conduisant à établir et à améliorer les normes de présentation des états financiers était l'essentiel de l'acceptabilité et de l'utilité des pratiques comptables. Pour faire apparaitre la situation patrimoniale (active et passive) ; et déterminer les résultats globaux d'exploitation de l'exercice et le résultat net final, compte tenu des pertes et profits exceptionnels ou des pertes et profits sur exercices antérieurs, les états financiers sont montés à partir des documents de la comptabilité générale qui remplit ces deux principales fonctions (la situation patrimoniale et l'exploitation de l'exercice).

Deuxièmement, au chapitre 2, l'évolution des états financiers du Plan 1957 au Plan OCAM a visiblement dominé le travail du comptable à cette époque. Définies comme étant des normes à appliquer, guidant la conduite du travail du comptable, les nomenclatures des comptes se sont vues progressivement changées et améliorées. Elles sont généralement acceptées comme des règles d'importance avec des modifications imposées pour un besoin de conformité au sein des pays membres de l'OCAM. Le Plan 1957 a donc contribué à l'évolution du Plan comptable OCAM en Afrique francophone, avant d'être amélioré dans la mesure où les politiques de développement nécessitaient en même temps des informations nombreuses et des analyses variées.

Troisièmement, l'évolution des états financiers du Plan OCAM (1970) au SYSCOHADA (2000) décrite au chapitre 3, marque L'observation des raisons conduisant à l'analyse de la pertinence de l'information comptable produite par les états financiers du Plan OCAM et du SYSCOHADA laisse mieux comprendre l'évolution comptable du premier vers le deuxième modèle comptable. De cette émergence des pratiques comptables, on relève l'idée de l'évolution progressive de la comptabilité eu égard aux besoins qui expliquent leur apparition successive. En antipode à la vision radicale de l'évolution des systèmes comptables, la pensée incrémentale perçoit le progrès de la comptabilité par l'accumulation et l'innovation. À ce propos, Belkaoui (1984, 1985) indique que la comptabilité, comme toute science sociale, n'évolue pas suivant un processus quelconque, mais plutôt au moyen d'une série d'innovations. Pour Littleton (1953), *les méthodes comptables sont élaborées par la pratique qui procède par essais et erreurs pour dégager les plus adaptées*. L'évolution de la comptabilité prend donc ici un sens cyclique dans la mesure où des connaissances nouvelles viennent toujours peaufiner les systèmes en place afin de les rendre plus aptes à répondre aux attentes des utilisateurs dans un environnement en mutation.

Quatrièmement, les comptes et sous comptes constituant les états financiers du SYSCOHADA version 2000 et du SYSCOHADA version 2017 décrits (au Chapitre 4), s'intéressent au détail des modifications apportées dans les sous comptes de toutes les classes des comptes. La révision de la version 2000 du SYSCOHADA menée en 2017 est faite dans le but d'avoir une distinction plus fine, et donc de permettre de mieux comprendre le modèle organisationnel et comptable de l'entité. Perçue au départ comme une simple technique des chiffres, la comptabilité s'est donc transformée au fil des temps en système complexe et très évolué (Degos et Souleymanou, 2016). Ce constat est reconnu de tous à l'observation de la littérature spécialisée. Toutefois, la perception du mode d'évolution de la comptabilité n'est pas triviale au sein de la communauté scientifique du domaine. Si pour plusieurs, l'évolution de la comptabilité résulte d'une révolution radicale (en termes de rupture), pour beaucoup d'autres, l'évolution résulte d'une série d'innovations et d'accumulation (en termes d'incrémentation).

Cinquièmement, les états financiers du SYSCOHADA 2017 et des IFRS sont décrits (au Chapitre 5) comme étant des états financiers établis et présentés conformément aux dispositions des articles 25 à 34 de l'Acte Uniforme Relatif au Droit Comptable et à l'Information Financière, de façon à permettre leur comparaison dans le temps, exercice par exercice, et leur comparaison avec les états financiers annuels des autres entités dressés dans les mêmes conditions de régularité, de fidélité et de comparabilité. En perspective, les états financiers annuels établis selon les normes IFRS sont particulièrement et exclusivement destinés en priorité aux investisseurs et aux marchés financiers. Ces États contiennent également des informations additionnelles dont la présentation est considérée comme faisant partie des meilleures pratiques, particulièrement lorsque ces informations sont incluses dans les exemples d'application joints à une norme particulière. Leurs présentations s'inscrivent dans la perspective constructive de deux grands courants de pensée, à savoir les radicaux et les incrémentaux. C'est donc, dans la perspective des radicaux, que les états financiers sont comme toute autre science progressés par l'émergence d'un nouveau paradigme qui vient supplanter l'ancien jusque-là accepté. Il y a alors une rupture radicale entre la nouvelle approche et l'ancienne. L'un des grands défenseurs de cette perception est Kuhn (1962) qui indique que lorsqu'on fait une expérience qui dément le paradigme en place, cela suppose qu'il y a déjà une évolution qui va amener un changement radical, c'est-à-dire une révolution.

Chapitre 1. Les états financiers du Plan 1957 : le bilan et le compte de résultat de l'exercice

Les états financiers du Plan comptable général 1957 sont constitués essentiellement du bilan (présentation de la situation patrimoniale de l'entreprise) et du compte de résultat (présentation des résultats de l'exercice, compte de l'exploitation générale, produits et prestations de service échangés entre établissements, pertes et profits, et enfin résultats en instance d'affectation). Ces états financiers sont montés à partir des documents de la comptabilité générale qui remplit deux principales fonctions : faire apparaitre la situation patrimoniale (active et passive) et déterminer les résultats globaux d'exploitation de l'exercice et le résultat net final, compte tenu des pertes et profits exceptionnels ou des pertes et profits sur exercices antérieurs. Le Plan 1957 utilise donc d'une part les comptes patrimoniaux, appelés comptes de bilan (classe 1 à 5), et d'autre part les comptes de gestion et de résultats (classes 6 à 8). Ce Plan 1957 préfère tenir ces comptes de la ***classe 0*** en partie double dans les mêmes conditions que ceux de la comptabilité générale. Le ***compte 00*** est réservé aux engagements. Ce ***compte 00*** est divisé comme suit :

000 « Avals, cautions, garanties reçus par l'entreprise » ;
0000 *« Avals, cautions, garanties reçus »* ;
0001 *« Créditeurs pour avals, cautions, garanties reçus »* ;
002 « Autres engagements reçus par l'entreprise » ;
0020 *« Autres engagements reçus »* ;
0021 *« Créditeurs pour autres engagements reçus »* ;
003 « Actions d'administrateurs déposées en garantie de gestion » ;
0030 *« Actions d'administrer déposées en garantie »* ;
0031 *« Administrateurs créditeurs pour actions déposées en garantie »* ;
004 « Autres biens détenus en garantie par l'entreprise » ;
0040 *« Autres biens détenus en garantie »* ;
0041 *« Créditeurs pour autres bien détenus en garantie »* ;
005 « Avals, cautions, garanties donnés par l'entreprise » ;
0050 *« Débiteurs pour avals cautions, garanties données »* ;
0051 *« Avals, cautions, garanties donnés »* ;
007 « Autres engagements donnés par l'entreprise » ;
0070 *« Débiteurs pour autres engagements donnés »* ;
0071 *« Autres engagements donnés »*.

Tous les renseignements extraits des comptes d'engagements sont présentés dans un tableau appelé « tableau 6 » annexé au bilan.

1. Les résultats de l'exercice

Le compte 80 appelé « Compte d'exploitation générale » s'obtient par la dotation des éléments ordinaires du compte 80 et du compte 86 « Produits et prestations de service échangés entre établissements ».

1.1. Le Compte 80 « Compte d'Exploitation Générale »

Parmi les comptes d'exploitation générale, le débit est constitué de neuf (9) rubriques de comptes, et le crédit est également constitué de neuf (9) rubriques de comptes. Le compte 80 se présente comme il est indiqué ci-dessous.

Tableau 1. Le Compte 80 « Compte d'Exploitation Générale »

	Montant brut	Provision pour dépréciation	Montant net		Montant brut	Provision pour dépréciation	Montant net
30. à 37. Stocks au début de l'exercice (à détailler……				30. à 37. Stock en fin d'exercice (à détailler)			
60. Achats de matières et marchandises (à détailler) …				70. Ventes de marchandises et produits finis (à détailler)			
61. Frais de personnel…				71. Subventions d'exploitation reçues			
62. Impôts et taxes…				72. Ventes de déchets et d'emballages récupérables			
63. Travaux, fournitures et services extérieurs….				74. Ristournes, rabais et remises obtenus			
64. Transports et déplacements.				76. Produits accessoires			
66- Frais financiers				77. Produits financiers			
681. Dotations de l'exercice aux comptes d'amortissement.				780. Travaux faits par l'entreprise pour elle-même (à détailler) …			
685. Dotations de l'exercice aux comptes de provisions (1)				785. Travaux et charges non imputables à l'exploitation de l'exercice (à détailler).			

Par ailleurs, le Plan comptable général 1957 utilise des comptes appartenant à la ***classe 0*** qui regroupe tous les comptes spéciaux n'ayant pas leur place dans les classes 1 à 9 du cadre comptable. Elle est divisée en deux séries de comptes principaux. **La première série (00 à 05)** est réservée aux comptes d'engagements. Il s'agit des comptes spéciaux dont la tenue est justifiée par des dispositions légales ou réglementaires. C'est le cas de comptes de modernisation et d'équipement destinés à suivre l'emploi des avances du fonds de modernisation et d'équipement de comptes de corrections fiscales à ouvrir en application de dispositions fiscales qui ne sont pas conformes aux règles du Plan comptable général, de comptes de subventions d'équipement destinés à permettre le contrôle des obligations imposées par dispositions législatives ou réglementaires ou par contrat aux entités subventionnées. **La deuxième série (06 à 09)** est réservée aux comptes que les entités désireraient ouvrir elles-mêmes pour noter certaines opérations telles que les achats à terme, les commandes reçues, les obligations d'emploi en trésorerie, etc.

Les comptes d'engagement enregistrent les opérations dont l'exécution résultant éventuellement de liens de droit actuels pourrait modifier le montant ou la consistance du patrimoine de l'entité. Pour chaque nature d'engagement, deux sous comptes sont créés. L'un pour exprimer la situation de l'entité vis-à-vis des tiers (éventuellement le créancier) et l'autre, la situation de l'entreprise vis-à-vis des tiers (éventuellement les débiteurs).

Au niveau de débit, les comptes 30 à 37 intitulés « Stocks au début de l'exercice » sont détaillés des comptes suivants : le compte 30 « Marchandises » est constitué des sous comptes suivants : 300 « Marchandises A », 301 « Marchandises B », 309 « Provisions pour dépréciation des marchandises ». Le compte 31 « Matières premières » est constitué des sous comptes suivants : 310 « Matières A », 311 « Matières B », 319 « Provisions pour dépréciation des matières premières ». Ces comptes de la classe 3 sont suivis des comptes de la classe 6.

Au niveau du crédit, les comptes 30 à 37 intitulés « Stocks au début de l'exercice » sont constitués des mêmes comptes de la classe 3 que ceux du débit ci-dessus. Ces comptes sont suivis des comptes de la classe 7.

Tous ces comptes ci-dessus sont utilisés en cas de cessions entre établissements d'une même entreprise, mais tenant des comptabilités distinctes. Pour la plupart des cas, le compte d'exploitation générale de chaque établissement s'obtient par la dotation des éléments ordinaires du compte 80 et du compte 86.

1.2. Le compte 86 « Produits et prestations de service échangés entre établissements »

En plus des comptes de produits et de prestations de service échangés entre établissements, les pertes et les profits sont souvent présentés dans le compte 87.

1.3. Le Compte 87 « Pertes et profits »

Les différents sous comptes constituant l'ensemble des pertes et des profits sont regroupés au débit pour les pertes et au crédit pour les profits. Les comptes relatifs aux pertes sont les suivants : le compte 870 pour les Pertes d'exploitation de l'exercice, le compte 872 pour les Pertes sur exercices antérieurs, le compte 873 pour les Subventions exceptionnelles accordées, le compte 874 pour les Pertes exceptionnelles, le compte 875 pour les Dotations de l'exercice aux comptes de provisions hors exploitation ou exceptionnelles. Les comptes relatifs aux profits sont les suivants : le compte 870 pour les Profits d'exploitation de l'exercice (et Subventions d'exploitation reçues), le compte 872 pour les Profits sur exercices antérieurs, le compte 874 pour les Profits exceptionnels, le compte 877 pour les Profits résultant de subventions d'équipement, le compte 878 pour les Subventions d'équilibre reçues, le compte 879 pour les Pertes sur exercices antérieurs et pertes exceptionnelles couvertes par des provisions.

De tous les comptes contenus dans le tableau ci-dessous, nous constatons que trois comptes (le compte 870, le compte 872 et le compte 874) sont identiques tant pour les pertes que pour les profits, alors que leurs intitulés respectifs décrivent des fonctions parallèles. Dans le Journal, le regroupement des pertes et des profits s'effectue en trois temps.
1). Le solde du compte « exploitation générale » est viré dans le compte 870 « Résultats d'exploitation de l'exercice » dont le solde est ensuite transféré dans le compte 87 « Pertes et profits ».
2). Regroupement des pertes
3). Regroupement des profits

La présentation de ce regroupement ne présente aucune difficulté.

Tableau 2. Le Compte 87 « Pertes et profits »

870. Pertes d'exploitation de l'exercice … 872. Pertes sur exercices antérieurs (à détailler) 873. Subventions exceptionnelles accordées 874. Pertes exceptionnelles (à détailler). 875. Dotations de l'exercice aux comptes de provisions hors exploitation ou exceptionnelles (à détailler)……………		870. Profits d'exploitation de l'exercice (et Subventions d'exploitations reçues). 872. Profits sur exercices antérieurs (à détailler) 874. Profits exceptionnels (à détailler) 877. Profits résultant de subventions d'équipement 878. Subventions d'équilibre reçues 879. Pertes sur exercices antérieurs et pertes exceptionnelles couvertes par des provisions	

Pour le fonctionnement des comptes de produits par nature (classe 7), il convient de noter que les comptes de la classe 7 enregistrent au cours de la période les produits d'exploitation de ladite période, classés en fonction de leur nature, à l'exclusion de tous produits ou de tous profits à caractère exceptionnel ou dont la provenance des exercices antérieurs. Accessoirement à la comptabilité générale (comptabilité financière), la comptabilité analytique d'exploitation (comptabilité de gestion) remplit quant à elle, trois fonctions. La ***première*** est celle d'obtenir des éléments pouvant contribuer à la détermination des prix de vente ou au contrôle de leur rentabilité et de fournir en cas de besoin des éléments justificatifs de facturation d'objets ou de services. La ***deuxième*** est celle de permettre l'examen des conditions internes d'exploitation par : l'analyse des charges et l'observation de leur évolution ; le contrôle du degré de conformité de ces charges avec des prévisions ou des normes préétablies ; la détection des écarts avec ces prévisions ou ces normes et la recherche de leurs causes. La ***troisième*** est celle de fournir à l'entreprise les bases d'évaluation de certains de ses actifs : immobilisations, stocks de toutes natures, travaux en cours, etc.

Les deux comptabilités (générale et analytique) sont en principe autonomes, mais leur articulation se fait par des comptes appelés comptes réfléchis. L'obligation peut toutefois être imposée à certaines entreprises par des textes législatifs ou réglementaires. C'est le cas pour les entreprises publiques et les sociétés d'économie mixte qui sont visées par le décret du 22 octobre 1957.

En ce qui concerne les résultats de la comptabilité analytique, les compléments apportés au Plan comptable de 1947 portent principalement sur les comptes de résultats analytiques (notamment, les numéros 981 à 985) appelés précédemment « résultats sur ventes ». Lorsque l'entreprise désire mettre en œuvre un enregistrement comptable, le mouvement externe étant, en tout état de cause, regroupé dans les comptes 98 « Résultats », il suffit de faire transiter par ces mêmes comptes des mouvements internes entre comptes cédants d'une branche et comptes réceptionnaires d'une autre. Mais il est souhaitable que ces comptes de résultats par branches soient subdivisés en deux sous comptes de façon à permettre l'enregistrement distinct des produits et de leur coût, selon que leur destination est interne ou externe. Ils concernent également les travaux couverts par des provisions ou effectués par l'entreprise pour elle-même. Ici, le coût de ces travaux, établi dans un ou des comptes distincts du groupe. Des coûts et des prix de revient sont enregistrés au débit de sous comptes distincts du groupe 981 à 985. C'est le cas par exemple d'un rappel de salaires afférent à l'exercice antérieur (enregistré à ce titre à Pertes et Profits en comptabilité générale) et qui concerne une commande en cours, à laquelle il est imputé au titre de « charge » par la comptabilité analytique. Ces sous comptes sont généralement crédités par le débit des sous comptes 907…80. « Travaux faits par l'entreprise pour elle-même » et 907…85. « Travaux et charges non imputables à l'exploitation de l'exercice ». Lorsqu'il s'agit de travaux couverts par des provisions, il peut arriver que les provisions constituées soient insuffisantes pour en couvrir le coût. Le crédit enregistré aux comptes 98 ne pouvant être supérieur au montant des provisions, il ne peut, dans cette hypothèse, compenser le débit de ces comptes, qui feraient ressortir un « Résultat sur travaux couverts par des provisions », égal à l'insuffisance des provisions. Les excédents éventuels sont repris au compte 872 (Pertes et Profits sur exercices antérieurs) et enregistrés au crédit du compte 988 « Report des pertes et profits) avec débit du compte 908 « Résultat réfléchi »).

Par ailleurs, pour la fermeture et la réouverture des comptes, le compte 89 dans le bilan reste d'un emploi facultatif. Dès la réouverture des comptes, le bénéfice net est transféré au crédit du compte 88.

2. Le Compte 88 « Résultats en instance d'affectation »

Ce compte est ensuite débité du montant des sommes distribuées ou affectées à un compte de réserves. Le solde (s'il en existe un) est viré au compte 12 « Report à nouveau ». Le compte 88 peut aussi être utilisé en cas de pertes. Le Bilan-Actif et le Bilan-Passif du Plan comptable 1957 se présentent comme suit.

Tableau 3. Les comptes d'ACTIF du Bilan-Type selon le Plan 1957

ACTIF du Bilan-Type selon le Plan 1957					
VALEURS IMMOBILISEES	200 à 207	**FRAIS D'ETABLISSEMENT**			
	208	moins : amortissements	...	...	...
		IMMOBILISATIONS			
	2100 à 2107	Terrains..	...	...	...
	2108	moins : amortissements..........................	...	...	...
	2019	moins : provisions pour dépréciations..........	...	...	...
	2120 à 2127	Constructions..	...	...	...
	2128	moins : amortissements..........................	...	...	...
	2140 à 2147	Matériel et outillage..............................	...	...	...
	2148	moins : amortissements..........................	...	...	...
	2150 à 2157	Matériel de transport.............................	...	...	...
	2158	moins : amortissement...........................	...	...	...
	2160 à 2167	Mobilier, agencement, installations..............	...	...	...
	2168	moins : amortissement...........................	...	...	...
	2180 à 2187	Immobilisations incorporelles.....................	...	...	...
	2188	moins : amortissements..........................	...	...	...
	2189	moins : provisions pour dépréciations..........	...	...	...
	23	Immobilisations en cours..........................			
	242	Immobilisation détruites par faits de guerre......	...	...	...
	248	moins : amortissements..........................	...	...	...
		AUTRES VALEURS IMMOBILSEES	...	...	...
	25	Prêts à plus d'un an..............................			
	259	moins : provisions pour dépréciations..........	...	...	...
	260 à 265	Titres de participations, prix d'achat ou partie libérée	...	...	...
	269	moins : provisions pour dépréciations..........	...	...	...
	266 à 267	Titres de participations, partie non libérée......	...	...	...
	27	Dépôts et cautionnements..........................	...	...	...
VALEURS D'EXPLOITATIONISEES		**VALEURS D'EXPLOITATIONS**	...	...	...
	300	Marchandises......................................	...	...	...
	309	moins : provisions pour dépréciation			
	310, 320, 33,	Matières ou fournitures..........................	...	...	...
	319, 329	moins : provisions pour dépréciations.........	...	...	...
	340	Produits semi-ouvrés.............................	...	...	...
	349	moins : provisions pour dépréciations.........	...	...	...
	350	Produit finis......................................	...	...	...
	359	moins : provisions pour dépréciations.........	...	...	...
	360	Produits ou travaux en cours.....................	...	...	...
	369	moins : provisions pour dépréciations.........	...	...	...
	370, 375, 377	Emballages commerciaux.........................	...	...	...
	379	moins : provisions pour dépréciations.........	...	...	...
COMPTES DE TIERS		**VALEURS REALISABLES À COURT TERME OU DISPONIBLES**	...	...	...
	408	Fournisseurs, avances et acomptes versés sur commandes d'exploitation			
	410 à 417	Clients..	...	...	...
	419	moins : provisions pour dépréciations des comptes clients.	...	...	...
	42 à 46	Autres débiteurs (Y compris « actionnaires, capital non appelé »).......	...	...	...
	459, 469	moins : provisions pour dépréciations sur autres débiteurs....	...	...	...
	48	Comptes de régularisation- Actif...............	...	...	...
COMPTES FINANCIERS	51	Prêts à moins d'un an............................	...	...	...
	530	Effets à recevoir.................................	...	...	...
	535	Warrants et autres effets gagés à recevoir.....	...	...	...
	54	Chèques et coupons à encaisser................	...	...	...
	550 à 555	Titres de placement (prix d'achat ou partie libérée) et Bons du trésor...	...	...	...
	559	moins : provisions pour dépréciations.........	...	...	...
	556, 557	Titres de placement (partie non libérée)	...	...	...
	56	Banques et chèques postaux......................	...	...	...
	57	Caisses..	...	...	...
	58	Comptes des règles d'avance ou d'accréditifs	...	...	...
		RESULTATS	...	...	...
	87	Pertes de l'exercice.............................	...	...	...

Tableau 4. Les comptes du PASSIF du Bilan-Type selon le Plan 1957 (se reporter au Bilan-Type de la page précédente)

		PASSIF du Bilan-Type selon le Plan 1957			
CAPITAUX PERMANENTS		**CAPITAL PROPRE ET RESERVES**			
	100	Capital social ou personnel.................................	...	...	...
	1000	Capital appelé...	...	...	...
	1001	Capital non appelé...	...	...	...
	110	Primes d'émissions d'actions..............................	...	...	...
	111	Réserve légale...	...	...	...
	112	Réserves statutaires ou contractuelles......................	...	...	...
	114	Réserves provenant de subventions d'équipement.......	...	...	...
	115	Réserves facultatives...	...	...	...
	116	Réserves de renouvellement des immobilisations.........	...	...	...
	117	Réserves de renouvellement des stocks....................	...	...	...
	118	Réserve spéciale de réévaluation..........................	...	...	...
	119	Réserve correspondant à la participation de l'État aux dommages de guerre	...	...	...
	12	**REPORT À NOUVEAU (2)**	...	...	...
		SITUATION NETTE	...	...	...
		(Avant résultats de l'exercice)			
	141	SUBVENTIONS D'EQUIPEMENTS RECUES.......	...	...	...
	147	Moins : subventions inscrites à pertes et profits....	...	...	...
		PROVISIONS POUR PERTES ET CHARGES	...	...	...
	155	Provisions pour risques....................................	...	...	...
	156	Provisions pour renouvellement des immobilisations (3) ...	...	...	...
	157	Provisions pour charges à répartir sur plusieurs exercices...	...	...	...
	158	Provisions pour retraites obligatoires du personnel...........	...	...	...
		DETTES À LONG ET MOYEN TERME	...	...	...
	160, 161	Obligations et bons à plus d'un an........................	...	...	...
	163, 164, 169	Autres dettes à plus d'un an................................	...	...	...
COMPTES DE TIERS		**DETTES À COURT TERME**	...	...	...
	400	Fournisseurs..			
	418	Clients, avances et acomptes reçus sur travaux en cours			
	42 à 46	Autres créanciers (4)			
	47	Comptes de régularisation – Passif..........................	...	...	...
COMPTES FINANCIERS	500, 501	Obligations et bons à moins d'un an	...	...	...
	503, 509	Autres emprunts à moins d'un an			
	520	Effets à payer...			
	525	Warrants et autres effets gagés à payer.....................			
		RESULTATS			
	87	Bénéfice de l'exercice......................................			

(2) Le solde débiteur du compte « report à nouveau » est déduit du total des autres comptes de situation nette.

(3) comptes réservés aux entreprises concessionnaires.

(4) Y compris « versements restant à effectuer sur titres non entièrement libérés ».

Rappelons que le bilan selon le Plan 1957 est essentiellement constitué des frais d'établissement qui sont des frais engagés au moment soit de la constitution de l'entreprise, soit de l'acquisition par celle-ci de ses moyens permanents d'exploitation, tels que frais de constitution, d'augmentation de capital, d'émission d'obligations, d'acquisition des immobilisations (droits de mutation, honoraires et frais d'actes). En remarque liminaire et pour éviter toute confusion dans les comptes de valeurs immobilisées (classe 2), il parait indispensable pour le Plan 1957 d'accorder d'abord plus d'importance à la distinction entre les notions d'investissement et d'immobilisation. La première étant beaucoup plus large que la seconde.

D'une manière générale, un ***investissement*** est une opération qui a pour objet la transformation d'une somme d'argent en un ou plusieurs éléments destinés à être utilisés en permanence ou, tout au moins, pendant un temps assez long par l'entreprise : la formation du personnel, certaines actions publicitaires sont des investissements. Les ***immobilisations*** (et non les valeurs immobilisées) sont des biens de toute nature, meubles ou immeubles, acquis ou créés par l'entreprise non pour être vendus ou transformés, mais pour être utilisés de manière durable comme instruments de travail. Ces biens sont « immobilisés » du fait de leur utilisation, de la destination choisie pour eux et non du fait de leur nature. Ainsi, certains biens peuvent être, suivant le cas, soit des valeurs immobilisées, soit des valeurs d'exploitation dans la même entreprise : les véhicules routiers dans les entreprises de fabrication automobile (véhicules de service : valeurs immobilisées ; véhicules pour la vente : valeurs d'exploitation). Une immobilisation totalement amortie ne doit pas être « sortie » du bilan (à l'exception des frais d'établissement qui sont des frais et non des biens), car le bien correspondant existe toujours. Il doit être maintenu pour une valeur (symbolique) égale à une unité monétaire. Par ailleurs, l'annuité de remboursement qui vient par exemple à échéance dans l'exercice suivant doit être enregistrée dans les dettes à court terme. Seul le principal est à inscrire dans les comptes concernés et figure au bilan. Les intérêts apparaissant dans le "plan de remboursement" (tableau d'amortissement de l'emprunt) peuvent être inscrits hors bilan dans la rubrique "engagements réciproques exceptionnels".

En matière de connaissance de la réglementation, l'entreprise doit enregistrer dans ses comptes la totalité des biens et des valeurs dont elle est propriétaire à la date de clôture de l'exercice, mais des seuls biens dont elle est propriétaire. Même en cas d'absence ou d'insuffisance de bénéfices, l'entreprise est tenue de procéder aux amortissements et aux provisions nécessaires pour que le bilan soit sincère et régulier. L'entreprise ne doit pas immobiliser des charges (à l'exclusion des frais d'établissement) ni prendre en charge des immobilisations. Dans le cadre du traitement des impôts et taxes (comptes 62), par exemple, le contrôle des montants enregistrés dans les divers comptes divisionnaires se fait par examen des déclarations fiscales, parallèlement au contrôle pratiqué lors de l'étude du bilan. En conséquence, on vérifiera la régularité des opérations comptabilisées par un contrôle de vraisemblance, c'est-à-dire qu'on s'assurera que les montants pris en compte ne présentent aucun écart véritablement anormal tant par rapport aux exercices précédents que par rapport à l'activité de l'exercice.

Tableau 5. Renseignements sur les engagements reçus à annexer au bilan selon le Plan 1957

I. ENGAGEMENTS	
ENGAGEMENTS RECUS	
NATURE DES ENGAGEMENTS	**MONTANTS**
0000, Avals, caution, garanties reçus....................	....
0020, Autres engagements reçus....................	....
0030 Actions d'administrateurs détenues en garantie....................	....
0040, Autres biens détenus en garantie....................	....
TOTAL des engagements reçus....................	....

II. TABLEAU DES IMMOBILISATIONS inscrites aux comptes 2100 à 2107, 2120 à 2127	
IMMOBILISATIONS	**TERRAINS**
Valeur d'actif des immobilisations en service au début de l'exercice....................	....
Prix de revient des immobilisations acquises ou créées au cours de l'exercice....................	....
1° En France....................	....
2° dans les territoires d'Outre-Mer....................	....
3° à l'étranger....................	....
TOTAL....................	....
À DEDUIRE :	
Valeur d'actif des immobilisations sorties de l'actif au cours de l'exercice à la suite de cessions, destructions ou mises hors de service	....
DIFFERENCE....................	....
À AJOUTER :	
Plus-value de réévaluation (en cas de réévaluation à la fin de l'exercice)	....
Valeur d'actif des immobilisations en service à la fin de l'exercice....................	....
Immobilisations entièrement amorties, comprises dans le total ci-dessus....................	....
Valeur d'actif en fin d'exercice, des immobilisations affectées aux activités professionnelles	....
Valeur d'actif en fin d'exercice des immobilisions affectées aux activités non professionnelles....................	....

III. MONTANT TOTAL DES AMORTISSEMENTS figurant aux comptes 208, 2108, 2128,		
AMORTISSEMENTS	**FRAIS D'ETABLISSEMENT**	**TERRAINS**
Montant des amortissements à la fin de l'exercice précédent....................	....	....
Dotations de l'exercice aux comptes d'amortissements....................	....	....
TOTAL....................	....	....
À DEDUIRE :		
Amortissements afférents aux immobilisations sorties de l'actif et aux frais d'établissement entièrement amortis....................	....	....
DIFFERENCE....................	....	....
À AJOUTER :		
Montant des amortissements réévalués (en cas de réévaluation à la fin de l'exercice)....................	....	....
Montant des amortissements à la fin de l'exercice....................	....	....
Montant des amortissements pratiqués en l'absence de bénéfice compris dans le total ci-dessus....................	....	....

Tableau 6. Renseignements sur les engagements donnés à annexer au bilan selon le Plan 1957

ENGAGEMENTS DONNES	
NATURE DES ENGAGEMENTS	MONTANT
0051, Avals, cautions, garanties donnés…………………………………… 0071, Autres engagements donnés…………………………………………	……………… ……………… ……………… ………………
TOTAL des engagements donnés………………	………………

2140 à 2147, 2150 à 2157, 2160 à 2167, 2180 à 2187 (amortissements non déduits)					
Constructions	Matériel et outillage	Matériel de transport	Autres immobilisations corporelles	Immobilisations incorporelles	TOTAL (Col. 2 à 7)
……………… ……………… ……………… ……………… ………………	……………… ……………… ……………… ……………… ………………	……………… ……………… ……………… ……………… ………………	……………… ……………… ……………… ……………… ………………	……………… ……………… ……………… ……………… ………………	……………… ……………… ……………… ……………… ………………
………………	………………	………………	………………	………………	………………
………………	………………	………………	………………	………………	………………
………………	………………	………………	………………	………………	………………
……………… ……………… ………………	……………… ……………… ………………	……………… ……………… ………………	……………… ……………… ………………	……………… ……………… ………………	……………… ……………… ………………

2148, 2158, 2168, 2188 et tableau des amortissements pratiqués en l'absence de bénéfices					
Constructions	Matériel et outillage	Matériel de transport	Autres immobilisations corporelles	Immobilisations incorporelles	TOTAL (Col. 2 A 8)
……………… ………………	……………… ………………	……………… ………………	……………… ………………	……………… ………………	……………… ………………
………………	………………	………………	………………	………………	………………
………………	………………	………………	………………	………………	………………
………………	………………	………………	………………	………………	………………
……………… ………………	……………… ………………	……………… ………………	……………… ………………	……………… ………………	……………… ………………

Tableau 7. Renseignements relatifs à la répartition des bénéfices selon le Plan 1957

IV. MONTANT TOTAL DES PROVISIONS figurant au compte 15 et aux comptes des classes 2 à 5		
PROVISIONS	PROVISIONS	
Montant des provisions à la fin de l'exercice précédent................	....	....
Dotations de l'exercice aux comptes de provisions autres que les comptes de provisions pour dépréciation des stocks (par le débit des comptes 685 et 875)	....	....
Augmentation des provisions pour dépréciation des stocks (différence entre les soldes des comptes de provisions en fin d'exercice et au début de l'exercice)....................................	....	....
TOTAL (a)..............	....	....
À DEDUIRE :		
Montant des provisions utilisées au cours de l'exercice (montant inscrit au crédit des comptes 7850, 7851 et 879)	....	....
Montant des provisions autres que pour dépréciation des stocks devenues en tout ou partie sans objet (montant repris au crédit du compte 8721)	....	....
Diminution des provisions pour dépréciation des stocks (différence entre les soldes des comptes de provision au début de l'exercice et en fin d'exercice)..	....	....
TOTAL (b)................	....	....
Montant des provisions à la fin de l'exercice (total **a** - total **b**)......	....	....
V. MONTANT DU CHIFFRE D'AFFAIRES de l'exercice.		
Ventes de marchandises et produits finis (ou travaux ou services)		
Ventes de déchets..		
....		
TOTAL..		
VI. REPARTITION DES BENEFICES.		
Bénéfices disponibles :	MONTANT	
Report à nouveau des exercices antérieurs..............................	....	
Prélèvements sur les réserves...	....	
Bénéfices de l'exercice...	....	
TOTAL (a).................	....	
VII. NOMBRE DE PARTS DE FONDATEURS.		

En matière de formation du compte de résultat, le Plan 1957 a pour habitude de distinguer le « résultat d'exploitation » représenté par le solde du compte 80 "Exploitation générale" ; des "autres (hors exploitation) enregistrés dans les différents sous comptes du compte 87 "Pertes et Profits" où ils sont isolés sous des rubriques particulières. Cette classification a paru toutefois insuffisante et la tendance actuelle est de distinguer le ***résultat d'exploitation***, fonction du niveau d'activité de l'entreprise, apprécié avant l'incidence des opérations financières et des charges ou produits non directement liés à l'activité ; du ***résultat d'exploitation dit général*** (solde du compte 80) après incidence de telles opérations, de telles charges ou de tels produits.

En matière de fonctionnement des comptes de charge par nature (classe 6), il faut noter que les comptes de la classe 6 enregistrent au cours de la période, les charges d'exploitation de ladite période classées en fonction de leur nature, à l'exclusion de toutes charges ou de toutes pertes à caractère exceptionnel ou dont l'origine provient des exercices antérieurs. Les différents sous comptes constituant l'ensemble des charges sont les suivants : le compte 60 « Achats (consommations en cas d'inventaire permanent), le compte 61 « Frais de personnel », le compte 62 « Impôts et taxes », le compte 63 « Travaux, fournitures et services extérieurs », le compte 64 « Transports et déplacements », le compte 66 « Frais divers de gestion », le compte 67 « Frais financiers », le compte 68 « Dotations de l'exercice aux comptes d'amortissement et de provision ». Doivent être enregistrées dans les sous comptes appropriés aux charges toutes les acquisitions (consommations) de marchandises, de matières, de fournitures ou de produits nécessaires à l'exploitation de l'entreprise qui donnent lieu à la tenue de stock.

Tableau 8. Renseignements relatifs à la répartition des bénéfices (suite) selon le Plan 1957

Pour pertes et charges (à détailler)				Provisions pour dépréciations (à détailler)						TOTAL GENERAL
			Total						Total	
....	....	....	......	....	......	....	....	.....	....	....
....	....	....	......	....	...	....	.....	.....	....	....
....	....	....	......	....	.....	....	...	.....	....	....
....	....	....	......	....	......	....	....	.....	....	....
....	....	....	......	....	...	....	.....	.....	....	....
....	....	....	......	....	.....	....	...	.....	....	....
....	....	....	......	....	......	...	....	.....	....	....
....	....	....	......	....	...	....	....	.....	....	....

EN FRANCE	DANS LES PAYS DE L'UNION FRANCAISE	A L'ETRANGER	TOTAL
....	....	....	....
....	....	....	....
....	....	....	....
....	....	....	....
....	....	....	....

	MONTANT
Affectation des bénéfices :	
Tantièmes..	....
Dividendes...	....
Réserve...	....
TOTAL (b).................	....
REPORT A NOUVEAU (Total **a** – total **b**).................................	....

En effet, pour qu'une comptabilité tenue selon le Plan Comptable 1957 dans son ensemble ait une valeur certaine, il faut qu'elle respecte, en tout point, les huit principes comptables fondamentaux suivants.

1). *La continuité de l'exploitation*, pour laquelle il n'y a pas de coupure dans le déroulement de l'exploitation ;

2). *La spécialisation (autonomie) des exercices*, où chaque exercice comptable ne peut prendre en compte que des charges et des produits qui s'y rapportent, c'est-à-dire que les uns et les autres sont comptabilisés au fur et à mesure qu'ils sont engagés ou acquis ;

3). *L'intangibilité du bilan*, pour laquelle le bilan ne devient définitif qu'après son approbation par l'autorité ayant compétence de le faire. Il ne peut plus, ensuite, être modifié ;

4). *La stabilité de l'unité monétaire*, pour laquelle l'unité monétaire est réputée comme étant une unité de mesure stable qui donne une garantie dans l'élaboration du bilan ;

5). *La prudence*, pour laquelle, le produit est comptabilisé s'il est réalisé, la charge dès qu'elle est probable. Au niveau du bilan, les moins-values sont constatées dès leur apparition (provisions pour dépréciation), tandis que les plus-values non réalisées ne sont pas comptabilisées ;

6). *La fixité*, pour laquelle les méthodes utilisées en comptabilité doivent l'être de façon permanente, tout changement étant signalé (obligation réglementaire, par exemple dans le cas de modification dans la valorisation des stocks) ;

7). *La non compensation*, pour laquelle on ne peut déduire du total des soldes débiteurs de certains comptes collectifs les soldes créditeurs de ces mêmes comptes collectifs.

8). *La "Bonne" information*, pour laquelle, il est nécessaire que l'information soit satisfaisante, c'est-à-dire suffisante et significative : ***régularité et sincérité des comptes***.

- ***La régularité*** est la conformité à la réglementation ou en son absence aux principes généralement admis.
- ***La sincérité*** ("*true and fair view*" anglo-saxon) : présentation des données, en fonction des limites de la pratique comptable courante, d'une image aussi objective que possible, ne comportant pas de déformation intentionnelle, de manipulation, ni d'omission volontaire de faits significatifs.

L'appréciation de l'auditeur doit se faire essentiellement à partir de ces deux derniers éléments (***la régularité des comptes et leur sincérité***). De tous ces huit principes, seuls trois intéressent le bilan. Il s'agit de l'intangibilité du bilan, de la stabilité de l'unité monétaire, de la prudence.

Chapitre 2. Évolution des états financiers du Plan 1957 au Plan OCAM

Les apports du Plan OCAM au Plan 1957 illustrent aussi l'évolution dans les états financiers. Le Plan 1957 a contribué à l'évolution de la comptabilité en Afrique francophone, quoiqu'il soit un peu inadéquat aux besoins réels en informations spécifiques aux politiques de développement des pays d'Afrique francophone. En effet, le Plan 1957 présentait les faits économiques de l'entreprise sous une forme synthétique dans les états financiers annuels, alors que les politiques de développement nécessitaient des informations nombreuses et des analyses variées (Causse, 1999).

Tout en reprenant les trois spécificités de la normalisation du Plan 1947 et du Plan 1957, le Plan OCAM s'est bien illustré par trois innovations majeures (Perochon, 2009, p.1084) :
-l'introduction du concept de valeur ajoutée dans l'analyse du résultat,
-la distinction systématique des flux ;
-l'esquisse d'un tableau de financement ou de flux.

Si le bilan du Plan OCAM est peu différent du bilan du Plan 1957, il n'en est pas de même du compte de résultat. Le compte de résultat issu du Plan OCAM fait la distinction entre les charges et les produits d'exploitation, et les charges et les produits hors exploitation. Il permet de faire un calcul en cascade de Soldes Caractéristiques de Gestion (SCG) : Marge Commerciale (MC), Valeur Ajoutée (VA) produite, résultat d'Exploitation (RE), etc. La possibilité de calcul de la VA et l'introduction de la notion de flux dans les enregistrements comptables contribuent au rapprochement de la comptabilité privée et de la comptabilité nationale, tel est l'objectif du Plan OCAM. La comptabilité de l'entreprise constitue ainsi une source d'information pour le calcul d'un agrégat macro-économique tel que le Produit Intérieur Brut (PIB = $\sum$ VA produites). Mais la VA est aussi un indicateur de gestion utile pour l'entreprise : le rapport VA /production informe sur le degré d'intégration de l'entreprise, la VA produite en tant que surplus de richesse créée peut servir à l'étude de sa répartition entre les différentes parties prenantes.

C'est pour des raisons d'un encrage historique, sociologique et politique que le modèle comptable continental OCAM est soumis à des évolutions. Tout modèle comptable est enclin à la convergence successive vers une innovation pour satisfaire son utilisateur.

1. Le contenu du Plan 1957 adapté aux besoins d'analyse de gestion

La comptabilité était adoptée ici en outil privilégié de l'analyse économique et surtout d'analyse de gestion. C'est dans cette optique qu'en voulant améliorer l'information statistique globale de la comptabilité nationale, le Plan comptable

OCAM 1970 est adopté en un outil, en un instrument d'analyse de la gestion en Afrique. Cette conviction comptable se constate à partir du tableau de soldes caractéristiques de gestion préconisé par une plaquette officielle qui adopte une approche plus économique et moins juridique que celle du Plan Comptable Général 1957, en s'alignant sur la pratique internationale d'un compte unique qui met en exergue plusieurs soldes de gestion. Faisant partie des innovations d'ordre conceptuel du Plan comptable, ces soldes caractéristiques ont fait l'objet d'étude et d'analyse détaillée. Les nouveaux soldes de gestion ont donc fait leur entrée dans la comptabilité par le biais du tableau de soldes caractéristiques de gestion du Plan OCAM et ont servi ensuite d'utilité pour l'analyse et la gestion financière.

2. Adaptation de nouveaux concepts au compte d'exploitation général

Rappelons que le Plan Comptable Général 1957 distinguait deux comptes de résultat successifs : le compte d'exploitation général, puis le compte de pertes et de profits. Le premier regroupait les charges et les produits d'exploitation, c'est-à-dire ceux qui concernent l'activité normale de l'entreprise. La différence entre les charges et les produits d'exploitation s'appelait résultat d'exploitation et représentait une appréciation chiffrée de la gestion de la firme pendant l'exercice. Le second s'intéressait aux comptes de pertes et de profits, qui ajoutaient au résultat d'exploitation obtenu les pertes et profits exceptionnels et les pertes et profits sur exercices antérieurs. La somme algébrique de ces grandeurs donnait un résultat net, qui mesurait le montant du résultat consommable sans appauvrissement. Il était égal au résultat dégagé dans le bilan, et c'est sur lui qu'on appliquait le taux de l'impôt sur le bénéfice. Le compte de résultat selon le Plan comptable OCAM se présente comme ci-dessous.

Tableau 9. Schéma détaillé du compte de résultat selon le Plan comptable OCAM

		80 « Détermination Marge Brute »			
		A débiter	**A créditer**		
60 « Coûts des stocks vendus »		*Solde 60 Coût stock vendu*	70 Ventes.		
A débiter	**A créditer**				
S I de 30, 39.	S F de 30, 33.				
		Solde créditeur 80			
		81 « Détermination de la Valeur Ajoutée »			
		A débiter	**A créditer**		
			71 Production vendue		
		62 Transports consommés			
		63 Autres services cons	73 Prod Ese / elle-même		
		69 Produits, services reçus	79 Produits et services cédés établissements		
61 « Matières et fournitures consommées »		*Solde 61 Mat fournitures consommées*	*Solde 72 Productions stockées/déstockées*	**72 Prod. Stockées ou déstockées**	
A débiter	**A créditer**			**A débiter**	**A créditer**
S I de 31, 33, 39.	S F de 31, 33.			S I de 32, 33, 34, 35.	S F de 32, 33, 34, 35.
			Vire. Solde créditeur 80		
		Solde créditeur 81			
		82 « Détermination du Résultat d'Exploitation »			
		A débiter	**A créditer**		
		64 Charges, pertes diverses	74 Produits et profits divers		
		65 Frais de personnel			
		66 Impôts et taxes	76 Subventions d'exploitation et HE		
		67 Intérêts	77 Intérêts et dividendes reçus		
		68 Amortissements	78 Reprises/amortis et prov.		
			Vire. Solde créditeur 81		
		Solde créditeur 82			
		82 « Détermination du Résultat Hors Exploitation »			
		A débiter	**A créditer**		
		060, 061, 062, 063	070, 072, 073		
		064, 065, 066, 067, 068.	074, 075, 076, 077, 078.		
		Solde créditeur 082			
		84 « Détermination de Résultats/cession d'éléments d'actifs Immobilisés »			
		A débiter	**A créditer**		
		Solde créditeur ou plus-value/cession	**Solde débiteur ou moins-value/cession**		
		85 « Détermination de Résultat net avant impôt »			
		Vir Solde déb ou -value	Virement Solde créditeur 81		
			Virement Solde créditeur 82		
			Vire. Solde créditeur 082		
			Vire. Solde créditeur/+ value		
		Solde créditeur 85			
		86 « Détermination de l'impôt sur le résultat »			
		A débiter	**A créditer**		
		43 État et org. Afric. ou int			
		56 Banques et chèques post			
		57 Caisse			
			Solde débiteur 86		
		870 « Détermination Résultat Net »			
		A débiter	**A créditer**		
		Vire. Solde débiteur 86	Vire. Solde créditeur 85		
		Solde créditeur 870			
		0875 « Détermination Résultat en instance d'affectation »			
			Vire. Solde créditeur 870		
EXERCICE N + 1					
		875 « Affectation du résultat net de la période précédente »			
10 Capital	11 Réserves	0875 Détermination Résultat en instance d'affectation	12 Report à nouveau		44 Associés
Vire. Solde créditeur 875	Vire. Solde créditeur 875	Virement Solde créditeur 875	Vire. Solde créditeur 875		Vire. Solde créditeur 875

À partir du compte de résultat selon le Plan comptable OCAM, 2ième édition 1980, p. 220-221.

Du tableau ci-dessus, nous constatons un ajustement du tableau de soldes de gestion au régime simplifié. Avant de présenter le modèle que nous jugeons utile aux catégories d'analyse de gestion des petites et moyennes entreprises, il nous paraît nécessaire de rappeler qu'elle est assez proche de celle préconisée par le Plan comptable OCAM, à la seule différence qu'elle est un peu plus synthétique encore et que les charges et les produits financiers, conjugués au résultat sur cession d'éléments d'actifs immobilisés, ne font pas l'objet d'une analyse séparée, comme dans le modèle du tableau de soldes de gestion conseillé plus haut. En fait, ce modèle nous semble particulièrement réservé aux entreprises de grande dimension. Ainsi, nous avons considéré que les charges et les produits financiers font partie des charges d'exploitation. Cette intégration se justifie par le fait que généralement, les petites et moyennes entreprises ont difficilement recours au crédit ou au marché monétaire. Par conséquent, n'engageant pas des opérations financières assez importantes, nous avons estimé qu'il était inutile pour eux de dégager un résultat financier. Quant au résultat sur cession, nous l'avons assimilé aux opérations hors exploitation. La raison qui milite en faveur de ce choix est que dans la plupart des cas, les entreprises de taille modeste procèdent très rarement à la cession de leurs actifs immobilisés.

Comme nous pouvons le constater, le Plan Comptable Général 1957 ne dégageait, à travers son compte d'exploitation générale et son compte de pertes et profits, que trois soldes de gestion : le résultat d'exploitation, l'impôt sur le résultat et le résultat net. Le Plan comptable OCAM, par contre, a opté pour la présentation d'un compte unique qui met en exergue plusieurs soldes de gestion. Mais dans le cadre de notre ouvrage, nous ne nous intéressons qu'aux seuls soldes innovés par le Plan OCAM. Le Plan OCAM a adopté la marge brute du Plan 1957, qui est constituée par la différence entre les ventes de marchandises et le coût d'achat des marchandises vendues. En fait, le Plan OCAM définit la marge brute telle qu'elle suit : *Marge Brute Globale = Σ des ventes de marchandises – Σ des coûts d'achat des marchandises vendues.*

Le calcul de cette grandeur n'est possible que pour les entreprises commerciales ou la partie d'activité purement commerciale des entreprises industrielles. Le Plan OCAM a adopté la production de l'exercice du Plan 1957, qui se définit dans la logique du Plan OCAM, comme suit : *Production de l'exercice = Σ des productions vendues + Σ des productions stockées (variation) + Σ des productions de l'entreprise pour elle-même.*

Mais, il faut dire que contrairement à la comptabilité nationale qui traite la marge brute comme la "production" des commerces, le Plan comptable général OCAM limite à juste titre la production aux opérations de type industriel et aux services. Aussi, il importe de préciser que cette production apparaît de manière implicite dans le Plan Comptable général de 1970. Elle est tout simplement additionnée à la "marge brute" dans le calcul suivant de la valeur ajoutée.

Le Plan OCAM a adopté la valeur ajoutée du Plan 1957, qui, bien que d'usage courant en comptabilité nationale et dans l'analyse macroéconomique, est un concept nouvellement introduit dans la comptabilité de l'entreprise à travers le Plan OCAM. En fait, cette valeur ajoutée, qui n'a que de lointains rapports avec la notion très déformée et appauvrie de valeur ajoutée fiscale, mesure ce que la firme ajoute dans le circuit économique. Rappelons que sur le Plan de l'analyse macro-économique, la valeur ajoutée est obtenue par la formule suivante.
Valeur ajoutée = Production - Consommations intermédiaires (Définition soustractive).

Ou encore : Valeur ajoutée = Σ des rémunérations des facteurs de production (Définition additive). Il résulte de l'approche soustractive qu'en additionnant les valeurs ajoutées de toutes les entreprises, on obtient sans double emploi, l'ensemble de la production nationale, c'est-à-dire : *Σ des valeurs ajoutées des entreprises = P.I.B*

On retrouve somme toute ces deux approches dans les équations du résultat du Plan OCAM, puisque le concept de valeur ajoutée peut d'une part s'exprimer par la différence entre la production de l'exercice (marge brute, production vendue, production de l'entreprise pour elle-même) et les consommations intermédiaires (matières, fournitures et services consommés) ; *Valeur Ajoutée = marge brute + production de l'exercice - consommations intermédiaires (approche soustractive).*

D'autre part, en réfléchissant dans l'optique de la rémunération des facteurs de production, la valeur ajoutée serait la somme des :
-Rémunérations des tiers (64 : charges diverses). Il s'agit des charges qui ne sont pas considérées comme des consommations intermédiaires par la comptabilité nationale (assurances, fermages, redevances sur brevet, etc.) ;
-Rémunération du travail, compte 65 « Frais de personnel » ;
-Rémunération de l'État, compte 66 « Impôts et taxes » ;
-Rémunération des prêteurs, compte 67 « Intérêts » ;
-Rémunération de l'investissement, compte 68 « Dotations aux amortissements et aux provisions » ;
-Rémunération des capitaux propres, compte 82 « Résultat d'exploitation » (approche additive).

Toutefois, au-delà de ces observations, la valeur ajoutée du Plan OCAM reste une valeur ajoutée brute calculée avant prise en compte des amortissements. Les entreprises peuvent néanmoins déterminer à partir d'elles une valeur ajoutée nette qui est beaucoup plus significative sur le Plan économique, en déduisant les amortissements économiques de l'exercice. Il convient cependant de préciser que les comptables nationaux portent de plus en plus le choix sur la valeur ajoutée brute, à cause des difficultés liées à l'imputation des amortissements. Aussi, la valeur ajoutée du Plan Comptable Général 1970 est une valeur ajoutée d'exploitation obtenue à partir de la comptabilité générale et non une valeur ajoutée analytique.

Le Plan OCAM a adopté le résultat hors exploitation du Plan 1957, qui se définit comme suit : *Résultat hors exploitation = Σ des produits hors exploitation - Σ des charges hors exploitation.*

Néanmoins, il s'agit d'un résultat qui est calculé indépendamment des autres, de façon à mesurer son impact sur le résultat de l'exercice. Dans cette optique, les charges et les produits hors exploitation doivent regrouper à la fois :
1). Des éléments ne correspondant pas à l'activité courante de l'entreprise en raison de leur faible fréquence d'apparition. Tels sont par exemple : les rétrocessions à un confrère à prix coûtant (compte 060 et 070) ; les frais à immobiliser (compte 063 et 073) ; les pertes et manquants en stocks (compte 064) ; les pénalités et amendes fiscales (compte 066) et les subventions d'équilibre (compte 076).
2). Des faits qui ne contribuent pas à la formation d'un résultat réel : il en va ainsi des dotations aux provisions réglementées (provision pour hausse des prix et les amortissements dérogatoires).

Le Plan OCAM a adopté le résultat sur cession d'éléments d'actif du Plan 1957, dont son calcul ne concerne notamment que les éléments de l'actif acyclique (immobilisations) et cyclique (titres à court terme). En fait, le calcul de cette grandeur s'obtient de la façon suivante dans le Plan OCAM : *Résultat sur cession = (Produits sur cession d'éléments d'actif + amortissements pratiqués) - (valeur d'acquisition + frais sur cession).*

De ce calcul, il peut résulter soit une moins-value, soit une plus-value sur cession. Mais, à la différence du Plan Comptable Général 1957, le solde des plus-values ou moins-values de cession figure plus explicitement dans le compte "84 Résultat sur cession". Le Plan OCAM a adopté le résultat net avant impôt du Plan 1957, qui s'obtient en reprenant le résultat d'exploitation, majoré (ou minoré) du résultat hors exploitation et du résultat sur cession, tel qu'il suit : *Résultat net avant impôt = Résultat d'exploitation + résultat hors exploitation + résultat sur cession.*
À propos, il convient de noter que le résultat net avant impôt est un résultat corrigé des éléments exceptionnels à l'activité de l'entreprise (cession d'éléments d'actif immobilisés, charges et produits non liés à l'exploitation courante). Le

calcul de cette grandeur met en évidence la répartition qui sera faite du profit entre les principaux intéressés, à savoir : l'État et les actionnaires.

3. Élargissement du principe de classement des comptes de gestion

Le compte de résultat est la synthèse à caractère dynamique de la « comptabilité de flux », en ce sens que les soldes des comptes de gestion notent les mouvements de valeur entre le patrimoine et l'extérieur, pendant la période. Naturellement, le résultat net de l'exercice obtenu à partir de ce compte est constitué par des :
- opérations provenant directement de l'activité normale de l'entreprise ;
- opérations exceptionnelles n'entrant pas dans le cadre de l'activité normale ;
- éléments favorables ou défavorables d'origine antérieure qui viennent modifier le résultat.

Toutes ces opérations, faut-il le rappeler, faisaient l'objet d'une distinction dans le Plan traditionnel 1957, mais sur la base de critères différents : la dichotomie créée faisait que toute charge, tout produit ne relevant pas de l'exploitation normale de l'exercice, était classé au débit ou au crédit du compte de pertes et de profits ; une ambiguïté régulière planait sur la démarcation des charges et des pertes, des produits et des profits. Ainsi, pour des soucis de gestion, les rédacteurs du Plan Comptable Général OCAM 1970 ont plutôt cherché à déterminer le résultat de l'activité normale, d'une part, et d'autre part les autres éléments ayant influencé le résultat global. Ce choix les a naturellement conduits à reclasser les charges et les produits par nature selon leur appartenance à l'exploitation normale et leur caractère hors exploitation.

3.1. Les charges et les produits d'exploitation

Ils regroupent tous les flux concernant l'exploitation normale et habituelle de l'entreprise. Les charges sont numérotées de 60 à 68, tandis que les produits qui représentent la contre-valeur monétaire d'une marchandise ou d'un produit (bien ou service) créé par l'entreprise sont codifiés de 70 à 78.

3.2. Les charges et les produits hors exploitation

Il s'agit des flux d'exploitation exceptionnels qui n'appartiennent pas aux activités ordinaires de la société ou qui concernent des exercices antérieurs. Ils recouvrent par exemple les dotations aux amortissements dérogatoires et aux provisions réglementées ; les pénalités et les amendes ; les créances irrécouvrables ; les différences positives de change ; les subventions d'équilibre et les rentrées sur créances amorties. Pour mieux séparer les deux catégories d'opération, ces charges et ces produits hors exploitation sont précédés d'un zéro indicatif. C'est ainsi que les charges hors exploitation sont numérotées de **060** à **068,** alors que les produits hors exploitation sont numérotés de **070** à **078**.

Tableau 10. Tableau de Passage aux Soldes des Comptes Patrimoniaux

				Intitulés des comptes	1) Report des soldes	2) Flux externes + Augmentation	2) Flux externes - Diminution	Flux internes + ou – Vire de compte à compte	3) Soldes reportables
			20	Frais val incorp. immo					
EMPLOIS	FLUX PHYSIQUES	LONG TERME		**Immobilisations**					
			21	Terrains					
			22	Autres immob corpor.					
			23	Autres im c en cours					
		COURT TERME		**Stocks**					
			30	Marchandises					
			31	Matières et fournit.					
			33	Emballages commer					
			34	Produits semi-finis					
			35	Produits finis					
			36	Produits en cours					
			37	Travaux en cours					
			38	En cours route, à réce					
	FLUX FINANCIERS	LONG TERME		**Autres valeurs immob.**					
			24	Av, aco/com im en cours					
			25	Prêts et autres créa LMT					
			26	Titres (autr que titr CT)					
		COURT TERME		**Valeur réalisable CT**					
			40	Frs ava/acompte ver					
			41	Clients					
			42	Personnel					
			43	États et org afric/.					
			44	Associés					
			45	Sociétés apparentées					
			46	Débiteurs divers					
			51	Prêts à moins d'un an					
			52	Titres à court terme					
			54	Effets et warrants recev.					
				Disponible					
			55	Chèques, coupons à en					
			56	Banques et chèques post					
			57	Caisse					
			58	Compte régi d'av d'acré					
			48	Comp rég gest mouv dé					
				Totaux	**X**	**Y**			**Z**

		N° des comptes	Intitulés des comptes	4) Report des soldes	5) Flux externes - Diminution	5) Flux externes + Augmentation	Flux internes + ou – Vire de compte à compte	6) Soldes report
		87	Résultats nets					
RESSOURCES	DE GESTION	870	-de la période à affecter					
		875	-affect résul net période préc					
		88	**Amortissements**					
			Amort. Frais et val. inco. Im.					
			Amortis immobilisation					
		89	**Provisions**					
			Prov. / charges et pertes					
			Provisions/dépréciation					
	A LONG TERME		**Capitaux propres**					
		10	Capital					
		11	Réserves					
		12	Report à nouveau					
		14	Subvention d'équipements					
			Dettes à LMT					
		16	Emprunts Obligations					
		17	Autres emprunts, dettes LMT					
	A COURT TERME		**Dettes à Court Terme**					
		40	Fournisseurs					
		41	Client-Avances, Aco. Reçus					
		42	Personnel					
		43	États et organism afric ou int.					
		44	Associés					
		45	Sociétés apparentées					
		46	Créditeurs divers					
		50	Emprunt moins d'un an					
		53	Effets et warr. à payer					
		56	Banque/avance reçue - d'1 an (sc)					
		47	Comptes rég. Gestion crédit					
			Totaux	**X**	**Y**			**Z**

Source : Plan Comptable OCAM, 2ième édition 1980, pp. 226-227.

1). Soldes débiteurs comptes situation à l'ouverture période
2). Mouvements patrimoniaux de la période
3). Soldes débit. Situation clôture période
4). Soldes créditeurs de situation à ouverture de la période
5). Mouvements patrimoniaux de la période
6). Soldes créditeur Situation clôture période

Sur le Plan de la gestion, il importe de noter que l'intérêt de la distinction bipartite des charges et des produits se traduit d'abord par le fait qu'elle se prête aux agrégations macroéconomiques et microéconomiques. Ensuite, elle facilite certaines comparaisons inter-entreprises, et favorise enfin l'obtention « en cascade » des soldes caractéristiques de gestion.

Adopté en janvier 1970 par les Chefs d'États de 14 pays de l'Organisation Commune Africaine et Malgache (OCAM), le Plan comptable OCAM avait pour objectif de dépasser la comptabilité preuve juridique pour atteindre la comptabilité instrument de gestion[11]. Le Plan comptable OCAM (1970) avait donc plusieurs innovations, entre autres, la création du ***Tableau de Passage aux Soldes des Comptes Patrimoniaux***, des soldes caractéristiques de gestion, l'intégration de la statistique à la comptabilité par l'utilisation de la nomenclature. À travers ces innovations, le Plan OCAM a prolongé et approfondi les acquis du Plan 1957.

Ainsi, le degré de préférence que les utilisateurs de l'information comptable (produite selon le Plan OCAM) accordent au ***Tableau de Passage aux Soldes des Comptes Patrimoniaux*** s'explique par le fait que ce tableau favorise tout d'abord la présentation du tableau de financement et de mutation, ensuite, il favorise la présentation du bilan de clôture, et enfin, il renseigne sur la variation du fonds de roulement. En d'autres termes, il y a une liaison entre le tableau de passage aux soldes des comptes patrimoniaux et ses variables explicatives. Autrement dit encore, toutes les variables explicatives constituent réellement les facteurs déterminants dans la préférence que les utilisateurs de l'information comptable accordent à ce *tableau de passage aux soldes des comptes patrimoniaux* du Plan OCAM. Pour cela, la création de ce tableau de passage aux soldes des comptes patrimoniaux avait fait de la comptabilité du Plan OCAM un important outil d'analyse dynamique dans l'amélioration de la qualité de l'information.

Le tableau de passage est un document très important. Il a l'avantage de présenter en une page, de façon synthétique et bien organisée, l'ensemble des données permettant de comprendre le passage du bilan d'ouverture au bilan de clôture. Il est également un instrument indispensable pour l'analyse comptable et financière de la situation en début d'exercice, de la situation en fin d'exercice, et de l'impact de l'exercice comptable sur la santé économique de l'entreprise.

---

[11] NZAKOU André, Système comptable par l'exemple Difficultés comptables et fiscales, Tome 1, Imprimerie SAINT PAUL ? Yaoundé, 2001

Tableau 11. Schéma détaillé du Bilan (situation patrimoniale) selon le Plan OCAM

	ACTIF	Montant brut	Amortissements et provisions	Montant net	Totaux		PASSIF	Montant net	Totaux partiels
Valeurs immobilisées	**Frais et valeurs incorporelles immobilisés**					**Capitaux à long et à moyen terme**	**Capitaux propres**		
	Frais immobilisés	020	028				Capital social (personnel)	010	
	Valeurs incorporelles	020	029				Primes d'émission		
	Immobilisations corporelles						**Réserves**		
	Terrains	021					Réserves réglementaires	011	
	Autres immobilisations corp	022	028-029				Réserves libres		
	Autres immobilisations corporelles en cours	023	028-029						
							Report à nouveau	012	
	Autres valeurs immobilisées								
	Avances et acomptes/com. Immobilisation en cours	024					Total situation nette (avant résultat de la période)		
	Prêts et autres créances à LMT[12]	025	029				**Subvention d'équipement**	014	
	Titres (autres que titres CT)	026	029				**Dettes à LMT**		
							Emprunts-obligations	016	
Stocks	**Valeurs d'exploitation**								
	Marchandises	030	039				Autres emprunts et dettes LMT (comptes 016 et 017)[1]	017	
	Matières et fournitures	031	039						
	Emballages commerciaux	033	039				**Prov /charges, pertes**	019	
	Produits semi-finis	034	039						
	Produits finis	035	039						
	Produits en cours	036	039				Total		
	Travaux en cours	037							
	En cours de route, à réception	038				**Tiers créditeurs**	**Dettes à court terme**		
	Total								
							Fournisseurs	040	
Tiers débiteurs	**Valeurs réalisables à court terme et disponibles**						Clients-Avances et acomptes reçus	041	
	Frs avances et acomptes ver	040	049				Personnel	042	
	Clients	041	049				États et organismes africains ou internationaux	043	
	Personnel	042	049				Associés	044	
	États et organismes africains ou internationaux	043					Sociétés apparentées	045	
	Associés	044					Créditeurs divers	046	
	Sociétés apparentées	045	049				Comptes régularisation passif	047	
	Débiteurs divers	046	049						
	Comptes régularisation actif	048				**Soldes financiers créditeurs**	Dettes à LMT[1]	016 et 017	
Soldes financiers débiteurs							Emprunts à moins d'1 an	050	
	Prêts, autres créances LMT[1]	025					Effets et warrants à payer	053	
	Prêts à moins d'un an	051	059				Banques-Avances reçues à moins d'un an.	056	
	Titres à court terme	052	059						
	Effets et warrants à recevoir	054					Total		
	Chèques et coupons à encaisser	055							
	Banques et chèques postaux	056							
	Caisse	057							
	Comptes de régies d'avances et d'accréditifs	058					Résultat net de la période à affecter (Béné ou perte)		0875
	Totaux								
	Total général						Total général		
Montant des engagements reçus						Montant des engagements donnés			

Source : Schéma construit à partir du bilan selon le Plan comptable OCAM, 2ième édition 1980, p. 232-233.

12 Présentation laissée au choix de l'entreprise pour la partie à encaisser à moins d'un an.

Les états financiers du Plan OCAM étaient conçus de manière *a priori* pour la gestion des PME. En effet, le Plan comptable OCAM avait prévu un régime dit simplifié pour les entreprises dont la dimension n'autorise pas le recours au régime normal.

Toutefois, en dehors de l'annexe, le fait que cet instrument présente des états financiers pour le régime simplifié, dont la lecture et la compréhension n'est pas évidente pour les petits commerçants et les artisans est déplorable. En fait, les documents spécifiques du régime normal (tableau de soldes intermédiaires de gestion, tableau de passage aux soldes des comptes patrimoniaux, bilan) constituent sans aucun doute une charge supplémentaire importante de travail pour les petites et moyennes entreprises, à laquelle on ne peut opposer que leur intérêt pédagogique et leur incitation à promouvoir la mise en place de modèles de gestion interne, notamment en ce qui concerne les aspects financiers de l'entreprise, dominants sinon cruciaux dans le contexte actuel.

Partant du fait que l'outil comptable dans les petites et moyennes entreprises doit rester, tant par son coût que par l'information qu'il distribue, à la mesure du chef d'entreprise, on peut dire qu'il est d'une nécessité impérieuse que l'on construise un dispositif comptable peu sophistiqué pour cette catégorie d'entreprise. C'est ainsi qu'à notre avis, les documents de synthèse prévus dans le régime normal, et qui ont fait plus haut l'objet de quelques aménagements de notre part, peuvent-être obtenus dans le régime simplifié au prix de retraitements simples.

Toutefois, le tableau de financement qui n'est prévu dans aucun des deux régimes ci-dessus évoqués, fait partie, selon la logique des raisonnements précédents, des documents de synthèse à publier.

Selon le Plan comptable OCAM, le compte 80 de la "Détermination de la marge brute" permet de calculer, en fin d'exercice, la marge brute réalisée[13]. Il faut qu'il y ait identité physique entre les marchandises vendues et achetées, car, seules les opérations d'exploitation sont génératrices de marge brute et l'intérêt de la notion de marge est grand. C'est la marge brute qui permet de payer les consommations intermédiaires et elle devra laisser un bénéfice. Mais le SYSCOHADA 2000 avait supprimé ce compte 80. Alors que le Plan OCAM y incluait la différence entre les ventes et les coûts directs d'achats de marchandises vendues en l'état (et le Plan OCAM ne tenait pas compte des coûts d'achats déterminés grâce à la comptabilité analytique, d'une marge brute proportionnelle au chiffre d'affaires étant un paramètre essentiel pour le calcul du seuil de rentabilité). Mais néanmoins, la disparition de ce compte n'a pas d'effets majeurs sur la gestion et la prise de décision dans une entreprise.

---

[13] Plan Comptable Général des entreprises, OCAM, Edition 1980, p. 181

Tableau 12. Schéma détaillé du compte de résultat selon le Plan OCAM

		80 « Détermination Marge Brute »			
		A débiter	**A créditer**		
60 « Coûts des stocks vendus »		*Solde 60 Coût stock vendu*	70 Ventes.		
A débiter	**A créditer**				
S I de 30, 39.	S F de 30, 33.				
		Solde créditeur 80			
		81 « Détermination de la Valeur Ajoutée »			
		A débiter	**A créditer**		
			71 Product. vendue		
		62 Transp. consom			
		63 Autres ser. cons	73 Prod Ese/elle-même		
		69 Prod. Serv. reçus	79 Prod., serv cédés étab		
61 « Matières et fournitures consommées »		*Solde 61 Mat fournitures consommées*	*Solde 72 Productions stockées/déstockées*	**72 Prod. Stockées ou déstockées**	
A débiter	**A créditer**			**A débiter**	**A créditer**
S I de 31, 33, 39.	S F de 31, 33.			S I de 32, 33, 34, 35.	S F de 32, 33, 34, 35.
			Vire. Solde créditeur 80		
		Solde créditeur 81			
		82 « Détermination du Résultat d'Exploitation »			
		A débiter	**A créditer**		
		64 Charges, pertes diverses	74 Produits et profits divers		
		65 Frais de personnel			
		66 Impôts et taxes	76 Subventions d'exploitation et HE		
		67 Intérêts	77 Intérêts et dividendes reçus		
		68 Amortissements	78 Reprises/amortis et prov.		
			Vire. Solde créditeur 81		
		Solde créditeur 82			
		82 « Détermination du Résultat Hors Exploitation »			
		A débiter	**A créditer**		
		060, 061, 062, 063	070, 072, 073		
		064, 065, 066, 067, 068.	074, 075, 076, 077, 078.		
		Solde créditeur 082			
		84 « Détermination de Résultats/cession d'éléments d'actifs Immobilisés »			
		A débiter	**A créditer**		
		Solde créditeur ou plus-value/cession	**Solde débiteur ou moins-value/cession**		
		85 « Détermination de Résultat net avant impôt »			
		Vir solde déb ou -value	Vir Solde créd 81		
			Virement Solde créditeur 82		
			Vire. Solde créditeur 082		
			Vire. Solde créditeur/+ value		
		Solde créditeur 85			
		86 « Détermination de l'impôt sur le résultat »			
		A débiter	**A créditer**		
		43 État et org. Afric. ou int			
		56 Banques et chèques post			
		57 Caisse			
			Solde débiteur 86		
		870 « Détermination Résultat Net »			
		A débiter	**A créditer**		
		Vire. Solde débiteur 86	Vire. Solde créditeur 85		
		Solde créditeur 870			
		0875 « Détermination Résultat en instance d'affectation »			
			Vire. Solde créditeur 870		

EXERCICE N + 1				
		875 « Affectation du résultat net de la période précédente »		
10 Capital	11 Réserves	0875 Détermination Résultat en instance d'affectation	12 Report à nouveau	44 Associés
Vire. Solde créditeur 875	Vire. Solde créditeur 875	Virement Solde créditeur 875	Vire. Solde créditeur 875	Vire. Solde créditeur 875

Source : À partir du compte de résultat selon le Plan comptable OCAM, 2ième édition 1980, p. 220-221.

Pour OCAM, il fallait dresser le bilan, le tableau des soldes caractéristiques de gestion, le tableau de passage au solde des comptes patrimoniaux. Selon le Plan OCAM, la présentation de la Déclaration Statistique et Fiscale (DSF) se résume essentiellement à l'établissement du bilan et du compte de résultat[14]. Par conséquent, la comparaison des données obtenues d'une année à l'autre n'est pas évidente par la seule lecture du bilan et du compte de résultat comme états financiers prioritaires et obligatoirement exigés. Selon la conception du Plan OCAM, le compte de résultat présente simplement une cascade de soldes caractéristiques de gestion. Par conséquent, les analyses financières faites uniquement à partir des éléments de ces DSF ne sont pas aisées. Ici, les notions telles que "activités ordinaires/hors activités ordinaires" sont inconnues. L'on détermine un résultat hors exploitation (RHE) qui n'a pas le même sens que le Résultat Hors Activités Ordinaire du Système OHADA. Les notions d'Excédent Brut d'Exploitation (EBE), de Résultat Financier (RF), de Résultat sur Activité Ordinaire (RHAO) sont ignorées dans les soldes caractéristiques de gestion (SCG) du Plan OCAM. Il faut également relever que le tableau de passage aux soldes des comptes patrimoniaux du Plan OCAM était élaboré dans le but de rendre le même service que le TAFIRE du Système OHADA.

Le tableau de passage aux soldes des comptes patrimoniaux visait à retracer schématiquement l'évolution des comptes de bilan, en décrivant les mouvements ayant conduit d'une situation initiale à une situation finale, et donc en offrant une synthèse des stocks et des flux d'emplois et de ressources (Gouadain et Wade (2002, p. 287).

Eu égard aux objectifs retenus, nous pouvons déduire que le Plan OCAM se caractérise par des aspects tels que la continuité et les innovations. Autrement dit, le Plan OCAM est conçu en s'inspirant du Plan comptable 1957 et l'arrivée du Système OHADA est une continuité du Plan OCAM, marquée par des innovations. Ainsi, le Plan OCAM se caractérise par le nombre de classes des comptes et la structure des comptes (principe de codification et de classification conservé), les principes comptables (certaines méthodes d'évaluation confirmées) et les états financiers (nombres, objectifs, structure des soldes de gestion maintenus dans le compte de résultat).

[14] Propos recueillis auprès des centres spécialisés des impôts camerounais lors de notre recherche exploratoire du 4 au 11 avril 2006.

Tableau 13. Tableau de Passage aux Soldes des Comptes Patrimoniaux (TPSCP)

		Intitulés des comptes	1)	2) Flux externes		Flux internes	3)		N° des comptes	Intitulés des comptes	4)	5) Flux externes		Flux internes	6)
			Report des soldes	+ Augmentation	- Diminution	+ ou – Vire de compte à compte	Soldes reportables				Report des soldes	- Diminution	+ Augmentation	+ ou – Vire de compte à compte	Soldes reportables
	20	Frais val incorp. immo							87	Résultats nets					
EMPLOIS / FLUX PHYSIQUES / LONG TERME								RESSOURCES / DE GESTION	870	-de la période à affecter					
		Immobilisations							875	-affect résul net période préc					
	21	Terrains													
	22	Autres immob corpor.							88	**Amortissements**					
	23	Autres im c en cours								Amort. Frais et val. inco. Im.					
										Amortis immobilisation					
COURT TERME		**Stocks**													
	30	Marchandises							89	**Provisions**					
	31	Matières et fournit.								Prov. / charges et pertes					
	33	Emballages commer								Provisions/dépréciation					
	34	Produits semi-finis													
	35	Produits finis						A LONG TERME		**Capitaux propres**					
	36	Produits en cours							10	Capital					
	37	Travaux en cours							11	Réserves					
	38	En cours route, à réce							12	Report à nouveau					
FLUX FINANCIERS / LONG TERME		**Autres valeurs immob.**							14	Subvention d'équipements					
	24	Av, aco/com im en cours													
	25	Prêts et autres créa LMT								**Dettes à LMT**					
	26	Titres (autr que titr CT)							16	Emprunts Obligations					
									17	Autres emprunts, dettes LMT					
COURT TERME		**Valeur réalisable CT**													
	40	Frs ava/acompte ver						A COURT TERME		**Dettes à Court Terme**					
	41	Clients							40	Fournisseurs					
	42	Personnel							41	Client-Avances, Aco. Reçus					
	43	États et org afric/.							42	Personnel					
	44	Associés							43	États et organism afric ou int.					
	45	Sociétés apparentées							44	Associés					
	46	Débiteurs divers							45	Sociétés apparentées					
	51	Prêts à moins d'un an							46	Créditeurs divers					
	52	Titres à court terme							50	Emprunt moins d'un an					
	54	Effets et warrants recev.							53	Effets et warr. à payer					
									56	Banque/avance reçue - d'1 an (sc)					
		Disponible													
	55	Chèques, coupons à en													
	56	Banques et chèques post							47	Comptes rég. Gestion crédit					
	57	Caisse													
	58	Compte régi d'av d'acré													
	48	Comp rég gest mouv dé													
		Totaux	**X**	**Y**			**Z**			**Totaux**	**X**	**Y**			**Z**

<u>Source</u> : Plan Comptable OCAM, 2ième édition 1980, pp. 226-227.

1). Soldes débiteurs comptes situation à l'ouverture période
2). Mouvements patrimoniaux de la période
3). Soldes débit. Situation clôture période
4). Soldes créditeurs de situation à ouverture de la période
5). Mouvements patrimoniaux de la période
6). Soldes créditeur Situation clôture période

Le tableau de passage au solde des comptes patrimoniaux est souvent présenté selon le modèle ci-dessus et doit respecter les dispositions suivantes[15] :

-***séparation entre les comptes à solde débiteur*** (emplois) ***et comptes à solde créditeur*** (ressources) dont les totaux respectifs sont égaux. Dérogent à cette règle, les comptes exprimant le résultat net de la période et celui de la période précédente, qui, créditeurs ou débiteurs, figurent dans la partie du tableau consacrée aux ressources.

-***les mouvements de la période sont distingués selon qu'il s'agit de flux externes ou de flux internes***. Les flux externes sont ceux qui affectent directement (en augmentation ou en diminution) la croissance du patrimoine de l'entreprise, du fait de ses rapports avec l'extérieur. Les flux internes (virements de compte à compte) sont des régularisations d'ordre purement comptable, qui affectent seulement la structure du patrimoine sans modifier sa valeur (c'est le cas quand le transfert d'une immobilisation en cours à un compte d'immobilisation constitue un flux interne ; le virement aux comptes d'immobilisations de travaux faits par l'entreprise pour elle-même constitue, par contre, un flux externe). Le total de la colonne « flux internes » est nul, aussi bien en « Emplois » qu'en « Ressources », car à tout débit de cette colonne doit correspondre, en principe, un crédit de signe contraire dans la même colonne.

-***augmentation, diminution et virement de compte à compte ne sont exigés distinctement que pour les comptes de valeurs immobilisées, de ressources de gestion et de ressources à long terme*** (comptes des classes 1 et 2 et comptes 87 et 88). Pour les autres comptes, les mouvements de la période sont inscrits globalement en augmentation ou en diminution selon le sens de la variation. Ils correspondent à la différence existant pour ces comptes entre leur valeur à la clôture et leur valeur à l'ouverture de la période. Si l'on passe d'un solde d'ouverture débiteur à un solde de clôture créditeur, la variation nette des mouvements de la période est inscrite dans la colonne « Diminution » ; il en résulte un solde créditeur à la clôture de la période porté en négatif dans la colonne « Soldes débiteurs » des comptes de situation à la clôture de la période. Et inversement, lorsqu'on passe d'un solde créditeur à un solde débiteur.

-***les emplois sont distingués selon qu'il s'agit de flux physiques*** (immobilisations et stocks) ***ou de flux financiers*** (autres valeurs immobilisées, valeurs réalisables à court terme et disponibles). Sont exclus de cette classification les comptes 20 « Frais et valeurs incorporelles immobilisés » et 48 « Comptes de régularisation de la gestion-mouvements débiteurs ». Les ressources excluant de la même façon le compte 47 « Comptes de régularisation de la gestion-mouvements créditeurs ».

-***le résultat net de la période est porté dans les flux externes, soit en diminution*** (perte) ***soit en augmentation*** (bénéfice). Les écritures d'affectation du résultat net de la période précédente se retrouvent dans les mouvements de la période (les distributions dans la colonne « diminutions », les virements au capital ou aux réserves dans la colonne « virements de compte à compte »).

---

[15] Plan Comptable Général des entreprises, OCAM, Edition 1980, p. 223-224.

-les mouvements d'amortissements et de provisions au cours de la période (compte 88) seront exceptionnellement portés dans les colonnes « diminutions » et « augmentations » et non dans celles des flux internes.
-toute liberté est laissée aux entreprises pour organiser leur comptabilité de façon à faire apparaitre les mouvements patrimoniaux dans les conditions qui viennent d'être exposées.

Le tableau de passage aux soldes des comptes patrimoniaux avait le mérite d'offrir une vue synoptique des comptes du bilan. Il fournissait aussi la matière, particulièrement précieuse pour l'observateur extérieur à l'entreprise, à de nombreuses analyses : à partir des informations qu'il renfermait, pouvaient être déterminées des grandeurs significatives telles que la variation du fonds de roulement, le besoin ou la capacité de financement, le montant de l'autofinancement, celui de l'investissement. Il était également possible, en mettant en parallèle les ressources réunies et les emplois qui en avaient été faits, de dresser un tableau de financement (Gouadain et Wade (2002, p. 287).

3.3. Le bilan selon le Plan comptable OCAM

Le bilan du Plan OCAM[16], comme souligné supra, est accompagné d'une annexe destinée à fournir les renseignements nécessaires à une interprétation correcte de la situation financière et économique de l'entreprise. Le Plan OCAM aborde la notion du bilan selon l'approche patrimoniale[17]. Par conséquent, il n'existe pas un état annexé dans le Plan OCAM, mais plutôt une annexe du bilan. L'annexe du bilan conçu par le Plan OCAM comprend également les éléments des engagements hors bilan. Selon le modèle généralement détaillé et joint au Plan à titre indicatif, ces éléments sont constitués : de la liste des engagements donnés ou reçus (engagements de garantie), de la liste des engagements réciproques, des créances et dettes assorties de garanties, des enseignements divers nécessaires à l'appréciation correcte de la situation patrimoniale de l'entreprise.

[16] Dont le détail est conçu à partir du bilan Plan OCAM, 2e édition 1980, p. 234.
[17] *L'approche patrimoniale* privilégie les critères de liquidité et d'exigibilité et s'appuie donc sur la structure selon laquelle en emplois, on a « les emplois à LMT et les emplois à CT » et en ressources, on a « ressources à LMT et ressources à CT ».

Tableau 14. Schéma détaillé du Bilan (situation patrimoniale) selon le Plan OCAM

	ACTIF	Montant brut	Amortissements et provisions	Montant net	Totaux partiels		PASSIF	Montant net	Totaux partiels
Valeurs immobilisées	**Frais et valeurs incorporelles immobilisés**					**Capitaux à long et à moyen terme**	**Capitaux propres**		
	Frais immobilisés	020	028				Capital social (personnel)	010	
	Valeurs incorporelles	020	029				Primes d'émission		
	Immobilisations corporelles						**Réserves**		
	Terrains	021					Réserves réglementaires	011	
	Autres immobilisations corp	022	028-029				Réserves libres		
	Autres immobilisations corporelles en cours	023	028-029						
							Report à nouveau	012	
	Autres valeurs immobilisées								
	Avances et acomptes/com. Immobilisation en cours	024					Total situation nette (avant résultat de la période)		
	Prêts et autres créances à LMT[18]	025	029				**Subvention d'équipement**	014	
	Titres (autres que titres CT)	026	029				**Dettes à LMT**		
							Emprunts-obligations	016	
Stocks	**Valeurs d'exploitation**								
	Marchandises	030	039				Autres emprunts et dettes LMT (comptes 016 et 017)[1]	017	
	Matières et fournitures	031	039						
	Emballages commerciaux	033	039				**Prov /charges, pertes**	019	
	Produits semi-finis	034	039						
	Produits finis	035	039						
	Produits en cours	036	039				Total		
	Travaux en cours	037							
	En cours de route, à réception	038				**Tiers créditeurs**	**Dettes à court terme**		
	Total								
							Fournisseurs	040	
Tiers débiteurs	**Valeurs réalisables à court terme et disponibles**						Clients-Avances et acomptes reçus	041	
	Frs avances et acomptes ver	040	049				Personnel	042	
	Clients	041	049				États et organismes africains ou internationaux	043	
	Personnel	042	049				Associés	044	
	États et organismes africains ou internationaux	043					Sociétés apparentées	045	
	Associés	044					Créditeurs divers	046	
	Sociétés apparentées	045	049				Comptes régularisation passif	047	
	Débiteurs divers	046	049						
	Comptes régularisation actif	048				**Soldes financiers**	Dettes à LMT[1]	016 et 017	
Soldes financiers débiteurs							Emprunts à moins d'1 an	050	
	Prêts, autres créances LMT[1]	025					Effets et warrants à payer	053	
	Prêts à moins d'un an	051	059				Banques-Avances reçues à moins d'un an.	056	
	Titres à court terme	052	059						
	Effets et warrants à recevoir	054					Total		
	Chèques et coupons à encaisser	055							
	Banques et chèques postaux	056							
	Caisse	057							
	Comptes de régies d'avances et d'accréditifs	058					Résultat net de la période à affecter (Béné ou perte)		0875
	Totaux								
	Total général						Total général		
Montant des engagements reçus						Montant des engagements donnés			

Source : Schéma construit à partir du bilan selon le Plan comptable OCAM, 2ième édition 1980, p. 232-233.

18 Présentation laissée au choix de l'entreprise pour la partie à encaisser à moins d'un an.

Selon le Plan OCAM, la situation patrimoniale en fin de période s'obtient en virant aux soldes débiteurs et créditeurs des comptes de situation patrimoniale existant à l'ouverture de la période les soldes des mouvements patrimoniaux de même nature de ladite période et en virant au compte 0875 le solde de gestion du compte 870.

Étant une présentation privilégiée de la situation patrimoniale, le bilan est dressé à partir du Tableau de passage aux soldes des comptes patrimoniaux, dont la dernière colonne « Soldes reportables » regroupe, en fin de période, tous les soldes débiteurs ou créditeurs des comptes relatifs aux opérations réalisées tant au cours des périodes antérieures que pendant la période écoulée.

Le « 0 » est réservé à titre indicatif à l'identification et au numérotage des rubriques constitutives de la situation patrimoniale dont l'intitulé est le même que celui des classes de mouvements patrimoniaux, c'est-à-dire :

01 « Capitaux à long terme »
02 « Valeurs immobilisées »
03 « Stocks »
04 « Tiers et comptes de régularisation »
05 « Comptes financiers »

Il s'y ajoute, bien entendu, le compte 0875 « Résultat net en attente d'affectation ». D'autre part, le compte 88 « Mouvements des amortissements et des provisions au cours de la période » se déverse dans les comptes principaux se terminant par 9 des rubriques 01 à 05 (019 à 059) pour régulariser les amortissements et les provisions à la date de clôture.

La présentation de la situation patrimoniale sous forme de bilan est établie conformément au modèle prévu au tableau n°3 suivant les modalités ci-après[19] :
-les différentes rubriques sont classées par ordre de liquidité croissante à l'Actif, en fonction du terme d'exigibilité (du plus éloigné au moins éloigné) au passif.
-la partie des dettes ou des créances contractées ou consenties à plus d'un an, devenant exigible ou récupérable à moins d'un an, peut être portée au bilan dans les dettes ou créances à moins d'un an sur une ligne à part, pour permettre le calcul du fonds de roulement de l'entreprise. La même distinction est faite éventuellement au niveau des provisions pour charges et pertes dont l'utilisation prévue à moins d'un an fera l'objet d'une mention dans l'annexe au bilan.
-les amortissements ainsi que les provisions pour dépréciation sont inscrits non pas au passif du bilan, mais à l'actif en déduction de la valeur brute de chaque élément concerné.
-les frais immobilisés sont distingués à l'Actif, des valeurs incorporelles pour permettre le calcul de la véritable situation nette de l'entreprise.

[19] Plan Comptable Général des entreprises, OCAM, Edition 1980, p. 223-224.

-la rubrique intitulée « Situation nette (avant résultat de la période) » regroupe le capital, les réserves et le report à nouveau. La situation nette réelle à la fin de la période s'entend de la situation nette dégagée au Passif à laquelle s'ajoute le résultat net de la période et sous déduction des frais immobilisés qui représentent à l'actif des non-valeurs.

-distinction est faite au Passif :

-dans les capitaux propres entre le capital social (valeur nominale des parts ou des actions) et les primes d'émission ;

-dans les réserves, entre les réserves réglementaires et les réserves libres ;

-dans les emprunts-obligations, entre le montant brut comptabilisé et la prime de remboursement, le net apparaissant seul dans la colonne « Montant ».

-le résultat déficitaire (solde débiteur) ne figure pas à l'actif du bilan ; il est porté en déduction au passif au niveau de la rubrique correspondante.

-le bilan est accompagné obligatoirement d'une annexe destinée à fournir les renseignements nécessaires à une interprétation correcte de la situation financière et économique de l'entreprise. Cette annexe peut comprendre, selon le modèle détaillé joint au Plan à titre indicatif,

-la liste des engagements donnés ou reçus (engagements de garantie)

-la liste des engagements réciproques

-les créances et dettes assorties de garanties

-des renseignements divers nécessaires à l'appréciation correcte de la situation patrimoniale de l'entreprise.

Chapitre 3. Évolution des états financiers du Plan OCAM (1970) au SYSCOHADA (2000)

Une modification appelle une autre modification. En effet, le changement de la nomenclature des comptes du Plan 1957 et du Plan OCAM a provoqué une restructuration des états financiers. L'observation des raisons conduisant à l'analyse de la pertinence de l'information comptable produite par les états financiers du Plan OCAM et du SYSCOHADA donne une tonalité particulière. Ainsi, l'évolution comptable du Plan OCAM au SYSCOHADA présage *a priori*, une impertinence des données et des informations produites et véhiculées par le Plan comptable OCAM. Comme le SYSCOA pour les pays membres de l'UEMOA, le SYSCOHADA est supposé servir d'instrument d'intégration des économies mieux que le Plan OCAM dans les pays membres de la CEMAC. De l'émergence des pratiques comptables, on relève l'idée de l'évolution progressive de la comptabilité eu égard aux besoins qui expliquent leur apparition.

Au niveau des états financiers annuels, la nouveauté ici est entre autres le Tableau Financier des Ressources et des Emplois (TAFIRE) et l'état annexé qu'il faut produire (en plus du bilan et du compte de résultat par nature). Le grand livre devient indispensable (en plus du journal, du livre d'inventaire, et du livre de paie) pour la présentation de la balance. Le SYSCOHADA apporte aussi des améliorations au niveau de : la distinction dans le compte de résultat des activités ordinaires, des activités extraordinaires, l'exposé d'un cadre conceptuel, l'établissement obligatoire des comptes consolidés.

Par ailleurs, notons la suppression du *compte 80 « Détermination de la marge brute »* et du *compte 870 « Détermination du résultat net de la période à affecter »*. Selon le Plan comptable OCAM, le compte 80 de la "*Détermination de la marge brute*" permet de calculer, en fin d'exercice, la marge brute réalisée[20]. Il faut qu'il y ait identité physique entre les marchandises vendues et achetées, car, seules les opérations d'exploitation sont génératrices de marge brute et l'intérêt de la notion de marge est grand. C'est la marge brute qui permet de payer les consommations intermédiaires et elle devra laisser un bénéfice. Il est important de noter que le Système comptable OHADA a supprimé ce compte 80. Cependant, le Plan comptable OCAM y inclut la différence entre les ventes et les coûts directs d'achats de marchandises vendues en l'état (le Plan OCAM ne tient donc pas compte des coûts d'achats déterminés grâce à la comptabilité analytique). Une marge brute proportionnelle au chiffre d'affaires est un paramètre essentiel pour le calcul du seuil de rentabilité. À notre sens, la disparition de ce compte n'a pas d'effets majeurs sur la gestion et la prise de décision dans une entreprise.

Pour ce qui est du *compte 082 « Détermination du résultat hors exploitation »*, comme indiqué plus haut, le principe de codification des comptes ayant changé, le "zéro"

[20] Plan Comptable Général des entreprises, OCAM, Edition 1980, p. 181

avant ce numéro de compte n'existe plus. Selon le Plan comptable OCAM, le *compte 870 « Détermination du résultat net de la période à affecter »* est destiné à calculer le résultat net à affecter ou le résultat après impôt[21]. Pour le Plan comptable OCAM, le compte 0875 "*Résultat net en attente d'affectation*" doit rester ouvert en fin d'exercice. C'est un compte de situation patrimoniale, dont les résultats de l'exercice se trouvent au compte de Mouvement 870. Un compte de mouvement ne pouvant figurer au bilan, on vire le compte 870 au compte 0875. Ce compte constitue la variation de la situation nette née de la gestion de l'entreprise pendant l'exercice. Le compte 0875 de l'exercice n'est en principe affecté qu'au courant de l'exercice « n+1 », selon le Plan OCAM. Si au 30 juin de l'exercice « n+1 », cette affectation n'a toujours pas eu lieu, on devra ouvrir des sous comptes afin de distinguer le compte 0875 de l'exercice « n » du compte 0875 de l'exercice « n+1 ». Après affectation, le solde du compte 875, affectation du résultat net de la période précédente et le solde du compte 0875 "Résultat net en attente d'affectation" s'annulent. Le compte 875 "Affectation du résultat net de la période précédente" permet de constater au cours de l'exercice « n » les affectations des résultats de l'exercice « n-1 ». En fin de période, le solde du compte 875 est viré au compte 0875.

21 Plan Comptable Général des entreprises, OCAM, Edition 1980, p. 188.

Tableau 15. Schéma détaillé de la détermination du résultat selon le SYSCOHADA (2000)

		1321 « Détermination Marge Brute sur Marchandises »			
		A débiter	**A créditer**		
		601 Achats M/ses	701 Ventes M/ses		
6031 « Variations stocks M/ses »		*Solde 6031 Var. Stock*			
A débiter	**A créditer**				
S I de 31, 33, 38	S F de 31, 33, 38				
		Solde créditeur 1321			
		1322 « Détermination Marge Brute sur Matières »			
		A débiter	**A créditer**		
		602 Achats Matières	702, 703, 704, 705, 706, 72.		
6032 « Variations stocks Matières »		*Solde 6032 Var. Stock*	*Solde 73 Variations stocks*	**73 Variations de stocks**	
A débiter	**A créditer**			**A débiter**	**A créditer**
S I compte 32.	S F compte 32.			S I de 34, 35, 36, 37.	S F de 34, 35, 36, 37
		Solde créditeur 1322			
		133 « Détermination de la Valeur Ajoutée »			
		A débiter	**A créditer**		
		6033	**Vire. Solde créditeur 1321**		
		604, 605.	**Vire. Solde créditeur 1322**		
		61, 62, 63, 64, 65	707, 71, 75		
659 « Variations stocks Matières »		*Solde 659 Variations*	*Solde 759 Variations*	**759 « Variations stocks »**	
A débiter	**A créditer**			**A débiter**	**A créditer**
391, 392, 393, 394, 395, 396, 397, 398.					**391, 392, 393, 394, 395.**
49					
		Solde créditeur 133			
		134 « Détermination de l'Excédent Brut d'Exploitation »			
		A débiter	**A créditer**		
		66 Charges de personnel	**Vire. Solde créditeur 133**		
		Solde créditeur 134			
		135 « Détermination du Résultat d'Exploitation »			
		A débiter	**A créditer**		
		681, 691.	**Vire. Solde créditeur 134**		
			781, 791, 798.		
		Solde créditeur 135			
		136 « Détermination du Résultat Financier »			
		A débiter	**A créditer**		
		67	77		
		687	787		
		697	797		
679 « Charges provis. Financières »		*Solde 679 Variations*	*Solde 779 Variations*	**779 « Rep. Charg. prov. FI »**	
A débiter	**A créditer**			**A débiter**	**A créditer**
59					59
		Solde créditeur 136			
		137 « Détermination du Résultat sur Activités Ordinaires »			
		A débiter	**A créditer**		
			Vire. Solde créditeur 135		
			Vire. Solde créditeur 136		
		Solde créditeur 137			
		138 « Détermination Résultat Hors Activités Ordinaires »			
		A débiter	**A créditer**		
		81, 83, 85.	82, 84, 86, 88		
839 « Charges provis. Financières »		*Solde 839 Variations*	*Solde 849 Variations*	**849 « Rep. Char. pro. HAO »**	
A débiter	**A créditer**			**A débiter**	**A créditer**
391, 392, 393, 394, 395, 396, 397, 398.					391, 392, 393, 394, 395, 396, 397, 398.
		Solde créditeur 138			
		13 « Détermination du Résultat Net »			
		A débiter	**A créditer**		
		87	**Vire. Solde créditeur 137**		
		89	**Vire. Solde créditeur 138**		
		Solde créditeur de 13			

Source : A partir du compte de résultat selon Journal Officiel SYSCOHADA, n°10, 4e année, édition mars 2000, p. 235-238.

Du tableau ci-dessus, nous relevons des modifications apportées aux comptes de gestion du Plan OCAM par le Système OHADA. Il paraît plus simple d'aborder simultanément les modifications apportées aux comptes de la classe 6 et à ceux de la classe 7 par le SYSCOHADA. Cette démarche est appropriée parce que selon le Plan OCAM, la mise en relation de ces deux classes permet de constituer le compte de résultat. Le *compte de résultat* peut être défini comme un état récapitulatif des charges et des produits réalisés par la société au cours de la période considérée. Par différence des produits et des charges, il fait apparaître le résultat net de l'exercice. L'on distingue le résultat ordinaire du résultat financier et du résultat extraordinaire. Les éléments extraordinaires sont des produits ou des charges résultant d'événements ou des transactions clairement distincts des activités ordinaires de la société et dont elle ne s'attend pas à ce que ces activités se reproduisent de manière fréquente ou régulière, relevant de cas de force majeure (c'est l'exemple de l'expropriation, de la catastrophe naturelle imprévisible). Le compte de résultat se présente généralement sous deux formes : par nature et par fonction.

Les comptes de gestion du Plan comptable OCAM se ventilent d'une part, en éléments concourant au résultat d'exploitation : les charges (classe 6) et les produits (classe 7), puis d'autre part, en éléments concourant au résultat hors exploitation. En ce qui concerne les pertes (classe 06) et les profits (classe 07), il s'agit des éléments qui ne relèvent pas de "l'exploitation courante" de l'entreprise et des éléments sur exercices antérieurs. Ces comptes (classe 6/06 et classe 7/07) sont codifiés en réciproque. Ainsi, selon le Plan OCAM, les éléments constitutifs du résultat sont classés par nature. Ces éléments font l'objet d'une imputation soit en classe 6 (charges) ou 7 (produits), s'il s'agit de l'exploitation courante de l'entreprise, soit en classe 06 (pertes) ou 07 (profits) s'il s'agit d'opérations n'entrant pas dans l'activité normale de l'entreprise. Les résultats sur cession d'éléments d'actif immobilisé et l'impôt sur les bénéfices ne sont traités ni au niveau "exploitation", ni au niveau "hors exploitation". Il s'agit d'éléments ayant un caractère d'investissement et pris en compte au niveau du résultat. Le critère d'imputation en éléments d'exploitation ou HE est entièrement laissé à la libre appréciation des entités.

1. Les comptes créés par le SYSCOHADA par rapport au Plan OCAM

En passant du Plan OCAM au SYSCOHADA, des modifications sont apportées en créant des comptes à la classe 8, notamment, les comptes hors activités ordinaires (par rapport aux comptes des hors exploitation). Ainsi, il est procédé à une distinction entre les charges (classe 6) et les produits (classe 7) relevant des activités ordinaires d'une part et les charges et les produits (classe 8) relevant des activités non ordinaires (HAO) d'autre part. Les éléments HAO le sont en fonction de leur nature non liée à l'activité ordinaire, et non en fonction de termes normaux (amendes fiscales ou pénales) ou d'opportunité (importance du montant). Ces modifications se sont consolidées par la création de certains comptes, tels que le 83, 88, et 89.

1.1. Création du compte 83 Charges hors activités ordinaires

Le SYSCOHADA enregistre dans ce compte les charges qui ne sont pas liées à l'activité ordinaire de l'entité et qui, de ce fait, n'ont généralement pas de caractère récurrent[22]. Elles comprennent aussi les charges constatées et les charges provisionnées. Dans le SYSCOHADA, peuvent être considérés comme HAO : les charges liées à la restructuration et les charges liées à des événements extraordinaires (phénomènes naturels, inondations, sécheresse, tremblement de terre, éruption de volcan). D'autres charges sont considérées comme ordinaires, car elles sont liées à l'activité courante de l'entité (vols, manquants, amandes et pénalités, amortissements fiscaux, les charges des exercices antérieures). Quand on constitue des provisions à court terme HAO, elles sont prises en charge au débit du compte 839 des "Charges provisionnées HAO". Les provisions à plus d'un an sont constatées au débit des comptes de dotations, à savoir le compte 85 "Dotations HAO". Nous remarquons que le Plan OCAM n'utilise pas ce compte. Il est créé par le Système OHADA.

1.2. Création du compte 88 Subvention d'équilibre

Selon le Système comptable OHADA, ce compte enregistre à son crédit les subventions accordées par l'État ou un de ses démembrements pour compenser des pertes exceptionnelles[23]. Le Plan comptable OCAM ne reconnaît ce compte que pour enregistrer les mouvements des amortissements au cours de la période. Il fonctionne comme un compte d'attente et il est considéré comme un compte de mouvements patrimoniaux.

1.3. Création du compte 89 Impôts sur le résultat

Selon le Système comptable OHADA, ce compte enregistre à son débit la part de bénéfice qui revient obligatoirement à l'État au titre d'impôt[24]. Selon le Plan comptable OCAM, ce compte permet d'enregistrer les mouvements des provisions au cours de la période. Il est également considéré comme un compte d'attente et il est un compte de mouvements patrimoniaux.

Contrairement à la signification des comptes 88 et 89 que présente le Système OHADA, il convient de rappeler que, selon le Plan OCAM, les comptes 88 et 89 permettent de retracer au cours de la période tous les mouvements qui affectent respectivement les amortissements et les provisions pratiquées par l'entreprise.

---

22 Journal Officiel Système Comptable OHADA (2000), p. 189-190.
23 Journal Officiel Système Comptable OHADA (2000), p. 195.
24 Ibid, p. 196.

Autrement dit, ils sont destinés à virer les dotations constatées (comme charges) à partir du compte de résultat vers le bilan (situation patrimoniale de l'entreprise).

> *À l'issue de tous les changements qui ont été relevés, il est important de faire « un état de lieu » sur ce qui constitue les particularités du SYSCOHADA par rapport au Plan OCAM. Ainsi, il est probable que la structure des comptes dans les états financiers du SYSCOHADA contribue à la détermination des agrégats susceptibles de produire des indicateurs de performance plus pertinents par rapport au Plan OCAM.*

Contrairement à la classe 6 et à la classe 7, la classe 8 comporte à la fois les comptes de charges et de produits. Nous avons présenté en annexe, dans un tableau comparatif, les comptes de la classe 6 selon le Plan OCAM et le Système OHADA. On relèvera le cas des comptes 87 "Participations" et 89 "Impôts sur le résultat" qui sont présentés en charges séparées (ni ordinaires, ni HAO). Nous avons présenté en annexe, dans un tableau comparatif, les comptes de la classe 8 selon le Plan OCAM et le SYSCOHADA. Selon le Plan comptable OCAM, les comptes de la classe 8/08 permettent de mettre en évidence en comptabilité les différents soldes intermédiaires de gestion, et d'aboutir au résultat (enrichissement ou appauvrissement de l'entreprise).

En d'autres termes, le SYSCOHADA comporte beaucoup de spécificités. Certaines sont rattachées à la présentation des états financiers et à la recherche de l'image fidèle, alors que d'autres sont liées à la gouvernance des entités. Dans le SYSCOHADA, le résultat apparaît au compte 13 (compte des capitaux). Il est déterminé à travers les soldes intermédiaires (cas du système normal) ou par regroupement simple de toutes les charges et les produits au compte 13 (cas des autres systèmes). Alors que dans le Plan OCAM, le résultat figure au compte 87. Il est déterminé forcément à travers les soldes caractéristiques de gestion (ce qui est fort contraignant pour les petites entités).

2. Améliorations au niveau du tableau de soldes intermédiaires de gestion

Les soldes successifs dégagés par le Système OHADA sont différents des soldes du Plan OCAM en quantité et en qualité (signification). Dans le Plan OCAM, l'on dégageait 5 soldes. Alors que dans le Système OHADA, l'on en dégage 8 soldes : la marge brute sur marchandises, la marge brute sur matières, la valeur ajoutée, l'Excédent Brut d'Exploitation, le Résultat d'Exploitation, le Résultat Financier, le Résultat des Activités Ordinaires (le RAO est le cumul des résultats d'exploitation et du résultat financier), le Résultat Hors Activités Ordinaires (RHAO) [25].

---

[25] En effet, dans le Plan OCAM, étaient considérés comme hors exploitation : les pertes et profits sur exercices antérieurs, les différences de changes, les créances irrécouvrables, les achats pour compte d'un tiers, les achats se rapportant aux périodes antérieures, les amendes, les pénalités, les

3. Améliorations au niveau des autres états financiers

Nous faisons allusion au Tableau Financier de Ressources et Emplois (TAFIRE) du Système OHADA et à l'état annexé par rapport au Tableau de passage aux soldes des comptes patrimoniaux (TPSCP) du Plan comptable OCAM. Il convient tout de même de mettre en évidence l'importance de la notion des engagements hors bilan, de la balance de mutation, et du Tableau de Financement. Il faut également noter que le tableau de financement selon le Plan OCAM a pour objectif d'expliquer le passage entre le bilan d'ouverture et le bilan de clôture et les variations de l'un vis-à-vis de l'autre. Le Système OHADA quant à lui, se sert de la balance pour établir le TAFIRE afin d'expliquer les différents soldes financiers de l'entreprise. Pour cela, nous trouvons important de rapprocher les différents états financiers présentés selon ces deux méthodes comptables. Le Tableau de Passage a pour but de retracer schématiquement l'évolution des comptes patrimoniaux à partir d'une situation initiale pour aboutir à une situation finale. Ce passage se fait en décrivant les mouvements intervenus au cours de la période de référence choisie. Le Tableau de passage est une phase préparatoire à la présentation privilégiée de la situation patrimoniale (le bilan). Sur le Plan comptable, ce Tableau constate les reports des soldes débiteurs et créditeurs de la situation patrimoniale à l'ouverture d'un exercice comptable. Le TPSCP dans le Plan OCAM est très souvent remplacé par la balance générale (généralement à 6 colonnes) pour présenter le bilan et le compte de résultat du SYSCOHADA. Cependant, la balance de mutation permet de présenter le Tableau Financier des Ressources et Emplois (TAFIRE) du SYSCOHADA parallèlement au Tableau de Financement ou au TPSCP du Plan comptable OCAM.

En ce qui concerne la présentation du bilan, il convient de rappeler que le Plan OCAM transite par le tableau de passage aux soldes des comptes patrimoniaux pour le dresser, alors que le Système OHADA présente la balance pour l'établir.

---

compléments d'amortissement de matériel de l'actif, les amortissements fiscaux, les vols, les manquants. Cependant, dans le Système OHADA, toutes ces charges et produits sont des charges et produits normaux d'exploitation. En effet, dans le Système OHADA, la notion de charges HAO fait allusion aux cessions non habituelles de matériel, lorsque ces cessions sont considérées comme un désinvestissement. Le Système OHADA considère aussi en HAO les frais occasionnés par les changements profonds de structure, de stratégie ou occasionnés par des événements fortuits (guerres, catastrophes naturelles, événements politiques).

Tableau 16. Présentation détaillée du Bilan selon le Système comptable OHADA du 1er janvier 2000

Actif du bilan					**Passif du bilan**		
Postes du bilan (Valeur Brute)	Amort	Provision	Exo N	Exo N-1	Postes du bilan (valeur brute)	Exercice N	Exercice N-1
	Actifs Immobilisés				**Capitaux propres et ressources assimilées**		
Charges immobilisées (20)		20			Capital	10	
Immobilisation incorporelle (21)		281	291		Réserves disponibles	11	
Immobilisation corporelle 21 à 24		282 à 284	292 à 294		Report à nouveau	12	
Avances et acomptes sur immob.	25		295		Résultat net de l'exercice	13	
Immobilisations financières	26, 27		296 à 297				
	Actifs Immobilisés H A O				**Autres capitaux propres**		
					Subventions d'investi.	14	
					Prov. Réglé. et fonds assimil	15	
Total des Actifs Immobilisés (I)					**Total des capitaux propres**		
	Actif Circulant						
	Actif Circulant H A O				**Dettes financières et ressources assimilées**		
Stocks					Emprunts	16	
Marchandises					Dettes crédit-bail et cont ass.	17	
Matières premières et autres app.					Dettes financières	18	
Stocks en cours de réception					Prov finan/risques et charges	19	
Produits fabriqués							
Créances et emplois assimilés					**Total des Dettes financières**		
Fournisseurs, avances versées							
Clients					**Total des Ressources stables**		
Personnel							
Organismes sociaux					**Passif circulant**		
État et collectivités publiques							
Organismes internationaux					Dettes circulantes H A O	48	
Associés groupe					Clients avances reçues	41	
Débiteurs et créditeurs divers					Fournisseurs d'exploitation	40	
Créances et dettes H A O.					Dettes fiscales	44	
					Dettes sociales	45	
Total Actif Circulant (II)					Autres dettes	47	
					Risques prévisionnels	49	
					Total Passif Circulant (II)		
	Trésorerie Actif				**Trésorerie Passif**		
Titres de placement					Banques, crédits d'escompte	564	
Valeurs à encaisser					Banques crédits de trésorerie	561	
Banques					Banques découverts	565	
Autres établissements financiers							
Instruments de trésorerie							
Banques crédits de trésorerie							
Caisse							
Régies d'av, accré. et vire. intern.							
Total Trésorerie Actif (III)					**Total Trésorerie Passif (III)**		
	Ecarts de conversion actif.						
Ecarts de conversion actif					Ecarts de conversion passif	479	
(Pertes probables de change)					(Gains probables de change)		
Total Ecarts de conversion actif.					**Total Ecarts de conversion passif.**		
Total général Actifs du bilan (I) + (II) + (III) + (IV)					**Total général passifs du bilan**		

Source. À partir des éléments du bilan du Journal Officiel SYSCOHADA, n°10, 4e année, pp. 231-234

Du tableau ci-dessus, nous relevons des modifications apportées aux comptes patrimoniaux du Plan OCAM par le SYSCOHADA. D'une manière générale, il s'agit des comptes de la classe 1 à la classe 5 qui constituent les comptes du bilan de l'entreprise. La structure des comptes supprimés qui présentaient la situation patrimoniale (bilan) de l'entreprise est généralement formée (selon OCAM) des comptes de la classe (01 à 05). Les comptes de mouvements patrimoniaux sont par contre constitués des comptes des classes suivantes : *classe 1* : comptes des capitaux à long et à moyen terme, *classe 2* : comptes de valeurs immobilisées, *classe 3* : comptes de stock, *classe 4* : comptes de tiers et de régularisation, *classe 5* : comptes financiers.

Il convient de rappeler que le Plan OCAM prévoyait une codification à deux chiffres, puisqu'il n'a été codifié de façon impérative que les comptes retraçant des agrégats significatifs pour la gestion de l'entreprise et surtout pour les études d'ordre macro-économique (Causse, 1999). En ce qui concerne le Système OHADA, il est aussi retenu une codification décimale (mais à 4 chiffres) des comptes avec neuf classes ayant les codes 1 à 9. Comme énoncé plus haut, pour la comptabilité générale, nous relevons quelques particularités. Les classes 1 à 5 se rapportent aux comptes de situation (bilan). Il s'agit des classes suivantes : *classe 1* : comptes des ressources durables (capitaux propres et dettes financières), *classe 2* : comptes d'actif immobilisé (charges immobilisées et immobilisations incorporelles, corporelles et financières), *classe 3* : comptes de stock, *classe 4* : comptes de tiers (créances de l'actif circulant et dettes du passif circulant), *classe 5* : comptes de trésorerie (titres de placement, valeurs à encaisser, comptes bancaires et caisse). Au niveau des comptes patrimoniaux de l'OCAM et de l'OHADA, nous constatons déjà qu'il y a quelques améliorations tant pour les intitulés des classes que pour leurs contenus.

Le SYSCOHADA aborde la notion du bilan selon l'approche fonctionnelle[26]. En faisant un rapprochement, nous relevons d'une manière générale quelques remarques au niveau de l'ordre des comptes dans le bilan. Dans le Plan comptable OCAM, les comptes d'actif étaient classés par ordre de liquidité croissante et les comptes du passif par ordre d'exigibilité croissante. Dans le bilan du Système comptable OHADA, les comptes ne sont plus strictement ordonnés comme ils l'étaient dans le Plan OCAM (le Système OHADA ne retient plus le strict classement par liquidité). Dans le Système OHADA, l'on retrouve par exemple les actifs circulants HAO (compte 48), avant les stocks de marchandises (compte 31). Par ailleurs, l'ordre de classement strict des comptes ne contribue pas à l'amélioration et à la diffusion de l'information comptable pertinente.

---

[26] *L'approche fonctionnel* privilégie par conséquent le critère d'origine – destination, un accent étant mis sur les cycles d'activité de l'entreprise et s'appuie sur la structure selon laquelle en emplois on a « les investissements ou emplois durables, les activités d'exploitation et hors exploitation et la trésorerie » et en ressources on a « financement ou ressources durables, les activités d'exploitation et hors exploitation et la trésorerie ».

En fin de compte, le rapprochement du bilan du Plan OCAM à celui du Système OHADA ne présente pas de particularités permettant de dégager des indicateurs de performance. Dans la mesure où le bilan présenté selon OHADA ne permet de déterminer de manière objective que le FR, il n'est pas différent de celui du Plan OCAM. D'ailleurs, le résultat qui sera déterminé (bénéfice ou perte) dans le bilan présenté selon le Plan OCAM ou le Système OHADA ne changera pas.

Dans le même sens de l'évolution, la conception de la trésorerie dans le Plan OCAM était prise en considération dans la structure du bilan. À cet effet, dans le SYSCOHADA, un état financier (le TAFIRE) est institué en 2000 pour mettre en évidence le concept de la trésorerie. Toujours dans le même sens de l'évolution (OHADA par rapport à OCAM), les états financiers sont modulés en trois systèmes : le système minimal de trésorerie (pour les très petites entreprises), le système allégé (pour les entreprises moyennes) et le système normal (pour toutes les grandes entreprises).

Tableau 17. Tableau Financier des Ressources et des Emplois (TAFIRE - 1ère partie) – OHADA

Première partie du TAFIRE : Détermination des soldes financiers de l'exercice N.					
1). Détermination de la Capacité d'Autofinancement Globale (C.A.F.G.)[27]					
Réf	Charges décaissables restantes	Exercice N	Réf.	Produits encaissables restants	Exercice N
	Comptes concernés			*Comptes concernés*	
			(TQ)	Excédent Brut d'Exploitation	134
(SA)	Frais financiers	671 à 675	(TT)	Transfert de charges d'exploitatio	781
(SC)	Pertes de change	676	(UA)	Revenus financiers	771 à 774
(SL)	Charges HAO	831	(UE)	Transferts de charges finan.	787
(SQ)	Participations	87	(UC)	Gains de change	776
(SR)	Impôts sur le résultat	89	(UL)	Produits HAO	841
	Total (2)		(UN)	Transferts de charges HAO	848
				Total (1)	
CAFG = Total (1) des Produits encaissables restants de l'exercice N - Total (2) des Charges décaissables restantes de l'exercice N					

2). Détermination de l'Autofinancement Globale (A.F.)[28]			
Charges	Exercice N	Produits	Exercice N
Comptes concernés		*Comptes concernés*	
Dividendes mis en paiem.	465	C.A.F.G	
Autofinancement Globale = C.A.F.G - Dividendes mis en paiement au cours de l'exercice.			

3). Variation du besoin de financement d'exploitation (BFE)[29]				
a)- Détermination de la variation globale nette des stocks.				
Réf	Var. de stocks [(exercice N) – (exercice N-1)]	Emplois ou aug (+)		Ressources ou dimin (-)
(BC)	Marchandises	31	ou	31
(BD)	Matières premières	32	ou	32
(BE)	En cours	34 ; 35	ou	34 ; 35
(BF)	Produits fabriqués	36	ou	36
		Total augmentat.		Total diminution
(A) Variation Globale Nette des Stocks = Total augmentation - Total diminution				
b)- Détermination de la variation globale nette des créances.				
Réf	Var. créances [(exercice N) – (exercice N-1)]	Emplois ou aug (+)		Ressources ou dimin (-)
(BH)	Fournisseurs avances versées	409	ou	409
(BI)	Clients	41	ou	41
(BJ)	Autres créances	4711	ou	4711
		Total augmentat.		Total diminution
(B) Variation Globale Nette des Créances = Total augmentation - Total diminution				
c) Variation Globale Nette des Dettes.				
Réf	Var. créances [(exercice N) – (exercice N-1)]	Emplois ou aug (+)		Ressources ou dimin (-)
(DI)	Clients, avances reçus	4191	ou	4191
(DJ)	Fournisseurs d'exploitation	40--	ou	40--
(DK)	Dettes fiscales	44--	ou	44--
(DL)	Dettes sociales	43--	ou	43--
(DM)	Autres dettes[30]	1712		1712
(DN)	Risques provisionnés	499		499
(C) Variation Globale Nette des Dettes Circulantes = Total diminution - Total augmentation				
Variation du Besoin de Financement d'Exploitation (BFE) = (A) + (B) + (C)				

4. Excédent de Trésorerie d'Exploitation (ETE)[31]			
Réf	Var. créances [(exercice N) – (exercice N-1)]	Exercice N	Exercice N-1
(TQ)	Excédent Brut d'Exploitation	134	134
	Variation du BFE, voir 3).= (A) + (B) + (C)	Voir BFE	Voir BFE
(TF)	Production Immobilisée	72	72
Excédent de Trésorerie d'Exploitation (ETE)		Total exo. N	Total exo. N-1
Excédent de Trésorerie d'Exploitation (ETE) = EBE – Variation BFE – Production Immobilisée.			

Source. À partir des éléments du TAFIRE du Journal officiel SYSCOHADA, n°10, 4e année, pp. 239-240.

27 C.A.F.G = Produits encaissables restants - Charges décaissables restantes, à l'exclusion des produits de cessions d'actif immobilisés.

28 Autofinancement Globale = CAFG – Distribution de dividendes dans l'exercice. Il s'agit des dividendes mis en paiement au cours de l'exercice y compris les acomptes sur dividendes.

29 Variation du BFE = [Variation des Stocks + Variation des Créances + Variation des Dettes Circulantes] à l'exclusion des éléments HAO (en termes d'emplois/ressources).

30 La simple mise en paiement du dividende est une opération interne.

31 ETE = EBE – Variation BFE – Production Immobilisée.

Il convient de noter que le TAFIRE du Système comptable OHADA permet d'améliorer la qualité de l'information comptable. Cependant, le Plan OCAM se contente du bilan et de manière très facultative du tableau de financement. Le Système OHADA a également instauré les états annexés qu'il rend obligatoires. Ceux-ci complètent et précisent les informations fortuites par les états financiers annuels précédents (bilan, compte de résultat, TAFIRE). Ils indiquent notamment les règles d'évaluation ou de présentation appliquées et les dérogations utilisées.

L'état annexé doit, en tout état de cause, contenir toutes les informations non mises en évidence dans les autres états financiers et qui sont susceptibles d'avoir une influence sur le jugement du lecteur des comptes. On comprend que les améliorations du Système OHADA dans les pratiques comptables concernent également les nouveaux états financiers par rapport au Plan OCAM. Pour cela, l'on peut dire que, par rapport au Plan OCAM, le « plus » apporté aux états financiers par le Système comptable OHADA réside dans la présentation du TAFIRE et de l'état annexé de ce Système comptable, en complément des améliorations particulières apportées au compte de résultat. Pour ce qui est du contenu de l'état annexé, il est d'ailleurs précisé à l'article 33 de l'Acte Uniforme de l'OHADA.

En ce qui concerne la détermination des soldes intermédiaires de gestion, il est précisé à l'article 31. Celui de la capacité d'autofinancement est précisé à l'article 32 et pour ce qui est du Tableau Financier des Ressources et des Emplois (TAFIRE), à l'article 29. Tous ces aspects paraissent comme des innovations apportées par le Système OHADA pour véhiculer des informations de bonne qualité et plus pertinentes que la méthode comptable OCAM.

Tableau 18. Tableau Financier des Ressources et des Emplois (TAFIRE - 2ème partie) - OHADA

Deuxième partie du TAFIRE : Détermination des emplois à financer et variation nette de trésorerie.				
Réf	Variation des stocks [(exercice N) – (exercice N-1)]	Emplois	Ressources[32]	Emplois (-) ; Ressources (-)
	I). Investissements et désinvestissements.			
FA	Charges immobilisées (augmentations dans l'exercice)	20		
	Croissance interne			
FB	Acquisition / cessions d'immobilisations incorporelles	21	82 ou 754	
FC	Acquisition / cessions d'immobilisations corporelles	22, 23, 24	82 ou 754	
	Croissance externe			
FD	Acquisition / cessions d'immobilisations financières	25, 26, 27	82 ou 754	
FF	Investissement total			
FG	II). Variation du besoin de financement d'exploitation			
FH	A. Emplois économiques à financer			
FI	III). Emplois / Ressources (B.F. H.A.O.).			
FJ	IV). Emplois financiers contraints[33]			
	Remboursement (selon échéancier) des emprunts et dettes f			
FK. B - EMPLOIS TOTAUX A FINANCER				
Réf	Variation des stocks [(exercice N) – (exercice N-1)]	Emplois	Ressources[34]	Emplois (-) ; Ressources (-)
	V). Financement Interne			
FL	Dividendes (emplois)[35]	465		
	VI). Financement par les capitaux propres			
FM	Augmentation de capital par apports nouveaux[36]		103	
FN	Subvention d'investissement		14	
FP	Prélèvements / le capital (y compris retraits de l'exploit.)	1047		
	VII). Financement par de nouveaux emprunts			
FQ	Emprunts[37]		16	
FR	Autres dettes financières[11]		17	
FS	C – Ressources nettes de financement			
FT	D – Excédent ou insuffisance ressources financement (C-B			
	VIII). Variation de la trésorerie			
	Trésorerie nette			
FU	A la clôture de l'exercice + ou -			
FV	A l'ouverture de l'exercice + ou -			
FW	Variation Trésorerie (+ si emplois ; - si ressources)			
Contrôle : D = VIII avec signe opposé[38].				
Contrôle (à partir des masses des bilans N et N-1)		Emplois	Ressources	
	Vari. du fonds de roulement (FDR) = FDR (N)-FDR (N-1			
	Var. du Besoin de fin global (BFG) = BFG (N)-BFG (N-1)			
	Variation de la Trésorerie (T) = T (N)-T (N-1).			
TOTAL				

Source. À partir des éléments du TAFIRE du Journal officiel SYSCOHADA, n°10, 4e année, pp. 241-242.

32 Attention, dans les ressources, il faudra exclure les phénomènes d'amortissements et provisions. Les comptes 28 et 29 ne seront donc pas retenus.

33 A l'exclusion des remboursements anticipés porté en VII.

34 Attention, dans les ressources, il faudra exclure les phénomènes d'amortissements et provisions. Les comptes 28 et 29 ne seront donc pas retenus.

35 Il s'agit de dividendes distribués au cours de l'exercice N donc relatif à l'exercice N-1. Il faudra également prendre en compte les acomptes sur dividendes de l'exercice N.

36 Il s'agit de prendre les variations du bas du bilan, simples différences bilancielles donc les valeurs nettes après amortissements et provisions. Les éléments HAO seront exclus.

37 Les remboursements anticipés seront inscrits séparément en emplois.

38 Il faudra noter que I, IV, V, VI, VII s'expriment en termes de flux et II, III, VIII en termes de différence bilancielle.

Le potentiel du TAFIRE à produire des informations plus pertinentes perçues dans le Système OHADA est établi par rapport au tableau de passage aux soldes de comptes patrimoniaux et au bilan du Plan OCAM. C'est ce qui donne aussi la légitimité au Système OHADA de se constituer en un vrai système intermédiaire entre le modèle continental et le modèle anglo-saxon. Selon Revault (2010) celui-ci se rapproche du modèle comptable anglo-saxon par l'existence d'un cadre conceptuel et par son objectif général qui est de fournir une image fidèle de la situation et du patrimoine de l'entreprise. Par contre, à visée d'information de multiples partenaires, investisseurs bien sûr, mais aussi créanciers et personnels, il est alors plus proche du modèle européen. Il emprunte ainsi à ces deux systèmes plusieurs caractéristiques. S'il est vrai qu'il conserve par exemple un plan de compte très proche du système continental, il reste qu'il est bâti sur des principes et des concepts issus du modèle anglo-saxon. En optant par exemple pour la prééminence de la réalité économique sur les apparences juridiques, on assiste à un glissement de la logique patrimoniale du bilan propre au système continental vers la logique fonctionnelle du système anglo-saxon. On peut aussi remarquer que jusqu'au 31 décembre 2016, le Système OHADA n'adopte pas le tableau des flux de trésorerie (TFT), du Plan français de 1982. En lieu et place de celui-ci, il propose d'abord le tableau financier des ressources et des emplois (TAFIRE) qui, en plus d'expliquer les mouvements de trésorerie, donne une analyse dynamique des flux financiers entre deux exercices. C'est suite à la réunion des ministres à Brazzaville du 26 janvier 2017 que le SYSCOHADA décide de remplacer le TAFIRE par le tableau des flux de trésorerie (TFT). Contrairement au système continental (fidèlement repris par l'OHADA) où l'information comptable vise la satisfaction d'un ensemble d'utilisateurs, le système anglo-saxon assigne comme objectif ultime à l'information comptable la satisfaction des besoins des investisseurs présents sur le marché.

Pour mieux comprendre la spécificité du TAFIRE par rapport au tableau de financement et au TPSCP, il convient de distinguer les deux autres documents voisins, notamment : la balance des mutations et la balance générale du Système OHADA.

3.1. La balance de mutation et la balance générale du SYSCOHADA

La balance générale des comptes est un état récapitulatif obligatoire faisant apparaître, à la clôture de l'exercice, pour chaque compte, le solde débiteur ou le solde créditeur. À l'ouverture de l'exercice, elle fait apparaître le cumul depuis l'ouverture de l'exercice des mouvements débiteurs et le cumul des mouvements créditeurs, le solde débiteur ou le solde créditeur à la date considérée (article 19 de l'Acte Uniforme du Droit Comptable OHADA). À ne pas confondre avec la balance des mutations (qui est un bilan différentiel servant à l'établissement du tableau financier des ressources et des emplois), la balance générale des comptes est un outil de contrôle permettant de s'assurer que la technique de la partie double a été respectée. Ainsi, une entreprise peut présenter une balance à deux colonnes, à quatre colonnes, à six colonnes, à huit colonnes, à dix colonnes ou à douze colonnes. Il est important de souligner que pour une présentation légère et transparente des états financiers, les entreprises doivent tenir (selon le Système comptable OHADA) une balance à huit colonnes, dont le mouvement de la période est constitué de quatre colonnes. La différence entre le solde d'ouverture et le solde de clôture permet de calculer, poste par poste, la différence entre les deux soldes. Toute augmentation des postes de l'actif est un emploi nouveau ; toute augmentation des postes du passif est une ressource nouvelle. À l'inverse, toute diminution des postes du passif correspond à un besoin financier, donc à un emploi ; toute diminution des postes de l'actif correspond à une ressource.

La balance des mutations permet de réaliser un premier diagnostic rapide de l'évolution de la situation financière de l'entreprise entre deux bilans. Cependant, elle ne permet pas d'appréhender les flux d'entrées et de sorties des différents postes de l'actif et du passif qui correspondent effectivement aux nouveaux emplois et aux nouvelles ressources de la période. La balance des mutations qui fait apparaître les variations nettes des différents postes du bilan ne joue pas le rôle d'un tableau de financement. Elle ne joue pas son rôle, puisque l'objet du tableau de financement est de faire apparaître les nouveaux emplois et les nouvelles ressources qui expliquent l'évolution du bilan de clôture par rapport au bilan d'ouverture. En ne retenant que la variation nette d'un compte, on perd la plus grande partie des informations contenues dans le compte que représentent les flux d'entée et de sortie du compte.

Pour conserver le maximum d'information, le Plan OCAM a trouvé important de présenter les comptes traditionnels du bilan en deux catégories de comptes :

- les comptes de situation patrimoniale ;
- les comptes de mouvements patrimoniaux de la période qui sont utilisés pour suivre les flux d'entrée et de sortie dans le compte.

En fin de période, ces comptes de mouvements patrimoniaux sont dans le compte correspondant de la situation patrimoniale (ou de bilan)[39]. Si l'on raisonne ainsi pour chacun des comptes du bilan, on dispose d'un tableau qui explique le passage, pour chacun des postes du bilan, des soldes de l'ouverture de la période aux soldes de clôture : ce tableau est le tableau de passage aux soldes des comptes patrimoniaux. Le tableau de passage retient deux catégories de flux : les flux externes et les flux internes. La grande majorité des mouvements patrimoniaux représentent des flux internes, c'est-à-dire des virements de comptes à comptes, dont la somme algébrique est nulle à l'actif comme au passif. On remarquera également que l'analyse des flux externes et des flux internes n'est prévue que pour les comptes de valeurs immobilisées, stocks, résultats,

[39] Corre, J., Paul, J., Perochon, C. (1971), « Le Plan Comptable Général de l'OCAM et de l'entreprise ». Guide d'application, éd. 1971, p. 50-60.

amortissements et provisions, ressources à long terme (Corre ; Paul ; Perochon, 1971).

La balance des mutations étant un outil intermédiaire servant à l'établissement du TAFIRE, elle ne fera pas l'objet d'une présentation dans la partie méthodologique et empirique de ce travail. Cependant, le TAFIRE y sera présenté.

3.2. La Variation de l'Avoir Net au Cours de l'Exercice (VANCE)

Dans une comptabilité selon le SYSCOHADA avant révision (en système normal ou en système allégé), les enregistrements comptables sont justifiés par la naissance et l'extinction des créances et des dettes de l'entreprise. Dans la comptabilité de trésorerie, ils ont pour seul fait générateur :

- l'entrée en trésorerie, appelée recette ou encaissement ;
- la sortie de trésorerie, appelée dépense ou décaissement.

Il faut entendre par trésorerie l'ensemble des avoirs de l'entreprise en caisse (billets, pièces), en banque et aux chèques postaux. Les entrées et les sorties de trésorerie dûment enregistrées permettent de calculer le résultat de l'exercice, par différence entre les recettes et les dépenses. Dans certains cas, cette différence fournit directement le « résultat » de l'exercice. Le résultat apparent obtenu selon la formule : "Recettes - Dépenses" doit être corrigé, le plus souvent, en plus ou moins, pour tenir compte des divers mouvements de trésorerie qui ne sont pas liés au résultat. Pour les très petites entreprises exclusivement, l'égalité de base tient à une formule simple : Résultat = Recettes – Dépenses. Ce cas extrêmement simple n'est pas rare dans les très petites entreprises (commerces notamment, et services). En effet, le système minimal de trésorerie n'est pas aussi exigeant que les autres parce qu'il repose sur l'établissement des états (recettes et dépenses) faisant ressortir le résultat de l'exercice. Par ailleurs, en lieu et place du TAFIRE et en dehors des autres états financiers (compte de résultat et bilan), les très petites entreprises présentent une analyse sommaire de la variation de l'avoir net de l'exploitant entre l'ouverture et la clôture de l'exercice. Ce système est fondé sur la comptabilité de trésorerie. En respect du principe d'indépendance des exercices, les états ci-après font l'objet d'une précision :

- variation des stocks ;
- variation des créances et des dettes commerciales ;
- variation des équipements et des emprunts ;
- variation du capital apporté.

4. Le tableau de financement du Plan comptable OCAM

Dans le Plan OCAM, le tableau de financement est un état de synthèse qui récapitule, pour une période donnée :

- l'ensemble des apports de fonds additionnels obtenus par l'entreprise, c'est-à-dire ses sources supplémentaires de financement ou, plus simplement, ses ressources.
- l'ensemble des emplois auxquels ces fonds ont été affectés.

Cette série d'observations conduit à ressortir deux représentations schématiques de l'objet et des principes de construction du tableau de financement. D'une part, ce dernier correspond à des variations d'actif et de passif. On peut donc le représenter comme un relevé des flux qui justifie le passage du bilan initial au bilan final au cours de la période donnée. D'autre part, le tableau de financement établi à partir des variations d'actif et de passif intervenues au cours de la période permet de reclasser ces mouvements selon une organisation rigoureuse.

Le tableau de financement constitue donc un instrument essentiel de l'analyse financière, car il permet de caractériser les opérations financières majeures d'une période déterminée et, notamment, celles qui reflètent : la politique d'investissement, la politique de financement et l'évolution des grands équilibres financiers de l'entreprise. Néanmoins, cet état de synthèse, étant facultatif dans le Plan OCAM, ne fera pas l'objet d'une présentation dans cet ouvrage. Toutefois, il parait plus indispensable de mettre en évidence, l'éventualité du Système OHADA à produire et à véhiculer des informations pertinentes à partir du TAFIRE.

5. Le potentiel à produire des informations pertinentes à partir du TAFIRE du SYSCOHADA par rapport au TPSCP et au bilan du Plan OCAM

Les indicateurs de performance déterminés à partir du Tableau Financier des Ressources et des Emplois (TAFIRE) du Système OHADA méritent d'être rapprochés à ceux du Tableau de Passage aux Soldes des Comptes Patrimoniaux (TPSCP) du Plan OCAM.

Le bilan étant une présentation privilégiée de la situation patrimoniale, dans le Plan OCAM, il est dressé à partir du tableau n° 2 « Tableau de Passage aux Soldes des Comptes Patrimoniaux » dont la dernière colonne « Soldes reportables » regroupe, en fin de période, tous les soldes débiteurs ou créditeurs des comptes relatifs aux opérations réalisées tant au cours de périodes antérieures que pendant la période écoulée. La présentation de la situation patrimoniale d'une entreprise (sous forme de bilan) est donc établie suivant les modalités essentielles ci-après :

- le Plan OCAM porte au bilan, dans les dettes ou créances à moins d'un an (sur une ligne à part), la partie des dettes ou des créances contractées ou consenties à plus d'un an, mais devenant exigible ou récupérable à moins d'un an.

- Cette distinction faite permet de calculer le fonds de roulement de l'entreprise (FR), selon la formule suivante.

FR = *Capitaux Permanents - Immobilisations ou Actif Circulant - Dettes à Court Terme*

Par rapport au TAFIRE, le tableau de passage permettant de présenter le bilan n'a pour finalité que de déterminer tout naturellement le fond de roulement et ses ratios.

5.1. Appréciation des informations produites par le fonds de roulement

Le fonds de roulement constitue un indicateur classique, largement utilisé dans les démarches d'analyse financière ou de diagnostic financier. Quel que soit le sens que l'on peut donner à la notion de fonds de roulement, il se calcule à partir du haut du bilan ou du bas du bilan. Selon Cohen (2001), le fonds de roulement apparaît comme un indicateur de solvabilité efficace et significatif. Pour cet auteur, les informations que le FR diffuse tiennent généralement compte des caractéristiques de l'activité de l'entreprise et de l'arbitrage spécifique qu'il permet de faire entre solvabilité et efficacité. Mais son utilisation dans une démarche de diagnostic financier ne doit pas être appréciée au premier degré en ayant en lui un jugement mécanique. L'utilisation du FR devrait plutôt requérir une appréciation nuancée par rapport aux finalités de sa signification.

5.1.1. Signification du fonds de roulement

Un fonds de roulement positif signifie que l'entreprise devrait constater, au cours de l'année à venir, des rentrées de monnaies suffisantes pour assurer non seulement le règlement de ses dettes à court terme, mais également le maintien d'un volant de sécurité représenté par un excédent potentiel de liquidités. En première approximation, un fonds de roulement positif constitue donc un signe favorable en termes de solvabilité ou d'équilibre financier. Il suggère que l'entreprise sera apte à régler ses dettes dans des conditions normales et qu'elle présente même une marge de sécurité, constituée de liquidités excédentaires qui prémunissent contre des incidents éventuels.

L'impératif de solvabilité conduit l'entreprise à rechercher les moyens qui lui permettent d'assurer en permanence le règlement de ses dettes venant à échéance. Le maintien d'un fonds de roulement aussi élevé que possible conduit précisément à détenir des liquidités abondantes et place l'entreprise en position favorable pour continuer à faire face à ses échéances, quoi qu'il arrive. Le ratio de Fonds de roulement est déterminé par le rapport : *Actif Circulant / Dettes à Court Terme ou Fonds de roulement / Actif Circulant.*

Une valeur dépassant 1,5 ou 0,5 (respectivement selon l'une des formules ci-dessus utilisées) est généralement souhaitable (Perochon et Leurion, 1976). Ces agrégats expliquent si l'entreprise a ou n'a pas un surplus de fonds qui lui permet de faire fonctionner ses activités au courant d'un exercice comptable. Ce phénomène se vérifie bien souvent par l'ETE qui se trouve positif ou négatif dans le TAFIRE au courant de cet exercice. Au cas où l'ETE confirme la valeur du ratio qui est négative, cela signifie également que cette entreprise ne contrôle pas assez les insuffisances de trésorerie et cette situation peut se perpétuer durant quelques années de ses exercices comptables. Cet agrégat indique surtout le degré de sécurité (ou d'insécurité) des créanciers à court terme vis-à-vis de l'entreprise.

Ces éléments du Bilan présentés selon OHADA sont rapprochés de ceux du Plan OCAM, pour chercher à déterminer les indicateurs de performance permettant d'assurer l'analyse financière selon ces deux référentiels comptables. Le bilan étant un tableau de présentation privilégié de la situation patrimoniale de l'entreprise à une date déterminée, la présentation de cette situation (bilan) est établie pour essentiellement vérifier le degré de rentabilité, de liquidité et de solvabilité de l'entreprise.

5.1.2. La rentabilité et l'efficacité de l'entreprise

La rentabilité peut être globalement définie comme « l'aptitude de l'entreprise à sécréter un résultat exprimé en unités monétaires » (Colasse, 1993). Ainsi définie, cette notion renvoie à l'appréciation de l'efficacité de l'entreprise, mais *privilégie une évaluation monétaire de la performance de cette dernière*. Pour cela, dans le cadre de la mesure de performance des entreprises de notre échantillon, le calcul de la rentabilité selon le Plan OCAM et le Système OHADA n'est pas à négliger.

À cet égard, la notion de rentabilité peut paraître porteuse d'une conception moins élargie par rapport à celle de l'efficacité. La rentabilité apparaît comme le reflet d'une conception étroite de l'efficacité ou, au contraire, comme une expression synthétique des performances de toute nature. La rentabilité est généralement présentée comme une des références fondamentales qui orientent les décisions et les comportements des entreprises.

La notion de rentabilité revêt un *caractère essentiellement relatif*. L'aptitude à dégager des résultats monétaires ne peut être jugée indépendamment des *moyens engagés* pour les obtenir et du *niveau d'activité* atteint par l'entreprise. C'est la raison pour laquelle les discussions consacrées à la rentabilité ne se bornent pas à apprécier une mesure du résultat en valeur absolue, mais mettent également en évidence des rapports entre les résultats et d'autres grandeurs (donc des ratios déterminés en valeur relative). Or, ces rapports peuvent tendre à éclairer soit la « rentabilité économique », soit la « rentabilité financière » de l'entreprise.

5.1.3. Rentabilité économique et rentabilité financière

L'intérêt de déterminer la « rentabilité économique » et la « rentabilité financière » dans le cadre de ce travail renvoie à l'analyse comparative des conditions dans lesquelles ces indicateurs de performance sont obtenus selon OCAM par rapport au Système comptable OHADA.

La *rentabilité économique* met en évidence le rapport entre une mesure du résultat et les actifs (moyens) avancés afin de l'obtenir. Si les actifs de l'entreprise représentent les moyens mis en œuvre par cette dernière, la comparaison (résultat/actifs) permet de donner un raisonnement en termes de rendement de ces moyens. Cette comparaison fait ressortir par conséquent l'efficacité opérationnelle que l'entreprise exprime dans la valorisation de ces moyens qu'elle a mis en œuvre.

Il est important de formuler des ratios exprimant la rentabilité économique et la rentabilité financière, dans la mesure où des interprétations et des appréciations diverses (à partir des ratios calculés selon OHADA par rapport à ceux calculés selon OCAM) peuvent être retenues pour exprimer la bonne visibilité aux dirigeants des entreprises.

La notion de *rentabilité financière* traduit une vision plus spécialisée des performances, puisqu'elle aborde ces dernières du point de vue des propriétaires de l'entreprise (investisseurs). Ceux-ci ont consenti une avance à l'entreprise sous la forme d'un apport en capitaux propres ; ils souhaitent donc comparer à cet apport les résultats nets qui pourraient leur revenir, après déduction de toutes les charges et des impôts.

Par analogie aux notions de rentabilité économique et de rentabilité financière, l'ETE du TAFIRE est un indicateur, comme souligné supra, qui permet d'associer l'analyse des performances et celle des équilibres financiers de l'entreprise[40].

Dans la première partie du TAFIRE, l'on retrouve d'une part les indicateurs qui déterminent les soldes financiers de l'exercice N et la deuxième partie de cet état financier fait apparaître les éléments qui expliquent les emplois à financer et la variation nette de trésorerie de cette entreprise, d'autre part.

La deuxième partie du TAFIRE se donne pour objectif de recenser le volume des ressources dont a disposé l'entreprise au cours de l'exercice et d'expliquer l'utilisation qui en a été faite. Cette deuxième partie permet de mesurer l'incidence de l'investissement sur la structure financière de l'entreprise. Pour cela, la

---

40 Pour plus de détail, lire à cet effet, Cohen E., (2001), Dictionnaire de gestion, éditions La Découverte, p. 142.

deuxième partie du TAFIRE est structurée « comme le haut du bilan », dont elle est censée expliquer les variations. Elle est donc scindée en deux parties : la partie gauche où figurent les emplois totaux à financer et la partie droite où figurent les ressources nettes de financement.

Ainsi, *la Capacité d'Auto Financement Global* représente la capacité pour l'entreprise à rembourser des emprunts et sa capacité de renouveler les investissements.

L'Autofinancement explique ce qui a été effectivement consacré à l'investissement ou à l'accroissement du fonds de roulement. L'Autofinancement est égal à la Capacité d'Auto Financement Global diminuée des Dividendes distribués. À cet effet, il convient de connaître dans quelle mesure l'autofinancement est nécessaire pour une entreprise et les variables qui peuvent influencer son montant. En effet, dégager l'autofinancement permet à l'entreprise de financer par elle-même de futurs investissements et de rassurer ses créanciers, et plus généralement l'ensemble des tiers, trouvant ainsi sa capacité de rembourser ses emprunts, voire ses autres dettes. Selon l'OHADA, l'autofinancement dépend :

- de la capacité de l'entreprise à dégager de revenus du fait de son activité ;
- de la politique d'amortissement mise en œuvre par la société ;
- de la politique de répartition du bénéfice et du montant du résultat mis en réserve au regard de celui distribué.

Selon le Plan OCAM, les éléments ci-dessus sont déterminés grâce à un tableau de financement, dont la portée de ce tableau a été présentée plus haut. En la matière, il convient de souligner que le tableau de financement étant un état financier présenté de manière facultative par le Plan OCAM, le TAFIRE du Système OHADA est par analogie, plutôt un état financier obligatoire et indispensable pour ses utilisateurs.

5.2. Pertinence des informations et utilité des états financiers

Il est important d'adopter une démarche dans la présentation de la relation entre la pertinence des informations comptables et la finalité de leur utilisation dans les entreprises, notamment : la nature de l'information, le pourquoi d'une information comptable pertinente, les concernés par les informations présentées dans les états financiers.

• *la nature de l'information*, consiste à identifier les utilisateurs de l'information comptable et leurs besoins. Cette identification permettra de se situer également sur l'utilisation des états financiers correspondants, dont il faut préciser la finalité économique et financière. Il s'agit de l'organisation et du traitement de l'information, de l'évaluation et de la présentation des états financiers et enfin de la valeur probante de l'information comptable.

• *le pourquoi d'une information comptable pertinente*, consiste à démontrer que, pour toutes les catégories d'utilisateurs rappelées précédemment, l'information comptable est avant tout destinée à servir d'éclairage (amélioration de la pertinence de l'information) pour la prise de décisions.

• *les concernés par les informations présentées dans les états financiers*, consiste à désigner les différentes catégories d'utilisateurs intéressés à partir des informations véhiculées par les entreprises.

5.3. Synthèse des améliorations des états financiers pour l'image fidèle

Nous mettons en relation les procédures d'enregistrement et la structure des comptes dans les états financiers des deux méthodes comptables (OCAM et OHADA) dans le but d'expliquer et, dans la mesure du possible, de noter l'effet de l'évolution des principes comptables sur la lisibilité des états financiers. Pour la production d'une information sûre et convaincante, l'organisation comptable mise en place dans l'entreprise vise à satisfaire les exigences de régularité et de sincérité. Elle permet d'assurer l'authenticité des écritures de façon à ce que la comptabilité puisse servir à la fois d'instrument de mesure des droits et des obligations des partenaires de l'entreprise. Elle peut également servir d'instrument de preuve et d'information pour les tiers, mais aussi et surtout pour une raison de gestion donnant une image réelle de l'entreprise.

Par conséquent, pour des besoins fondamentaux de lisibilité de ces états financiers, la présentation des comptes doit être guidée par :

- la stricte assurance dans le respect des cadres comptables ;
- l'affirmation de la présentation des principes comptables de base ;
- l'explication de l'objectif d'image fidèle du patrimoine, de la situation financière et du résultat de l'entreprise que doivent rechercher les responsables financiers ;

Au regard des constats relevés ci-dessus, il convient de mettre en évidence les améliorations apportées par le Système comptable OHADA dans les états financiers. Le passage du Plan comptable OCAM aux normes du Système OHADA a modifié la manière dont les entreprises présentent les états financiers. Cette nouvelle dimension dans les pratiques comptables est notamment perçue au niveau du contenu du cadre comptable et des principes comptables. Ces apports sont contenus dans un premier temps dans la mesure des objectifs à atteindre[41]. À cet effet, OHADA a « modernisé » les législations antérieures (Plan OCAM) pour les adapter aux normes internationales (celles de l'IASC par exemple). Il a également entrepris la facilitation de la compréhension des comptabilités et de leur contrôle, la possibilité de comparaison dans l'espace et

---

[41] Pour une revue détaillée des travaux menés à cet effet, voir Ngongang et Souleymanou (2008), « Mutation Comptable OCAM – OHADA et facteurs déterminants du changement dans les entreprises camerounaises », *Euro-mediterranean economics and finance review*, vol. 3, n°1, *first quarter*, pp. 190 – 207.

dans le temps des documents de synthèse, l'amélioration de l'élaboration des statistiques pour des besoins spécifiques de la comptabilité nationale, la pratique de la consolidation de la comptabilité de groupe, la production d'une information partagée, la production de l'information pour faciliter la prise des décisions, la production de l'information sûre et fiable ». Le but ultime de tous ces impératifs est d'adapter les pratiques comptables aux normes internationales.

5.4. Les apports liés au bilan

Compte tenu des objectifs à atteindre dans ses apports[42], le Système OHADA met en place les ressources durables sur l'actif immobilisé pour avoir une bonne lisibilité de fonds de roulement et de l'actif circulant sur le passif circulant, pour permettre d'obtenir facilement le besoin en fonds de roulement ou le besoin de financement, la trésorerie active sur la trésorerie passive, pour permettre de dégager la trésorerie nette. C'est ainsi que les comptes de régularisation, en général, disparaissent par rattachement dans leur lecture aux créances et dettes correspondantes. Un autre apport très important concernant le bilan est contenu dans les articles 29 et 30 de l'acte uniforme et énonce que : « le bilan décrit séparément les éléments d'actif et les éléments du passif constituant le patrimoine de l'entreprise. Pour ce qui est de l'actif, il le construit en actif immobilisé, en actif d'exploitation attaché aux activités ordinaires, en actif hors activités ordinaires et en actif de trésorerie. En ce qui concerne le passif, il est construit autour des capitaux propres et de ressources assimilées, de dettes financières, du passif d'exploitation attaché aux activités ordinaires et du passif de trésorerie ».

5.5. Les apports liés au compte de résultat

Le Système OHADA distingue également dans le résultat les activités ordinaires de celles extraordinaires. En effet, les « hors activités ordinaires » sont définies de manière restrictive, alors que le Plan OCAM les mettait dans les activités hors exploitation ou exceptionnelles » qui n'ont pas forcément la même signification. En leur ouvrant un champ plus large, le Système OHADA n'accepte que les événements fortuits tels que les guerres, les cataclysmes, les changements de réglementation et les expropriations.

5.6. Les apports liés au TAFIRE et à l'état annexé

Les améliorations apportées aux états financiers par le Système OHADA semblent plus importantes au niveau du TAFIRE et de l'état annexé (qui n'existaient pas dans le Plan OCAM, ou tout au moins, que ce plan ne reconnaît pas ou ne donne pas trop d'importance). Les articles 32 et 33 de l'Acte Uniforme expliquent respectivement les vertus de ces états financiers.

[42] Ces objectifs sont notamment développés dans l'article 30.

• *Le TAFIRE et sa particularité*

L'article 32 de l'Acte Uniforme relatif au droit comptable énonce en particulier que : « le tableau financier des ressources et des emplois (TAFIRE) de l'exercice fait apparaître, les flux d'investissements et de financement, les autres emplois, les ressources financières et la variation de la trésorerie ». Cet article énonce également le contenu du TAFIRE. C'est un tableau qui synthétise les tableaux classiques dits de financement et les tableaux de flux de trésorerie. Il est destiné à expliquer l'évolution des grandes masses du bilan et à situer le niveau normal du besoin de financement. C'est un tableau qui permet d'analyser l'évolution de la structure financière par la mise en évidence des caractéristiques de la stratégie financière mise en œuvre (Sere, 2000). Il présente la capacité d'autofinancement après déduction des provisions susceptibles de donner lieu, à court terme, à des décaissements ou à des réductions des encaissements. Sa construction permet également d'analyser les variations de la trésorerie. Il comporte une ébauche de description de flux de trésorerie en plus du tableau de financement. Le TAFIRE est l'un des apports du Système comptable OHADA les plus précieux[43].

Le système d'information dans une entreprise joue un rôle de premier plan. Comme souligné supra, il remplit une double fonction. Sur un plan interne, le système d'information comptable est à la base de tout système d'aide à la décision. Sur un plan externe, il est le support de toute communication de l'entreprise avec ses partenaires ou son environnement, notamment avec le système financier et le système fiscal. À cet égard, le TAFIRE est par conséquent un nouvel état financier présenté par le Système OHADA pour retracer les flux de ressources et les flux d'emplois de l'exercice. Il convient d'analyser comment l'information produite par les entreprises à travers les états de synthèse (notamment le TAFIRE) du Système comptable OHADA peut contribuer à améliorer la prise de décision au sein de ces dernières par rapport au tableau de passage et au tableau de financement du Plan OCAM. Pour cela, il est important d'appréhender la portée de cet état financier pour les utilisateurs externes des informations véhiculées par les entreprises.

Parmi les états financiers du Système OHADA, l'introduction du TAFIRE apparaît comme une innovation (un apport important de la réforme comptable). Cet état financier contribue à l'analyse économique et financière de l'entreprise. Par rapport au rôle que joue le TAFIRE de l'OHADA, le Plan OCAM dans sa conception ne prévoyait pas explicitement la présentation du tableau de financement, mais on le présentait de manière automatique pour déterminer les emplois et les ressources. Il a toutefois inséré parmi les documents de synthèse à établir un tableau de passage aux soldes des comptes patrimoniaux expliquant le passage des soldes de début de période aux soldes en fin de période. Ce tableau

---

43 L'importance du TAFIRE sera mise en évidence lors de l'analyse des états financiers dans le chapitre 4.

était un instrument de facilitation dans l'élaboration d'un tableau de financement qui avait un caractère facultatif. Le Plan OCAM exigeait donc parmi les documents de synthèse l'établissement d'un TPSCP (désigné comme le tableau 2 de la DSF) dans le but d'expliquer le passage des soldes en début de période aux soldes en fin de période. Pour Blin (1995), l'intérêt de ce tableau résidait dans le fait qu'il permettait l'établissement par chacun des acteurs d'un tableau de financement qui répondait à ses besoins propres d'utilisateur, contrairement à un modèle normalisé forcément unique. Le tableau de passage a probablement été estimé ou considéré comme insuffisant par le normalisateur pour un diagnostic financier pertinent (par rapport au TAFIRE).

En relevant l'importance du tableau de financement qui est la finalité du tableau de passage (par rapport au TAFIRE), il convient de noter quelques constats à partir de ces deux notions. Le tableau de financement peut être défini comme un document comptable et financier qui décrit, au cours d'une période de référence, les sources nouvelles dont a disposé une entreprise pour faire face à ses nouveaux besoins ou emplois (Depallens et Jobard, 1997). Il a principalement pour objectif d'expliquer l'évolution du patrimoine et de la structure financière d'une entreprise au cours d'une période donnée. Il constitue ainsi un document utile à la gestion de l'entreprise et indispensable à l'information des tiers (Couret et Hirigoyen, 1997). Alors que selon Stolowy (1996), le tableau des emplois et des ressources décrit les opérations de l'exercice en termes de ressources et d'emplois, en les analysant non seulement selon leur fonction, mais également selon leur effet sur la trésorerie. C'est cette vocation qui a fait dire à Depallens et Jobard (1997) que le tableau de financement est considéré comme un tableau des emplois et des ressources déterminé par une entreprise au cours d'une période.

S'agissant du tableau de flux de trésorerie, encore appelé tableau de flux, cela s'entend comme un tableau qui se propose « d'expliquer la formation de la variation de la trésorerie d'un exercice à l'autre ». Pour cela, les flux de l'exercice sont regroupés autour de trois grands cycles d'opérations : exploitation, investissement et financement (Stolowy, 1996). Au vu de ce qui précède, un constat se dégage. En fait, tous les tableaux ressortis par la théorie financière, sont soit des tableaux de financement, soit des tableaux de flux. Ce qui conduit logiquement à distinguer les flux de fonds des flux de trésorerie pour montrer la différence entre les deux notions. Les premiers à s'intéresser à la notion de TAFIRE (Pintaux, 2002 ; Gouadain, 2000 ; Bigou-Lare, 2004) et même à la coordination du projet (Perochon, 2000), ont adopté l'opinion du tableau de financement. La prise en compte de la variation de la trésorerie fait de lui un tableau de financement particulier. A cet effet, le tableau de financement est vu comme un document comptable et financier qui décrit, au cours d'une période de référence, les sources nouvelles dont a disposé une entreprise pour faire face à ses nouveaux besoins ou emplois, les analysant non seulement selon leur fonction, mais également selon leur effet sur la trésorerie. Pour cela, l'on peut dire en fin de compte que le TAFIRE est à la fois un tableau de financement, un tableau qui analyse la variation de la trésorerie avant d'être un tableau d'analyse des ressources et des emplois de l'entreprise. Il fait apparaître des notions telles que la CAF, l'ETE et la variation du BFE par rapport au tableau de passage du Plan OCAM.

• *L'état annexé*

L'article 33 de l'Acte Uniforme relatif au Droit comptable, quant à lui, énonce que : « les états financiers annuels, précédemment décrits, sont accompagnés d'un état annexé qui est simplifié dans le cas où l'entreprise relève du système allégé ». L'état annexé comporte tous les éléments ayant un caractère significatif, qui ne sont pas mis en évidence dans les autres états financiers, et sont cependant susceptibles d'influencer le jugement que le destinataire des documents peut porter sur le patrimoine, la situation financière et les résultats de l'entreprise.

Il convient de rappeler que le Plan OCAM présente une annexe du bilan, alors que le Système OHADA présente un état annexé. Dans son ensemble, l'annexe permet de compléter et de commenter des informations données par le bilan et le compte de résultat. C'est un état qui comporte des explications nécessaires pour une meilleure compréhension des autres documents de synthèse. Il regroupe des informations relatives aux règles et méthodes comptables et au contenu du bilan et du compte de résultat (Bronner, 1985). Nous constatons que l'annexe au bilan du Plan OCAM n'est essentiellement constituée que des renseignements détaillés à titre indicatif, dont le Système OHADA détaille dans les comptes de la classe 9. Il s'agit notamment des engagements de garantie (compte 902), des engagements réciproques (comptes 9038 ; 9078), des créances et dettes figurant au bilan (compte 904), des autres renseignements hors bilan et enfin des renseignements statistiques (comptes 90, 91). En plus, l'on pouvait tenir l'état annexé consolidé, combiné, l'état supplémentaire statistique. Mais ce sont des éléments qui n'existent pas dans l'annexe du bilan du Plan OCAM.

• *L'État financier consolidé* permet d'apprécier correctement le périmètre, le patrimoine, le résultat et la situation financière d'un ensemble d'entreprises incluses dans la consolidation.
• *L'État financier combiné* est établi par les entreprises qui constituent dans une même région un ensemble économique soumis à un même centre de décision sans qu'existe entre elles un lien juridique de domination.
• *L'État supplémentaire statistique* est établi par les entreprises relevant du système normal (article 8, 12 et 26). Lorsque les informations requises ont été portées au Bilan ou au Compte de résultat, elles doivent être détaillées et précisées dans l'état annexé.

Par ailleurs, le Système comptable OHADA, entré en vigueur à compter du 1er janvier 2001 pour les comptes personnels et du 1er janvier 2002 pour les comptes consolidés et les comptes combinés, a instauré la comptabilité des engagements. Suivant les priorités d'harmonisation dégagées par l'article 2 du Traité, on peut relever une tendance dans la politique législative du Système OHADA par rapport au Plan OCAM. Il s'agit du renforcement de la protection du crédit. Ce souci de protection du crédit résulte de l'analyse de l'organisation des sûretés et des moyens de recouvrement prévus par les nouvelles dispositions. Cette organisation du droit des sûretés est marquée par un souci de simplification des règles et de transparence dans les rapports entre les débiteurs et les créanciers. Sur le Plan comptable, elle se manifeste à travers la prise en compte des engagements hors bilan.

- *Les engagements hors bilan* représentent des droits et des obligations dont les effets sur le montant ou la composition du patrimoine sont subordonnés à la réalisation des conditions ou d'opérations ultérieures. L'intérêt de la comptabilisation des engagements hors bilan est destiné à donner une information sur certaines opérations non encore réalisées, et donc non comptabilisées, mais pouvant avoir de l'importance pour l'appréciation de la véritable situation de l'entreprise.

Par ailleurs, il convient de noter que, la mise en œuvre de ce postulat risque de poser des difficultés pratiques notamment dans son application. Les engagements hors bilan, présentés comme des engagements pris et reçus, mais non encore réalisés, peuvent avoir une importance non négligeable dans la visibilité de l'entreprise (dans la prise de décision) par le dirigeant de l'entreprise. Le fait qu'ils ne figurent pas au bilan peut avoir des conséquences de leur non prise en compte dans la situation patrimoniale de l'entreprise. Il est important de relever l'inconvénient selon lequel les auteurs du Système OHADA ne se sont pas préoccupés du terrain de leur mise en œuvre. Il faut avouer que les normalisateurs se sont juste contentés d'énoncer les prescriptions intellectuellement satisfaisantes. Il est pourtant judicieux pour ces derniers de se demander si elles correspondent véritablement aux capacités et aux besoins de leurs destinataires, comme l'a évoqué Gouadain (2000) au sujet de l'ensemble de l'ordre comptable.

Le volet « comptabilité des engagements » du Système comptable OHADA constitue une avancée remarquable dans le domaine de la normalisation comptable africaine, où une bonne évaluation de l'entreprise passe par la prise en compte de tous les éléments influençant directement ou indirectement son patrimoine. L'entreprise peut avoir certains engagements qui pourraient se transformer dans l'avenir plus ou moins proche en dettes exigibles. Il s'ensuit donc qu'il est difficile d'apprécier la situation financière d'une entreprise sur la base des seuls éléments inscrits à son bilan. Les engagements hors bilan, faisant partie des facteurs indirects, sont très souvent négligés dans la majorité des entreprises. Cet état de fait conduit parfois à des désagréments irréversibles, dus logiquement à des erreurs d'appréciation de la situation réelle de l'entreprise. Toutes ces considérations donnent tout l'intérêt de la comptabilité des engagements. À cet effet, il convient de noter que, le processus de normalisation amorcé aux lendemains des indépendances vit actuellement une étape importante en Afrique Francophone. Car, le 23 et le 24 mars 2000, les seize États africains (dont quatorze États de la zone Franc) ayant ratifié le traité pour l'Harmonisation du Droit des Affaires en Afrique (OHADA) ont adopté l'Acte uniforme portant sur l'organisation et l'Harmonisation des comptabilités des entreprises. L'Acte Uniforme OHADA relatif au Droit Comptable (AUDC) auquel est annexé le Système comptable définit les engagements hors bilan comme étant des « droits et obligations dont les effets sur le montant ou la consistance du patrimoine sont subordonnés à la réalisation de conditions ou d'opérations ultérieures ».

Par rapport au contrôle des engagements hors bilan, le mécanisme de traitement comptable des engagements renvoie à la définition des différents comptes utilisés pour l'enregistrement des opérations concernées et au fonctionnement desdits comptes. Compte tenu de l'importance des sommes engagées, une bonne gestion des engagements est impérative afin de s'assurer de l'adéquation entre les engagements donnés et la situation financière de l'entreprise. Cette gestion est d'autant plus délicate qu'elle concerne plusieurs services de l'entreprise (juridiques, clients, fournisseurs, trésorerie), et de ce fait, nécessite une circulaire parfaite de l'information entre ces derniers. Ce contrôle est également nécessaire pour apprécier les risques encourus par l'entreprise. Car, les dirigeants ne peuvent pas avoir une idée exacte de la situation de leur entreprise s'ils n'ont pas une vue d'ensemble des risques qu'elle encourt dans le cadre de leurs engagements. En conséquence, ils doivent avoir à leur disposition toutes les informations leur permettant, de faire une estimation chiffrée des éventuelles pertes pouvant en résulter. Le suivi des engagements est nécessaire pour pouvoir traduire correctement les risques encourus au bilan et au compte de résultat et fournir toutes les informations utiles aux lecteurs dans l'annexe du bilan. La maîtrise des engagements nécessitant un suivi et un recensement rigoureux des informations émises par les différents services de l'entreprise, il convient de s'interroger sur les moyens à mettre en œuvre pour l'imprégnation des utilisateurs.

En résumé, les engagements hors bilan constituent un de ses atouts, mais sa mise en application connaît encore de nos jours des limites parmi tant d'autres.

Eu égard aux apports liés aux états financiers, l'objectif poursuivi par le Système OHADA est l'obtention de l'image fidèle du patrimoine, de la situation financière et du résultat de l'entreprise. Il est vrai que c'est un aspect essentiel et transversal des différents modèles comptables, sauf que dans sa configuration, le Système comptable OHADA va au-delà des notions de régularité et de sincérité contenues dans les anciens Plans comptables pour atteindre l'objectif d'image fidèle. Ces notions amènent les dirigeants d'entreprises à exercer une certaine responsabilité dans la production d'informations significatives dans les états annexés et complètent la crédibilité des autres états financiers.

Chapitre 4. État des comptes et sous comptes du SYSCOHADA 2000 au SYSCOHADA 2017

Ce chapitre vient expliciter le chapitre 7 intitulé : Modification des comptes du SYSCOHADA 2000 par le SYSCOHADA 2017. Il s'intéresse au détail des modifications apportées dans les sous comptes de toutes les classes des comptes. D'emblée, les comptes sont généralement conçus conformément à un Plan Comptable Général, qui définit les normes communes relatives à la classe des comptes et à leurs codifications paramétrées par toute organisation amenée à tenir une comptabilité et dans l'obligation d'avoir son propre Plan comptable. L'ensemble des comptes forme le plan des comptes, créé par l'organisation selon les besoins de sa comptabilité. Les comptes comptables répondent à une codification stricte. Les sous comptes sont une déclinaison de la catégorie comptable parente et permettent d'être plus précis dans l'enregistrement des opérations comptables. Il en est le cas lors de la révision de la version 2000 du SYSCOHADA en 2017 dans le but d'avoir une distinction plus fine, et donc de permettre de mieux comprendre le modèle organisationnel et comptable de l'entité. C'est pour mieux rendre compte des événements enregistrés au cours de l'année, afin de bien présenter comptablement les opérations effectuées.

1. Les comptes de la classe 1

Les comptes de la classe 1 sont ceux dits comptes de ressources durables. Selon le SYSCOHADA (2017, p. 272). Les comptes de la classe 1 enregistrent les ressources de financement mises à la disposition de l'entité de façon durable et permanente par les associés et les tiers. Ces comptes regroupent essentiellement cinq sous comptes. Il regroupe premièrement, les capitaux propres correspondant à la somme algébrique des rubriques suivantes : capital, réserves, report à nouveau (débiteur ou créditeur), résultat net de l'exercice, subventions d'investissement, provisions réglementées et fonds assimilés ; deuxièmement, les emprunts et dettes assimilées ; troisièmement, les dettes de location acquisition ; quatrièmement, les dettes liées à des participations et les comptes de liaison des établissements et sociétés en participation ; enfin, cinquièmement, les provisions pour risques et charges.

Mais, à l'occasion de la révision par le SYSCOHADA (2017) des comptes de cette classe dits comptes de ressources durables, 13 comptes du passif sont créés ; 21 comptes du passif ont changé d'intitulés ; 6 comptes d'actifs sont supprimés.

1.1. Les comptes du passif de la classe 1 créés

À l'occasion de la révision du SYSCOHADA, treize (13) comptes du passif de la classe 1 sont créés.

Tableau 19. Les comptes du passif de la classe 1 créés

Comptes	*Intitulés*
1132	Réserves d'attribution gratuite d'actions au personnel salarié et aux dirigeants
1134	Réserves des valeurs mobilières donnant accès au capital
1381	Résultat de fusion
1382	Résultat d'apport partiel d'actif
1383	Résultat de scission
1384	Résultat de liquidation
1613	Emprunts obligataires remboursables en actions
174	Dettes de location-acquisition / location-vente
1764	Sur dettes de location-acquisition / location-vente
1961	Provisions pour pensions et obligations similaires–engagement de retraite
1962	Actif du régime de retraite
1984	Provisions pour démantèlement et remise en état
1985	Provisions pour droits à réduction ou avantage en nature (chèques cadeaux, cartes de fidélité…)

Les sous comptes créés sont ceux des comptes : 11 « Réserves », 13 « Résultat net de l'exercice », précisément celui 138 « Résultat hors activités ordinaires » (R.H.A.O.), 16 « Emprunts et dettes assimilées », 17 « Dettes de location - acquisition », 19 « Provisions pour risques et charges », précisément celui 196 « Provisions pour pensions et obligations similaires » et 198 « Autres provisions pour risques et charges ».

Parmi les comptes créés, le ***compte 1132*** « Réserves d'attribution gratuite d'actions au personnel salarié et aux dirigeants », l'est pour enregistrer le paiement ou la libération des actions acquises en vue d'une attribution gratuite réalisée par un prélèvement obligatoire, à concurrence des actions à attribuer, sur la part des bénéfices d'un ou de plusieurs exercices ainsi que des réserves, à l'exception de la réserve légale. Pour le ***compte 1134*** « Réserves de valeurs mobilières donnant accès au capital », lorsqu'il existe des valeurs mobilières donnant accès au capital, la société qui procède à l'attribution gratuite d'actions vire à un compte de réserve indisponible la somme nécessaire pour attribuer lesdites actions aux titulaires des droits attachés aux valeurs mobilières donnant accès au capital qui exerceraient leur droit ultérieurement en nombre égal à celui qu'ils auraient reçu s'ils avaient été actionnaires au moment de l'attribution principale. Les autres comptes créés sont : celui de résultat de fusion » (compte 1381), de résultat d'apport partiel d'actif » (compte 1382), de résultat de scission » (compte 1383), de résultat de liquidation » (compte 1384), d'emprunts obligataires remboursables en actions » (compte 1613), des dettes de location-acquisition / location-vente » (compte 174), des dettes de location-acquisition / location-vente » (compte 1764), des provisions pour pensions et obligations similaires–engagement de retraite » (compte 1961), de l'actif du régime de retraite » (compte 1962), des provisions pour démantèlement et remise en état (compte 1984) et des provisions pour droits à réduction ou avantage en nature (chèques cadeaux, cartes de fidélité…) (compte 1985).

1.2. Les comptes du passif de la classe 1 ayant changé d'intitulés

À l'occasion de la révision du SYSCOHADA, 21 comptes du passif de la classe 1 ont changé d'intitulés en substituant des termes.

Tableau 20. Les comptes du passif de la classe 1 ayant changé d'intitulés

Comptes	Anciens intitulés	Nouveaux intitulés
105	Primes liées aux capitaux propres	Primes liées au capital social
109	Actionnaires, capital souscrit, non appelé	Apporteurs, capital souscrit, non appelé
132	Marge brute (M.B.)	Marge commerciale (MC)
141	Subventions d'équipement A	Subventions d'équipement
1415	Entreprises publiques ou mixtes	Entités publiques ou mixtes
1416	Entreprises et organismes privés	Entités et organismes privés
1612	Emprunts obligataires convertibles	Emprunts obligataires convertibles en actions
1684	Dettes du concédant exigibles en nature	Emprunts participatifs
1685	Emprunts participatifs	Participation des travailleurs aux bénéfices
1686	Participation des travailleurs aux bénéfices	Emprunts et dettes contractés auprès des autres tiers
17	Dettes de crédit-bail et contrats assimilés	Dettes de location-acquisition
172	Emprunts équivalents de crédit-bail immobilier	Dettes de location-acquisition/crédit-bail immobilier
173	Emprunts équivalents de crédit-bail mobilier	Dettes de location-acquisition/crédit-bail mobilier
1762	Intérêts courus sur emprunts équivalents de crédit-bail immobilier	Intérêts courus sur dettes de location-acquisition/crédit-bail immobilier
1763	Intérêts courus sur emprunts équivalents de crédit-bail mobilier	Intérêts courus sur dettes de location-acquisition/crédit-bail mobilier
1768	Intérêts courus sur emprunts équivalents d'autres contrats	Intérêts courus sur autres dettes de location-acquisition
178	Emprunts équivalents d'autres contrats	Autres dettes de location-acquisition
19	Provisions financières pour risques et charges	Provisions pour risques et charges
197	Provisions pour charges à repartir sur plusieurs exercices	Provisions pour restructuration
198	Autres provisions financières pour risques et charges	Autres provisions pour risques et charges
1988	Autres provisions financières pour risques et charges	Provisions pour divers risques et charges

Il s'agit du ***compte 105*** dont le terme « capitaux propres » substitué par « capital social » ; du ***compte 109*** dont le terme « Actionnaires » est substitué par « Apporteurs » ; du ***compte 132*** dont l'intitulé « Marge brute » est devenu « Marge commerciale » ; du ***compte 141*** dont l'intitulé « Subventions d'équipement A » est devenu « Subventions d'équipement » ; du ***compte 1415*** dont le terme « Entreprises » est substitué par « Entités » ; du ***compte 1416*** dont le terme « Entreprises » est substitué par « Entités » ; du ***compte 1612*** dont l'intitulé « Emprunts obligataires convertibles » est devenu « Emprunts obligataires convertibles en actions » ; du ***compte 1684*** dont l'intitulé « Dettes du concédant exigibles en nature » est devenu « Emprunts participatifs » ; du ***compte 1685*** dont l'intitulé « Emprunts participatifs » est devenu « Participation des travailleurs aux bénéfices » ; du ***compte 1686*** dont l'intitulé « Participation des travailleurs aux bénéfices » est devenu « Emprunts et dettes contractés auprès des autres tiers » ; du ***compte 17*** dont l'intitulé « Dettes de crédit-bail et contrats assimilés » est devenu « Dettes de location-acquisition » ; du ***compte 172*** dont l'intitulé « Emprunts équivalents de crédit-bail immobilier » est devenu « Dettes de location-acquisition/crédit-bail immobilier » ; du ***compte 173*** dont l'intitulé « Emprunts équivalents de crédit-bail mobilier » est devenu « Dettes de location-acquisition/crédit-bail mobilier » ; du ***compte 1762*** dont l'intitulé « Intérêts courus sur emprunts équivalents de crédit-bail immobilier » est devenu « Intérêts courus sur dettes de location-acquisition/crédit-bail immobilier » ; du ***compte 1763*** dont l'intitulé « Intérêts courus sur emprunts équivalents de crédit-bail mobilier » est devenu « Intérêts courus sur dettes de location-acquisition/crédit-bail mobilier » ; du ***compte 1768*** dont l'intitulé « Intérêts courus sur emprunts équivalents d'autres contrats » est devenu « Intérêts courus sur autres dettes de location-acquisition » ; du ***compte 178*** dont l'intitulé « Emprunts équivalents d'autres contrats » est devenu « Autres dettes de location-acquisition » ; du ***compte 19*** dont l'intitulé « Provisions financières pour risques et charges » est devenu « Provisions pour risques et charges » ; du ***compte 197*** dont l'intitulé « Provisions pour charges à repartir sur plusieurs exercices » est devenu « Provisions pour restructuration » ; du ***compte 198*** dont l'intitulé « Autres provisions financières pour risques et charges » est devenu « Autres provisions pour risques et charges » du ***compte 1988*** dont l'intitulé « Autres provisions financières pour risques et charges » est devenu « Provisions pour divers risques et charges ».

1.3. Les comptes d'actifs supprimés de la classe 1 par le SYSCOHADA

À l'occasion de la révision, 6 comptes d'actifs sont supprimés de la classe 1.

Tableau 21. Les comptes d'actifs supprimés de la classe 1

Comptes	***Intitulés***
1321	Marge brute sur marchandises
1322	Marge brute sur matières
142	Subventions d'équipement B
1676	Droits du concédant exigibles en nature
1971	Provisions pour grosses réparations
1982	Provisions pour renouvellement des immobilisations (entreprises concessionnaires)

Parmi les 6 comptes d'actifs supprimés de la classe 1, le ***compte 1321*** « Marge brute sur marchandises » l'est parce qu'il enregistrait dans une entreprise, l'analyse de l'évolution du chiffre d'affaires. Le ***compte 1322*** « Marge brute sur matières » est plutôt considéré comme un élément qui entre dans la détermination de la Valeur Ajoutée, car elle constitue un surplus réalisé sur l'activité de production. Le ***compte 142*** « Subventions d'équipement B » est supprimé, parallèlement à la rubrique de la Subventions d'équipement A. Cette dernière rubrique de subvention est laissée sous la nouvelle appellation de « Subventions d'équipement ». Le ***compte 1676*** « Droits du concédant exigibles en nature » enregistrait toutes les avances assorties de conditions particulières. Le ***compte 1971*** « Provisions pour grosses réparations » enregistrait les charges à répartir sur plusieurs exercices correspondant à d'importantes dépenses prévisibles qui ne sauraient être supportées par le seul exercice au cours duquel elles sont engagées. Le ***compte 1982*** « Provisions pour renouvellement des immobilisations (entreprises concessionnaires) » enregistre essentiellement toutes les autres provisions financières pour risques et charges.

> *Selon le SYSCOHADA, la Marge brute sur marchandises est déterminée à partir du prix de vente, diminué du prix d'achat, auxquels une variation de stocks est éventuellement prise en compte. Alors qu'avant (même selon le Plan OCAM par exemple), cette marge brute sur marchandise n'existait pas, c'est plutôt la Marge Brute qui est constituée du Prix de vente, diminué du Coût d'achat, auxquels une Variation de stocks est prise en compte. La base de toute analyse dans une entreprise est l'évolution du chiffre d'affaires, qui doit être décomposée en termes de volume, « quantités vendues » et de prix (Vernimmen, 1991). L'analyse de la marge commerciale selon notre étude est nécessaire parce qu'elle permet de déterminer des instruments de mesure de la performance dans une entreprise. L'un des instruments retenus est le ratio de marge commerciale. Il consiste à rapporter la marge commerciale aux ventes de marchandises. Le ratio de la marge bénéficiaire ou ratio qui mesure le degré de l'efficacité commerciale (degré d'intégration) de l'entreprise peut être déterminé par la formule : Marge commerciale / Chiffre d'affaires. La Marge brute sur matières est la différence entre d'une part : la vente des produits fabriqués, la vente des travaux (corrigée de la variation de stocks), la production immobilisée et d'autre part : la consommation des matières et des fournitures (les achats des matières corrigés de la variation de stock). Cette marge est calculée dans les entreprises industrielles. Elle est plutôt considérée comme un élément qui entre dans la détermination de la valeur ajoutée et non en tant qu'un solde caractéristique de gestion à part entière, contrairement au Système comptable OHADA. Au niveau du contenu et du fonctionnement des comptes, jadis, le SYSCOHADA distinguait deux catégories de marge brute : La marge brute sur marchandises (pour les activités commerciales) et la marge brute sur matières premières (pour les activités industrielles ou de transformation) qui étaient respectivement inscrites dans les comptes 1321 et 1322. Aujourd'hui, une seule marge brute est retenue : la marge brute commerciale inscrite au compte 132. Elle est obtenue en faisant la différence entre les ventes de marchandises (701) et les achats de marchandises (601) majorée ou minorée par la variation de stock des marchandises (6031) selon qu'il s'agit d'un déstockage ou d'un stockage. Ceci est motivé par la volonté de rendre la lecture des états financiers plus compréhensive aux non-comptables par une présentation simpliste du compte de résultat qui est désormais établi sous forme de « liste ».*

2. Les comptes de la classe 2

Les comptes de la classe 2 sont ceux dits comptes d'actifs immobilisés. Selon le SYSCOHADA (2017, p.314), l'actif immobilisé correspond aux emplois durables rendus nécessaires par l'objet économique et financier de l'entité que constituent ses ***activités ordinaires***. Les immobilisations représentent les biens et les valeurs destinés à rester durablement dans l'entité : les immobilisations incorporelles,

corporelles et financières. L'entité dresse à la clôture de l'exercice un inventaire détaillé de ses immobilisations. Les comptes d'actif immobilisé comprennent toutes les immobilisations, corporelles ou incorporelles, existant dans l'entité, qu'elles soient affectées ou non à l'exploitation. Les immobilisations louées par l'entité et qui concourent à son exploitation sont également inscrites au bilan. Ainsi, à l'occasion de la révision par le SYSCOHADA (2017) des comptes de cette classe dits comptes d'actifs immobilisés, 39 comptes sont créés ; 97 comptes ont changé d'intitulés ; 21 comptes sont supprimés.

2.1. Les comptes de la classe 2 créés par le SYSCOHADA 2017

À l'occasion de la révision, 39 comptes de la classe 2 sont créés.

Tableau 22. Les comptes de la classe 2 créés

Comptes	***Intitulés***
2121	Brevets
2122	Licences
2123	Concessions de service public
2128	Autres concessions et droits similaires
2131	Logiciels
2132	Sites internet
2181	Frais de prospection et d'évaluation de ressources minérales
2182	Coûts d'obtention du contrat
2183	Fichiers clients, notices, titres de journaux et magazines
2184	Coûts des franchises
2188	Divers droits et valeurs incorporels
2245	Améliorations du fonds
2286	Terrains de location - acquisition
2316	Bâtiments de location - acquisition
2326	Bâtiments de location - acquisition
2345	Aménagements et agencements des bâtiments
2391	Bâtiments en cours
2392	Installations en cours
2393	Ouvrages d'infrastructure en cours
2394	Aménagements, agencements et installations techniques en cours
2395	Aménagements de bureaux en cours
2398	Autres installations et agencements en cours
2416	Matériel et outillage industriel et commercial de location – acquisition
2426	Matériel et outillage agricole de location – acquisition
2445	Matériel et mobilier - immeubles de placement
2457	Matériel hippomobile
2471	Agencements et aménagements du matériel
2472	Agencements et aménagements des actifs biologiques
2478	Autres agencements, aménagements du matériel et actifs biologiques
2488	Divers matériels et mobiliers
2715	Titres prêtés
2718	Autres prêts et créances
2734	Créances sur le concédant
2745	Obligations
2746	Actions ou parts propres
2766	Créances de location-financement
2784	Banques dépôts à terme
2788	Autres immobilisations financières
2911	Dépréciations des frais de développement

Le compte 21 en général et ses sous comptes relatifs aux immobilisations incorporelles sont créés pour enregistrer des actifs non monétaires identifiables sans substance physique, contrôlés par l'entité qui a le pouvoir d'obtenir des avantages économiques futurs et peut restreindre l'accès des tiers à ces avantages. C'est l'exemple des comptes suivants : le compte 2121 « Brevets » ; le compte 2122 « Licences » ; le compte 2123 « Concessions de service public » ; le compte 2128 « Autres concessions et droits similaires » ; le compte 2131 « Logiciels » ; le compte 2132 « Sites internet » ; le compte 2181 « Frais de prospection et d'évaluation de ressources minérales » ; le compte 2182 « Coûts d'obtention du contrat » ; le compte 2183 « Fichiers clients, notices, titres de journaux et magazines » ; le compte 2184 « Coûts des franchises » ; le compte 2188 « Divers droits et valeurs incorporels ».

Un actif est identifiable s'il :

a) est séparable, c'est-à-dire qu'il peut être séparé de l'entité et être vendu, transféré, concédé par licence, loué ou échangé, soit de façon individuelle, soit dans le cadre d'un contrat, avec un actif ou un passif liés ; ou

b) résulte de droits contractuels ou d'autres droits légaux, que ces droits soient ou non cessibles ou séparables de l'entité ou d'autres droits et obligations.

Une entité contrôle ses avantages si ces connaissances sont protégées par des droits légaux. Les avantages économiques futurs résultent des produits découlant de la vente de biens ou de services, des économies de coûts ou d'autres avantages résultant de l'utilisation de l'actif par l'entité. Elles ont la nature de biens acquis ou créés par l'entité, non pour être vendus ou transformés, mais pour être utilisés de manière durable, directement ou indirectement, pour la réalisation des opérations professionnelles ou non. Le compte 2121 « Brevets » par exemple, enregistre les dépenses engagées pour obtenir la protection accordée sous certaines conditions aux inventeurs, auteurs ou bénéficiaires du droit d'exploitation des brevets, modèles, dessins, procédés, propriétés littéraires et artistiques sous forme directe ou sous forme de licences ou de concessions. Les éléments du compte 212 sont amortissables sur leur durée de vie économique au maximum égale à la durée de la protection juridique.

Le compte 22 et ses sous comptes sont créés pour enregistrer la valeur des terrains dont l'entité est propriétaire et de ceux qui sont mis à sa disposition par des tiers. Les terrains nus sont des terrains pouvant constituer le sol de bâtiments ou d'ouvrages. Ils sont par conséquent sans construction. Les terrains bâtis sont ceux sur lesquels des constructions sont édifiées ; la valeur d'entrée de ces terrains doit toujours être distinguée de celle du bâtiment correspondant. À défaut de pièces justificatives indiquant séparément la valeur des terrains et celle des constructions, la ventilation du prix global d'acquisition peut être effectuée par tous les moyens à la disposition de l'entité. C'est l'exemple des comptes suivants : le compte 2245 « Améliorations du fonds » ; le compte 2286 « Terrains de location-acquisition ».

Le compte 2316 « Bâtiments de location-acquisition » ; le compte 2326 « Bâtiments de location-acquisition » ; le compte 2345 « Aménagements et agencements des bâtiments » ; le compte 2391 « Bâtiments en cours » ; le compte 2392 « Installations en cours » ; le compte 2393 « Ouvrages d'infrastructure en cours » ; le compte 2394 « Aménagements, agencements et installations techniques en cours » ; le compte 2395 « Aménagements de bureaux en cours » ; le compte 2398 « Autres installations et agencements en cours ». Ces comptes sont créés pour enregistrer le montant des opérations ayant trait aux apports effectués par les associés ou à l'acquisition et à la création par l'entité de bâtiments, d'installations et d'agencements, de même que leur cession, leur disparition et leur mise au rebut. La valeur des terrains n'est pas comprise dans celle des bâtiments. Les terrains et les bâtiments doivent faire l'objet d'évaluations distinctes. Il faut en revanche inclure dans la valeur des bâtiments les composants ci-après qui peuvent être ventilés dans des sous comptes spécifiques du bâtiment concerné et amortis sur leur durée d'utilité et non celle du bâtiment : le coût de la peinture extérieure et intérieure des constructions neuves ; le coût de tous les aménagements permanents tels que les appareils de conditionnement d'air et de climatisation, des conduites d'eau, de gaz, d'électricité, de réception d'images ; le coût du matériel normalement installé avant que le bâtiment soit occupé.

Le matériel est constitué de l'ensemble des objets et des instruments avec (et ou par) lesquels sont extraits, transformés ou façonnés les matières ou les fournitures ; sont fournis les services qui sont l'objet même de la profession exercée. Le mobilier est constitué de meubles et d'objets utilisés sur une période supérieure à un an dans l'entreprise, comme les tables, les chaises, les classeurs. L'actif biologique est constitué d'animaux vivants, de plantes vivantes et secondairement, des améliorations foncières, de l'autoconsommation prélevée, de certains contrats ou partenariats spécifiques. Les matériels d'emballages récupérables sont destinés à être utilisés d'une manière durable, comme instrument de travail. La remise à neuf et les transformations importantes des matériels sont comptabilisées avec les matériels eux-mêmes, pour peu que ces travaux entraînent une augmentation de leur durée de vie initiale ou une meilleure adaptation aux exigences de la production de biens et de services par l'entité. C'est l'exemple des comptes suivants : 2416 « Matériel et outillage industriel et commercial de location-acquisition » ; 2426 « Matériel et outillage agricole de location-acquisition » ; 2445 « Matériel et mobilier - immeubles de placement » ; 2457 « Matériel hippomobile » ; 2471 « Agencements et aménagements du matériel » ; 2472 « Agencements et aménagements des actifs biologiques » ; 2478 « Autres agencements, aménagements du matériel et des actifs biologiques » ; 2488 « Divers matériels et mobiliers ».

Les autres immobilisations financières comprennent : les titres autres que les titres de participation, que l'entité n'a ni l'intention, ni la possibilité de revendre dans un bref délai ; les prêts nés en vertu de dispositions contractuelles ; les créances non commerciales assimilées à des prêts (dépôts et cautionnements). Les prêts sont ceux qui répondent aux conditions juridiques en matière de contrat. Les billets de fonds à recevoir sont assimilés aux prêts. C'est l'exemple des comptes suivants : le compte 2715 « Titres prêtés » ; le compte 2718 « Autres prêts et créances » ; le compte 2734 « Créances sur le concédant » ; le compte 2745 « Obligations » ; le compte 2746 « Actions ou parts propres » ; le compte 2766 « Créances de location-financement » ; le compte 2784 « Banques dépôts à terme » ; le compte 2788 « Autres immobilisations financières ».

Un seul sous compte du compte 29 est créé. C'est l'exemple du compte 2911 « Dépréciations des frais de développement ». Ce sous compte est créé afin qu'à la clôture de chaque exercice, une entité puisse apprécier s'il existe un quelconque indice qu'un actif a subi une perte de valeur. S'il existe un tel indice, l'entité doit estimer la valeur actuelle et la comparer avec la valeur nette comptable. L'actif doit être déprécié lorsque la valeur nette comptable est supérieure à la valeur actuelle. L'actif doit être déprécié lorsque sa valeur nette comptable est supérieure à sa valeur actuelle. Elles peuvent également concerner les dépréciations exceptionnelles subies par les immobilisations amortissables, lorsque ces dépréciations ne peuvent raisonnablement être inscrites aux comptes d'amortissement, en raison de leur caractère définitif. À la différence des provisions pour pertes et charges, elles expriment des corrections d'actif de sens négatif. Les dépréciations dépendent des conditions d'exploitation de chaque entité ou de circonstances économiques particulières.

2.2. Les comptes de la classe 2 ayant changé d'intitulés

À l'occasion de la révision du SYSCOHADA, 97 comptes de la classe 2 ont changé d'intitulés par la substitution de certains termes.

Tableau 23. Les comptes de la classe 2 ayant changé d'intitulés

Comptes	***Anciens intitulés***	***Nouveaux intitulés***
211	Frais de recherche et de développement	Frais de développement
213	Logiciels	Logiciels et sites internet
2191	Frais de recherche et de développement	Frais de développement
2193	Logiciels	Logiciels et sites internet
225	Terrains de gisement	Terrains de carrières – tréfonds
2281	Terrains des immeubles de rapport	Terrains - immeubles de placement
2288	Autres terrains	Divers terrains
2295	Terrains de gisement	Terrains de carrières - tréfonds
2315	Immeubles de rapport	Bâtiments - immeubles de placement
2325	Immeubles de rapport	Bâtiments - immeubles de placement
2338	Autres	Autres ouvrages d'infrastructures
234	Installations techniques	Aménagements, agencements et installations techniques
2358	Autres	Autres aménagements de bureaux
239	Bâtiments et installations en cours	Bâtiments aménagements, agencements et installations en cours
24	Matériel	Matériel, mobilier et actifs biologiques

2446	Matériel et mobilier des immeubles de rapport	Matériel et mobilier de location – acquisition
2456	Matériel hippomobile	Matériel de transport de location - acquisition
2458	Autres (vélo, mobylette, moto)	Autres matériels de transport
246	Immobilisations animales et agricoles	Actifs biologiques
2468	Autres immobilisations animales et agricoles	Autres actifs biologiques
247	Agencements et aménagements du matériel	Agencements, aménagements du matériel et des actifs biologiques
248	Autres matériels	Autres matériels et mobiliers
249	Matériel en cours	Matériels et actifs biologiques en cours
2496	Immobilisations animales et agricoles	Actifs biologiques
2497	Agencements et aménagements du matériel	Agencements et aménagements du matériel et des actifs biologiques
2498	Autres matériels	Autres matériels et actifs biologiques
261	Titres de participation dans des sociétés sous contrôle exclusif	Titres de participation dans des entités sous contrôle exclusif
262	Titres de participation dans des sociétés sous contrôle conjoint	Titres de participation dans des entités sous contrôle conjoint
263	Titres de participation dans des sociétés conférant une influence notable	Titres de participation dans des entités conférant une influence notable
271	Prêts et créances non commerciales	Prêts et créances
2714	Titres prêtés	Créances de location-financement
2728	Autres prêts (frais d'études…)	Autres prêts au personnel
2738	Autres	Autres créances sur l'état
2811	Amortissements des frais de recherche et de développement	Amortissements des frais de développement
2813	Amortissements des logiciels	Amortissements des logiciels et sites internet
2834	Amortissements des installations techniques	Amortissements des aménagements, agencements et installations techniques
2846	Amortissements des immobilisations animales et agricoles	Amortissements des actifs biologiques
2847	Amortissements des agencements et aménagements du matériel	Amortissements des agencements, aménagements du matériel et des actifs biologiques
29	Provisions pour dépréciation	Dépréciations des immobilisations
291	Provisions pour dépréciation des immobilisations incorporelles	Dépréciations des immobilisations incorporelles
2912	Provisions pour dépréciation des brevets, licences, concessions et droits similaires	Dépréciations des brevets, licences, concessions et droits similaires
2913	Provisions pour dépréciation des logiciels	Dépréciations des logiciels et sites internet
2914	Provisions pour dépréciation des marques	Dépréciations des marques
2915	Provisions pour dépréciation du fonds commercial	Dépréciations du fonds commercial
2916	Provisions pour dépréciation du droit au bail	Dépréciations du droit au bail
2917	Provisions pour dépréciation des investissements de création	Dépréciations des investissements de création
2918	Provisions pour dépréciation des autres droits et valeurs incorporels	Dépréciations des autres droits et valeurs incorporels
2919	Provisions pour dépréciation des immobilisations incorporelles en cours	Dépréciations des immobilisations incorporelles en cours
292	Provisions pour dépréciation des terrains	Dépréciations des terrains
2921	Provisions pour dépréciation des terrains agricoles et forestiers	Dépréciations des terrains agricoles et forestiers dépréciations des terrains nus dépréciations des terrains bâtis dépréciations des travaux de mise en valeur des terrains dépréciations des terrains de gisement

		dépréciations des terrains aménagés dépréciations des terrains mis en concession dépréciations des autres terrains dépréciations des aménagements de terrains en cours dépréciations des terrains agricoles et forestiers dépréciations des terrains nus dépréciations des terrains bâtis dépréciations des travaux de mise en valeur des terrains dépréciations des terrains de gisement dépréciations des terrains aménagés dépréciations des terrains mis en concession dépréciations des autres terrains dépréciations des aménagements de terrains en cours
2922	Provisions pour dépréciation des terrains nus	Dépréciations des terrains nus
2923	Provisions pour dépréciation des terrains bâtis	Dépréciations des terrains bâtis
2924	Provisions pour dépréciation des travaux de mise en valeur des terrains	Dépréciations des travaux de mise en valeur des terrains
2925	Provisions pour dépréciation des terrains de gisement	Dépréciations des terrains de carrières-tréfonds
2926	Provisions pour dépréciation des terrains aménagés	Dépréciations des terrains aménagés
2927	Provisions pour dépréciation des terrains mis en concession	Dépréciations des terrains mis en concession
2928	Provisions pour dépréciation des autres terrains	Dépréciations des autres terrains
2929	Provisions pour dépréciation des aménagements de terrains en cours	Dépréciations des aménagements de terrains en cours
293	Provisions pour dépréciation des bâtiments installations techniques et agencements	Dépréciations des bâtiments, installations techniques et agencements
2931	Provisions pour dépréciation des bâtiments industriels, agricoles, administratifs et commerciaux sur sol propre	Dépréciations des bâtiments industriels, agricoles, administratifs et commerciaux sur sol propre
2932	Provisions pour dépréciation des bâtiments industriels, agricoles, administratifs et commerciaux sur sol d'autrui	Dépréciations des bâtiments industriels, agricoles, administratifs et commerciaux sur sol d'autrui
2933	Provisions pour dépréciation des ouvrages d'infrastructures	Dépréciations des ouvrages d'infrastructures
2934	Provisions pour dépréciation des installations techniques	Dépréciations des aménagements, agencements et installations techniques
2935	Provisions pour dépréciation des aménagements de bureaux	Dépréciations des aménagements de bureaux
2937	Provisions pour dépréciation des bâtiments industriels, agricoles et commerciaux mis en concession	Dépréciations des bâtiments industriels, agricoles et commerciaux mis en concession
2938	Provisions pour dépréciation des autres installations et agencements	Dépréciations des autres installations et agencements
2939	Provisions pour dépréciation des bâtiments et installations en cours	Dépréciations des bâtiments et installations en cours
294	Provisions pour dépréciation de matériel	Dépréciations de matériel, du mobilier et de l'actif biologique
2941	Provisions pour dépréciation du matériel et outillage industriel et commercial	Dépréciations du matériel et outillage industriel et commercial

2942	Provisions pour dépréciation du matériel et outillage agricole	Dépréciations du matériel et outillage agricole
2943	Provisions pour dépréciation du matériel d'emballage récupérable et identifiable	Dépréciations du matériel d'emballage récupérable et identifiable
2944	Provisions pour dépréciation du matériel et mobilier	Dépréciations du matériel et mobilier
2945	Provisions pour dépréciation du matériel de transport	Dépréciations du matériel de transport
2946	Provisions pour dépréciation des immobilisations animales et agricoles	Dépréciations des actifs biologiques
2947	Provisions pour dépréciation des agencements et aménagements du matériel	Dépréciations des agencements, aménagements du matériel et des actifs biologiques
2948	Provisions pour dépréciation des autres matériels	Dépréciations des autres matériels
2949	Provisions pour dépréciation de matériel en cours	Dépréciations de matériel en cours
295	Provisions pour dépréciation des avances et acomptes versés sur immobilisations	Dépréciations des avances et acomptes versés sur immobilisations
2951	Provisions pour dépréciation des avances et acomptes versés sur immobilisations incorporelles	Dépréciations des avances et acomptes versés sur immobilisations incorporelles
2952	Provisions pour dépréciation des avances et acomptes versés sur immobilisations corporelles	Dépréciations des avances et acomptes versés sur immobilisations corporelles
296	Provisions pour dépréciation des titres de participation	Dépréciations des titres de participation
2961	Provisions pour dépréciation des titres de participation dans des sociétés sous contrôle exclusif	Dépréciations des titres de participation dans des entités sous contrôle exclusif
2962	Provisions pour dépréciation des titres de participation dans les sociétés sous contrôle conjoint	Dépréciations des titres de participation dans des entités sous contrôle conjoint
2963	Provisions pour dépréciation des titres de participation dans les sociétés conférant une influence notable	Dépréciations des titres de participation dans des entités conférant une influence notable
2965	Provisions pour dépréciation des participations dans des organismes professionnels	Dépréciations des participations dans des organismes professionnels
2966	Provisions pour dépréciation des parts dans des GIE	Dépréciations des parts dans des GIE
2968	Provisions pour dépréciation des autres titres de participation	Dépréciations des autres titres de participation
297	Provisions pour dépréciation des autres immobilisations financières	Dépréciations des autres immobilisations financières
2971	Provisions pour dépréciation des prêts et créances non commerciales	Dépréciations des prêts et créances
2972	Provisions pour dépréciation des prêts au personnel	Dépréciations des prêts au personnel
2973	Provisions pour dépréciation des créances sur l'État	Dépréciations des créances sur l'état
2974	Provisions pour dépréciation des titres immobilisés	Dépréciations des titres immobilisés
2975	Provisions pour dépréciation des dépôts et cautionnements versés	Dépréciations des dépôts et cautionnements versés
2977	Provisions pour dépréciation des créances rattachées à des participations et avances à des GIE	Dépréciations des créances rattachées à des participations et avances à des GIE
2978	Provisions pour dépréciation des créances financières diverses	Dépréciations des créances financières diverses

Pour les immobilisations incorporelles, le compte 211 « Frais de recherche et de développement » est devenu « Frais de développement ». Ce compte 211 enregistre les dépenses résultant du développement (ou de la phase de développement d'un projet interne) si et seulement si l'entité peut démontrer qu'elle satisfait aux six critères suivants[44] :

Le compte 213 « Logiciels » est devenu « Logiciels et sites internet ». Ce compte « Logiciels et sites internet » enregistre les dépenses faites en vue d'acquérir le droit d'usage, d'adaptation, ou encore de reproduction d'un logiciel acquis, de même que le coût de production d'un logiciel créé ou développé pour les besoins internes de l'entité. Le logiciel est un ensemble de programmes, de procédés et de règles assortis ou non de documentation, acquis ou créés.

Pour le compte 219 « Immobilisations incorporelles en cours », le sous compte 2191 « Frais de recherche et de développement » est devenu « Frais de développement » ; le sous compte 2193 « Logiciels » est devenu « Logiciels et sites internet ». Pour les immobilisations incorporelles en cours, le compte 219 enregistre le coût de production des brevets, investissements de création et logiciels élaborés par l'entité elle-même, dont les éléments transitent pour la plupart par le compte 211 « Frais de développement ».

Le compte 225 « Terrains de gisement », devenu « Terrains de carrières - tréfonds » enregistre la valeur des terrains dont l'entité est propriétaire de la carrière et de ceux qui sont mis à sa disposition par des tiers.

Le compte 2281 « Terrains des immeubles de rapport » est devenu « Terrains - immeubles de placement » ; le compte 2288 « Autres terrains » est devenu « Divers terrains ». Le compte 2295 « Terrains de gisement » est devenu « Terrains de carrières-tréfonds ». Ces comptes correspondent aux terrains non

---

[44] Selon le SYSCOHADA (2017), p. 318.

a). la faisabilité technique nécessaire à l'achèvement de l'immobilisation incorporelle en vue de sa mise en service ou de sa vente : faisabilité technique démontrée ;

b). son intention d'achever l'immobilisation incorporelle et de la mettre en service ou de la vendre : intention de produire et de commercialiser ;

c). sa capacité à mettre en service ou à vendre l'immobilisation incorporelle : capacité de produire et de commercialiser ;

d). la façon dont l'immobilisation incorporelle générera des avantages économiques futurs probables. L'entité doit démontrer, entre autres choses, l'existence d'un marché pour la production issue de l'immobilisation incorporelle ou pour l'immobilisation incorporelle elle-même ou, si celle-ci doit être utilisée en interne, son utilité : existence d'un marché potentiel ;

e). la disponibilité de ressources techniques, financières et autres, appropriées pour achever le développement et mettre en service ou vendre l'immobilisation incorporelle : ressources suffisantes pour terminer le projet ;

f). sa capacité à évaluer de façon fiable les dépenses attribuables à l'immobilisation incorporelle au cours de son développement : capacité d'évaluation fiable des dépenses à immobiliser. Cette immobilisation incorporelle est amortie en fonction de sa durée d'utilité.

évoqués dans la rubrique précédente. Il est fait allusion aux sous-sols et aux sursols au cas où l'entité ne serait pas propriétaire des trois éléments rattachés à une même parcelle de terrain, à savoir le sous-sol, le sol et le sursol. Les terrains de gisement sont des terrains d'extraction de matières destinées soit aux besoins de l'entité, soit à être revendues en l'état ou après transformation.

Le compte 2315 « Immeubles de rapport » est devenu « Bâtiments - immeubles de placement » ; le compte 2325 « Immeubles de rapport » est devenu « Bâtiments - immeubles de placement » ; le compte 2338 « Autres » est devenu « Autres ouvrages d'infrastructures » ; le compte 234 « Installations techniques » est devenu « Aménagements, agencements et installations techniques » ; le compte 2358 « Autres » est devenu « Autres aménagements de bureaux » ; le compte 239 « Bâtiments et installations en cours » est devenu « Bâtiments aménagements, agencements et installations en cours ». Ces comptes enregistrent le montant des opérations ayant trait aux apports effectués par les associés ou à l'acquisition et à la création par l'entité des bâtiments, des installations et des agencements, de même que leur cession, leur disparition et leur mise au rebut.

Le compte 24 « Matériel » est devenu « Matériel, mobilier et actifs biologiques » ; le compte 2446 « Matériel et mobilier des immeubles de rapport » est devenu « Matériel et mobilier de location-acquisition » ; le compte 2456 « Matériel hippomobile » est devenu « Matériel de transport de location-acquisition » ; le compte 2458 « Autres (vélo, mobylette, moto) » est devenu « Autres matériels de transport » ; le compte 246 « Immobilisations animales et agricoles » est devenu « Actifs biologiques » ; le compte 2468 « Autres immobilisations animales et agricole » est devenu « Autres actifs biologiques » ; le compte 247 « Agencements et aménagements du matériel » est devenu « Agencements, aménagements du matériel et des actifs biologiques » ; le compte 248 « Autres matériels » est devenu « Autres matériels et mobiliers » ; le compte 249 « Matériel en cours » est devenu « Matériels et actifs biologiques en cours » ; le compte 2496 « Immobilisations animales et agricoles » est devenu « Actifs biologiques » ; le compte 2497 « Agencements et aménagements du matériel » est devenu « Agencements et aménagements du matériel et des actifs biologiques » ; le compte 2498 « Autres matériels » est devenu « Autres matériels et actifs biologiques ». De tout ce qui précède, le matériel enregistre l'ensemble des objets et des instruments avec (et ou par) lesquels sont extraits, transformés ou façonnés les matières ou les fournitures ; et sont fournis les services qui sont l'objet même de la profession exercée. Le mobilier enregistre les meubles et les objets utilisés sur une période supérieure à un an dans l'entreprise, comme les tables, les chaises, les classeurs. L'actif biologique enregistre les animaux vivants, des plantes vivantes et, secondairement, des améliorations foncières, de l'autoconsommation prélevée, de certains contrats ou partenariats spécifiques.

Le compte 261 « Titres de participation dans des sociétés sous contrôle exclusif » est devenu « Titres de participation dans des entités sous contrôle exclusif » ; le compte 262 « Titres de participation dans des sociétés sous contrôle conjoint » est devenu « Titres de participation dans des entités sous contrôle conjoint » ; le compte 263 « Titres de participation dans des sociétés conférant une influence notable » est devenu « Titres de participation dans des entités conférant une influence notable ». Ces titres de participation sont constitués par les droits dans le capital d'autres entités, matérialisés ou non par des titres, afin de créer un lien durable avec celles-ci et de contribuer à l'activité et au développement de la société détentrice. Sont présumés être des titres de participation, les titres acquis en tout ou partie par offre publique d'achat (O.P.A.) ou par offre publique d'échange (O.P.E.) et les titres représentant au moins 10 % du capital social d'une entité.

Le compte 271 « Prêts et créances non commerciales » est devenu « Prêts et créances » ; le compte 2714 « Titres prêtés » est devenu « Créances de location-financement » ; le compte 2728 « Autres prêts (frais d'études...) » est devenu « Autres prêts au personnel » ; le compte 2738 « Autres » est devenu « Autres créances sur l'État ». Ces comptes enregistrent les autres immobilisations financières comprenant : les titres autres que les titres de participation, que l'entité n'a ni l'intention, ni la possibilité de revendre dans un bref délai ; les prêts nés en vertu de dispositions contractuelles ; les créances non commerciales assimilées à des prêts (dépôts et cautionnements). Les ***prêts*** sont ceux qui répondent aux conditions juridiques en matière de contrat. Les billets de fonds à recevoir sont assimilés aux prêts. Les ***dépôts*** sont des sommes versées à certains fournisseurs (gaz, eau, électricité) ou prestataires de services (téléphone, bailleur) pour leur garantir le paiement des redevances ou des loyers. Les ***cautionnements*** sont les sommes déposées en vue de garantir la bonne fin de l'exécution d'un marché ou d'une opération. Elles sont remboursées lors du dénouement du marché ou de l'opération. Les créances rattachées à des participations sont des prêts ou des avances consentis à une société dans laquelle l'entité détient une participation. Les ***prêts et les créances*** ne sont pas distingués en fonction du terme d'exigibilité de leur remboursement. Toutefois, lorsque le délai d'exigibilité est inférieur ou égal à un an, à la clôture de l'exercice, la partie ainsi devenue exigible est isolée afin d'être portée distinctement dans le tableau d'échéances des créances et des dettes. De même, les prêts et les créances devront être distingués selon le terme à un an au plus, à deux ans au plus et à plus de deux ans. Les ***prêts assortis d'une garantie*** font l'objet d'une mention dans les Notes annexes (nantissement, hypothèque, dépôt de titres, caution bancaire ou gages divers).

Le compte 2811 « Amortissements des frais de recherche et de développement » est devenu « Amortissements des frais de développement » ; le compte 2813 « Amortissements des logiciels » est devenu « Amortissements des logiciels et sites internet » ; le compte 2834 « Amortissements des installations techniques » est devenu « Amortissements des aménagements, agencements et installations techniques » ; le compte 2846 « Amortissements des immobilisations animales et agricoles » est devenu « Amortissements des actifs biologiques » ; le compte 2847

« Amortissements des agencements et aménagements du matériel » est devenu « Amortissements des agencements, aménagements du matériel et des actifs biologiques ». Ces amortissements consistent pour l'entité, à répartir le montant amortissable du bien sur sa durée d'utilité selon un plan prédéfini. Le montant du bien amortissable représente la différence entre le coût d'entrée d'un actif et sa valeur résiduelle prévisionnelle. La valeur résiduelle d'un actif est le montant estimé qu'une entité obtiendrait actuellement de la sortie de l'actif, après déduction des coûts de sortie estimés, si l'actif avait déjà l'âge et se trouvait déjà dans l'état prévu à la fin de sa durée d'utilité. Différents modes d'amortissement peuvent être utilisés pour répartir de façon systématique le montant amortissable d'un actif sur sa durée d'utilité. Ces modes incluent : le ***mode linéaire*** qui conduit à une charge constante sur la durée d'utilité de l'actif ; le ***mode dégressif*** à taux décroissant qui conduit à une charge décroissante sur la durée d'utilité de l'actif ; le ***mode des unités de production ou unités d'œuvre*** (nombre de pièces produites, heures de fonctionnement, nombre de kilomètres parcourus, nombre d'heures de travail, etc.) qui donne lieu à une charge basée sur l'utilisation ou la production prévue de l'actif ; et ***tout autre mode mieux adapté***.

Le compte 29 « Provisions pour dépréciation » est devenu « Dépréciations des immobilisations » pour enregistrer les dépréciations inscrites distinctement à l'actif, en diminution de la valeur brute des biens correspondants pour donner leur valeur comptable nette (V.C.N.). Même en cas d'absence ou d'insuffisance de bénéfice au cours de l'exercice, il doit être procédé aux dotations nécessaires pour couvrir les dépréciations.

À la clôture de chaque exercice, une entité doit apprécier s'il existe un quelconque indice qu'un actif a subi une perte de valeur. S'il existe un tel indice, l'entité doit estimer la valeur actuelle et la comparer avec la valeur nette comptable. L'actif doit être déprécié lorsque la valeur nette comptable est supérieure à la valeur actuelle. Ainsi, les sous comptes suivants ont changé d'intitulés.

Avant la révision le compte 291 dont l'intitulé était « Provisions pour dépréciation des immobilisations incorporelles » est devenu après révision « Dépréciations des immobilisations incorporelles » ; le compte 2912 « Provisions pour dépréciation des brevets, licences, concessions et droits similaires » est devenu après révision « Dépréciations des brevets, licences, concessions et droits similaires » ; le compte 2913 « Provisions pour dépréciation des logiciels » est devenu « Dépréciations des logiciels et sites internet » ; le compte 2914 « Provisions pour dépréciation des marques » est devenu « Dépréciations des marques » ; le compte 2915 « Provisions pour dépréciation du fonds commercial » est devenu « Dépréciations du fonds commercial » ; le compte 2916 « Provisions pour dépréciation du droit au bail » est devenu « Dépréciations du droit au bail » ; le compte 2917 « Provisions pour dépréciation des investissements de création » est devenu « Dépréciations des investissements de création » ; le compte 2918 « Provisions pour dépréciation des autres droits et valeurs incorporels » est devenu « Dépréciations des autres droits et valeurs incorporels » ; le compte 2919 « Provisions pour dépréciation des immobilisations incorporelles en cours » est devenu « Dépréciations des immobilisations incorporelles en cours ».

Le compte 292 « Provisions pour dépréciation des terrains » est devenu « Dépréciations des terrains » ; le compte 2921 « Provisions pour dépréciation des terrains agricoles et forestiers » est devenu « Dépréciations des terrains agricoles et forestiers », se déclinant en « dépréciations des terrains nus », « dépréciations des terrains bâtis », « dépréciations des travaux de mise en valeur des terrains », « dépréciations des terrains de gisement », « dépréciations des terrains aménagés dépréciations des terrains mis en concession », « dépréciations des autres terrains », « dépréciations des aménagements de terrains en cours », « dépréciations des terrains agricoles et forestiers », « dépréciations des terrains nus », « dépréciations des terrains bâtis », « dépréciations des travaux de mise en valeur des terrains », « dépréciations des terrains de gisement », « dépréciations des terrains aménagés », « dépréciations des terrains mis en concession », « dépréciations des autres terrains », « dépréciations des aménagements de terrains en cours » ; le compte 2922 « Provisions pour dépréciation des terrains nus » est devenu « Dépréciations des terrains nus » ; le compte 2923 « Provisions pour dépréciation des terrains bâtis » est devenu « Dépréciations des terrains bâtis » ; le compte 2924 « Provisions pour dépréciation des travaux de mise en valeur des terrains » est devenu « Dépréciations des travaux de mise en valeur des terrains » ; le compte 2925 « Provisions pour dépréciation des terrains de gisement » est devenu « Dépréciations des terrains de carrières-tréfonds » ; le compte 2926 « Provisions pour dépréciation des terrains aménagés » est devenu « Dépréciations des terrains aménagés » ; le compte 2927 « Provisions pour dépréciation des terrains mis en concession » est devenu « Dépréciations des terrains mis en concession » ; le compte 2928 « Provisions pour dépréciation des autres terrains » est devenu « Dépréciations des autres terrains » ; le compte 2929 « Provisions pour dépréciation des aménagements de terrains en cours » est devenu « Dépréciations des aménagements de terrains en cours ».

Le compte 293 « Provisions pour dépréciation des bâtiments, installations techniques et agencements » est devenu « Dépréciations des bâtiments, installations techniques et agencements » ; le compte 2931 « Provisions pour dépréciation des bâtiments industriels, agricoles, administratifs et commerciaux sur sol propre » est devenu « Dépréciations des bâtiments industriels, agricoles, administratifs et commerciaux sur sol propre » ; le compte 2932 « Provisions pour dépréciation des bâtiments industriels, agricoles, administratifs et commerciaux sur sol d'autrui » est devenu « Dépréciations des bâtiments industriels, agricoles, administratifs et commerciaux sur sol d'autrui » ; le compte 2933 « Provisions pour dépréciation des ouvrages d'infrastructures » est devenu « Dépréciations des ouvrages d'infrastructures » ; le compte 2934 « Provisions pour dépréciation des installations techniques » est devenu « Dépréciations des aménagements, agencements et installations techniques » ; le compte 2935 « Provisions pour dépréciation des aménagements de bureaux » est devenu « Dépréciations des aménagements de bureaux » ; le compte 2937 « Provisions pour dépréciation des bâtiments industriels, agricoles et commerciaux mis en concession » est devenu « Dépréciations des bâtiments industriels, agricoles et commerciaux mis en concession » ; le compte 2938 « Provisions pour dépréciation des autres installations et agencements » est devenu « Dépréciations des autres installations et agencements » ; le compte 2939 « Provisions pour dépréciation des bâtiments et installations en cours » est devenu « Dépréciations des bâtiments et installations en cours ».

Le compte 294 « Provisions pour dépréciation de matériel » est devenu « Dépréciations de matériel, du mobilier et de l'actif biologique » ; le compte 2941 « Provisions pour dépréciation du matériel et outillage industriel et commercial » est devenu « Dépréciations du matériel et outillage industriel et commercial » ; le compte 2942 « Provisions pour dépréciation du matériel et outillage agricole » est devenu « Dépréciations du matériel et outillage agricole » ; le compte 2943 « Provisions pour dépréciation du matériel d'emballage récupérable et identifiable » est devenu « Dépréciations du matériel d'emballage récupérable et identifiable » ; le compte 2944 « Provisions pour dépréciation du matériel et mobilier » est devenu « Dépréciations du matériel et mobilier » ; le compte 2945 « Provisions pour dépréciation du matériel de transport » est devenu « Dépréciations du matériel de transport » ; le compte 2946 « Provisions pour dépréciation des immobilisations animales et agricoles » est devenu « Dépréciations des actifs biologiques » ; le compte 2947 « Provisions pour dépréciation des agencements et aménagements du matériel » est devenu « Dépréciations des agencements, aménagements du matériel et des actifs biologiques » ; le compte 2948 « Provisions pour dépréciation des autres matériels » est devenu « Dépréciations des autres matériels » ; le compte 2949 « Provisions pour dépréciation de matériel en cours » est devenu « Dépréciations de matériel en cours ».

Le compte 295 « Provisions pour dépréciation des avances et acomptes versés sur immobilisations » est devenu « Dépréciations des avances et acomptes versés sur immobilisations » ; le compte 2951 « Provisions pour dépréciation des avances et acomptes versés sur immobilisations incorporelles » est devenu « Dépréciations des avances et acomptes versés sur immobilisations incorporelles » ; le compte 2952 « Provisions pour dépréciation des avances et acomptes versés sur immobilisations corporelles » est devenu « Dépréciations des avances et acomptes versés sur immobilisations corporelles ».

Le compte 296 « Provisions pour dépréciation des titres de participation » est devenu « Dépréciations des titres de participation » ; le compte 2961 « Provisions pour dépréciation des titres de participation dans des sociétés sous contrôle exclusif » est devenu « Dépréciations des titres de participation dans des entités sous contrôle exclusif » ; le compte 2962 « Provisions pour dépréciation des titres de participation dans les sociétés sous contrôle conjoint » est devenu « Dépréciations des titres de participation dans des entités sous contrôle conjoint » ; le compte 2963 « Provisions pour dépréciation des titres de participation dans les sociétés conférant une influence notable » est devenu « Dépréciations des titres de participation dans des entités conférant une influence notable » ; le compte 2965 « Provisions pour dépréciation des participations dans des organismes professionnels » est devenu « Dépréciations des participations dans des organismes professionnels » ; le compte 2966 « Provisions pour dépréciation des parts dans des GIE » est devenu « Dépréciations des parts dans des GIE » ; le compte 2968 « Provisions pour dépréciation des autres titres de participation » est devenu « Dépréciations des autres titres de participation ».

Le compte 297 « Provisions pour dépréciation des autres immobilisations financières » est devenu « Dépréciations des autres immobilisations financières » ; le compte 2971 « Provisions pour dépréciation des prêts et créances non commerciales » est devenu « Dépréciations des prêts et créances » ; le compte 2972 « Provisions pour dépréciation des prêts au personnel » est devenu « Dépréciations des prêts au personnel » ; le compte 2973 « Provisions pour dépréciation des créances sur l'État » est devenu « Dépréciations des créances sur l'état » ; le compte 2974 « Provisions pour dépréciation des titres immobilisés » est devenu « Dépréciations des titres immobilisés » ; le compte 2975 « Provisions pour dépréciation des dépôts et cautionnements versés » est devenu « Dépréciations des dépôts et cautionnements versés » ; le compte 2977 « Provisions pour dépréciation des créances rattachées à des participations et avances à des GIE » est devenu « Dépréciations des créances rattachées à des participations et avances à des GIE » ; le compte 2978 « Provisions pour dépréciation des créances financières diverses » est devenu « Dépréciations des créances financières diverses ».

2.3. Les comptes supprimés de la classe 2

À l'occasion de la révision du SYSCOHADA, 21 comptes d'actif de la classe 2 sont supprimés.

Tableau 24. Les comptes d'actifs supprimés de la classe 2

Comptes	***Intitulés***
20	Charges immobilisées (Supprimé)
201	Frais d'établissement
2011	Frais de constitution
2012	Frais de prospection
2013	Frais de publicité et de lancement
2014	Frais de fonctionnement antérieurs au démarrage
2015	Frais de modification du capital (fusions, scissions, transformations)
2016	Frais d'entrée à la Bourse
2017	Frais de restructuration

2018	Frais divers d'établissement
202	Charges à répartir sur plusieurs exercices
2021	Charges différées
2022	Frais d'acquisition d'immobilisations
2026	Frais d'émission des emprunts
2028	Charges à étaler
206	Primes de remboursement des obligations
2061	Obligations ordinaires
2062	Obligations convertibles
2068	Autres emprunts obligataires
2821	Amortissements des terrains agricoles et forestiers
2825	Amortissements des terrains de gisement

Parmi les 21 comptes d'actifs supprimés de la classe 2, le ***compte 20*** « Charges immobilisées (supprimé) » l'est parce qu'au lieu d'être de la classe 6, il était de la classe 2 et, enregistrait des charges à caractère général ayant une incidence sur le résultat de l'entreprise. Elles sont non répétitives et peuvent engendrer soit des économies, soit des gains sur les exercices ultérieurs. Les charges immobilisées constituent des actifs fictifs. Elles devraient être préalablement comptabilisées dans des comptes de charges par nature. En aucun cas, elles ne peuvent être portées directement au compte 20, à l'exception des primes de remboursement des obligations qui sont inscrites directement au compte 206. C'est pour cela que les sous comptes suivants sont supprimés.

Le compte 201 « Frais d'établissement » ; le compte 2011 « Frais de constitution » ; le compte 2012 « Frais de prospection » ; le compte 2013 « Frais de publicité et de lancement » ; le compte 2014 « Frais de fonctionnement antérieurs au démarrage » ; le compte 2015 « Frais de modification du capital (fusions, scissions, transformations) » ; le compte 2016 « Frais d'entrée à la Bourse » ; le compte 2017 « Frais de restructuration » ; le compte 2018 « Frais divers d'établissement » ; le compte 202 « Charges à répartir sur plusieurs exercices » ; le compte 2021 « Charges différées » ; le compte 2022 « Frais d'acquisition d'immobilisations » ; le compte 2026 « Frais d'émission des emprunts » ; le compte 2028 « Charges à étaler » ; le compte 206 « Primes de remboursement des obligations » ; le compte 2061 « Obligations ordinaires » ; le compte 2062 « Obligations convertibles » ; le compte 2068 « Autres emprunts obligataires » ; le compte 2821 « Amortissements des terrains agricoles et forestiers » ; le compte 2825 « Amortissements des terrains de gisement ».

3. Les comptes de la classe 3

Les comptes de la classe 3 sont ceux qui enregistrent les valeurs d'exploitation, essentiellement des stocks. Selon le YSCOHADA (2017, p. 350). Les stocks sont des actifs : détenus en vue de la vente dans le cours normal de l'activité : marchandises et produits finis ; en cours de production pour une telle vente : produits en cours ou intermédiaires ; ou sous forme de matières premières ou de fournitures devant être consommées dans le processus de production ou de prestation de services. Les comptes de stocks peuvent être assortis de comptes de dépréciation. À la clôture de l'exercice, les stocks doivent être évalués au plus faible de la valeur nette comptable et de la valeur nette de réalisation. La valeur nette de réalisation est le prix de vente estimé dans le cours normal de l'activité, diminué des coûts estimés pour l'achèvement et des coûts estimés nécessaires pour réaliser la vente. Les estimations de la valeur nette de réalisation sont fondées sur les éléments probants les plus fiables, disponibles à la date à laquelle elles sont faites, du montant que l'on s'attend à réaliser des stocks. Ces estimations tiennent compte des fluctuations de prix ou de coût directement liées aux événements survenant après la fin de la période, dans la mesure où de tels événements confirment les conditions existant à la fin de la période. Le stock doit être déprécié si la valeur nette comptable est supérieure à la valeur nette de réalisation, élément par élément. Dans certains cas, il peut être approprié de regrouper des éléments similaires ou ayant des rapports entre eux.

Ainsi, à l'occasion de la révision par le SYSCOHADA (2017) des comptes de cette classe dits : comptes des valeurs d'exploitation ou des stocks, 14 comptes du passif sont créés ; 1 seul compte du passif a changé d'intitulé ; aucun compte d'actif n'est supprimé de la classe 3.

3.1. Les comptes de la classe 3 créés par le SYSCOHADA

À l'occasion de la révision, 14 comptes de la classe 3 sont créés.

Tableau 25. Les comptes de la classe 3 créés

Comptes	***Intitulés***
313	Actifs biologiques (marchandises)
3131	Animaux
3132	Végétaux
345	Actifs biologiques (produits en cours)
3451	Animaux
3452	Végétaux
363	Actifs biologiques (produits finis)
3631	Animaux
3632	Végétaux
3638	Autres stocks (activités annexes)
373	Actifs biologiques (produits intermédiaires et résiduels)
3731	Animaux
3732	Végétaux
3738	Autres stocks (activités annexes)

C'est l'exemple des comptes suivants : le compte 313 « Actifs biologiques (marchandises) » ; le compte 3131 « Animaux » ; le compte 3132 « Végétaux ». Ces sous comptes enregistrent les marchandises qui sont les objets, matières et fournitures acquis par l'entité et destinés à être revendus à l'état. Ces subdivisions du compte 31 permettent à l'entité de classer les marchandises selon la nomenclature des biens et des services en usage dans chacun des États parties. Le compte 31 est subdivisé selon les besoins de l'entité. Les marchandises hors

activités ordinaires (H.A.O.) ne seront distinguées que si leur montant est supérieur à 5 % du total de l'actif circulant.
Le compte 345 « Actifs biologiques (produits en cours) » ; le compte 3451 « Animaux » ; le compte 3452 « Végétaux ».

Le compte 363 « Actifs biologiques (produits finis) » ; le compte 3631 « Animaux » ; le compte 3632 « Végétaux » ; le compte 3638 « Autres stocks (activités annexes) ».

Le compte 373 « Actifs biologiques (produits intermédiaires et résiduels) » ; le compte 3731 « Animaux » ; le compte 3732 « Végétaux » ; le compte 3738 « Autres stocks (activités annexes) ».

3.2. Le compte du passif de la classe 3 ayant changé d'intitulé

À l'occasion de la révision du SYSCOHADA, seul le compte 39 du passif de la classe 3 a changé d'intitulé.

Tableau 26. Le compte de la classe 3 ayant changé d'intitulé

Comptes	*Anciens intitulés*	*Nouveaux intitulés*
39	Dépréciations des stocks	Dépréciations des stocks et encours de production

Ce compte 39 « Dépréciations des stocks » est devenu « Dépréciations des stocks et encours de production ». Ce compte généralement considéré comme un compte d'actif soustractif a changé d'intitulé afin d'enregistrer les dépréciations subies par des stocks de marchandises, de matières, d'encours de production et autres approvisionnements résultant de causes diverses dont les effets ne sont pas jugés irréversibles.

3.3. Les comptes supprimés de la classe 3

À l'occasion de la révision du SYSCOHADA, il n'y a pas eu de compte supprimé de la classe 3.

4. Analyse des comptes de la classe 4

Les comptes de la classe 4 retracent les relations de l'entité avec les tiers. Selon le SYSCOHADA (2017, p.376), ces comptes servent à comptabiliser les dettes et les créances de l'entité, à l'exclusion de celles inscrites respectivement dans les comptes de ressources stables et les comptes d'actif immobilisé. Figurent également dans la classe 4 les comptes de régularisation qui sont utilisés pour répartir les charges et les produits dans le temps, de manière à rattacher à un exercice déterminé toutes les charges et tous les produits qui le concernent effectivement. À la clôture de chaque exercice, une entité doit apprécier s'il existe un quelconque indice qu'une créance a subi une perte de valeur. S'il existe un tel indice, l'entité doit estimer la valeur économique réelle et la comparer avec la valeur nette comptable. La créance doit être dépréciée lorsque la valeur nette comptable est supérieure à la valeur économique réelle.

Ainsi, à l'occasion de la révision par le SYSCOHADA (2017) des comptes de cette classe dits comptes de tiers, 55 comptes du passif sont créés ; 14 comptes du passif sont créés spécifiquement pour faciliter la lecture du Tableau de Flux de Trésorerie ; 41 comptes du passif ont changé d'intitulés ; 7 comptes d'actifs sont supprimés.

4.1. Les comptes du passif de la classe 4 créés par le SYSCOHADA

À l'occasion de la révision, 55 comptes du passif de la classe 4 sont créés.

Tableau 27 Les comptes du passif de la classe 4 créés

Comptes	***Intitulés***
4016	Fournisseurs, réserve de propriété
404	Fournisseurs, acquisitions courantes d'immobilisations
4041	Fournisseurs dettes en compte, immobilisations incorporelles
4042	Fournisseurs dettes en compte, immobilisations corporelles
4046	Fournisseurs effets à payer, immobilisations incorporelles
4047	Fournisseurs effets à payer, immobilisations corporelles
4116	Clients, réserve de propriété
413	Clients, chèques, effets et autres valeurs impayés
4131	Clients, chèques impayés
4132	Clients, effets impayés
4133	Clients, cartes de crédit impayées
4138	Clients, autres valeurs impayées
4146	Effets à recevoir, immobilisations incorporelles
4147	Effets à recevoir, immobilisations corporelles
4261	Participation aux bénéfices
4264	Participation au capital
4332	Assurances retraite
4333	Assurances et organismes de santé
4445	État, dégrèvement t.v.a.
4497	État, avances sur subventions
4631	Opérations courantes
4636	Intérêts courus
469	Entité, dividendes à recevoir
4713	Obligataires
4715	Rémunérations d'administrateurs non associés
4716	Compte d'affacturage et de titrisation
4717	Débiteurs divers - retenues de garantie
4718	Apport, compte de fusion et opérations assimilées
4719	Bons de souscription d'actions et d'obligations
4721	Créances sur cessions de titres de placement
473	Intermédiaires - opérations faites pour compte de tiers
4731	Mandants
4732	Mandataires
4733	Commettants
4734	Commissionnaires
4739	État, collectivités publiques, fonds global d'allocation
4751	Compte-actif
4752	Compte-passif
4783	Augmentation des dettes d'exploitation et HAO
4784	Augmentation des dettes financières

4786	Différences d'évaluation sur instruments de trésorerie
4793	Diminution des dettes d'exploitation et HAO
4794	Diminution des dettes financières
4797	Différences d'évaluation sur instruments de trésorerie
4813	Versements restant à effectuer sur titres de participation et titres immobilisés non libérés
4816	Réserve de propriété (3)
4821	Immobilisations incorporelles
4822	Immobilisations corporelles
4853	Effets à recevoir, immobilisations incorporelles
4854	Effets à recevoir, immobilisations corporelles
4855	Effets escomptés non échus
4856	Immobilisations financières
4985	Créances sur cessions d'immobilisations
4986	Créances sur cessions de titres de placement
4988	Autres créances H.A.O.

Il s'agit notamment des comptes suivants : le compte 4016 « Fournisseurs, réserve de propriété » ; le compte 404 « Fournisseurs, acquisitions courantes d'immobilisations » ; le compte 4041 « Fournisseurs dettes en compte, immobilisations incorporelles » ; le compte 4042 « Fournisseurs dettes en compte, immobilisations corporelles » ; le compte 4046 « Fournisseurs effets à payer, immobilisations incorporelles » ; le compte 4047 « Fournisseurs effets à payer, immobilisations corporelles », sont créés pour enregistrer les tiers auxquels l'entité a recours pour ses achats de fournitures de toutes natures et de services. Le compte 4116 « Clients, réserve de propriété » ; le compte 413 « Clients, chèques, effets et autres valeurs impayés » ; le compte 4131 « Clients, chèques impayés » ; le compte 4132 « Clients, effets impayés » ; le compte 4133 « Clients, cartes de crédit impayées » ; le compte 4138 « Clients, autres valeurs impayées » ; le compte 4146 « Effets à recevoir, immobilisations incorporelles » ; le compte 4147 « Effets à recevoir, immobilisations corporelles » sont créés pour enregistrer les tiers auxquels l'entité vend les biens ou services, objet de son activité.

Le compte 4261 « Participation aux bénéfices » et le compte 4264 « Participation au capital » sont créés pour enregistrer l'ensemble des opérations qui interviennent entre l'entité et les personnes qui lui sont liées par un contrat de travail. Par extension, les opérations qui concernent les représentants du personnel ou les organismes similaires lui sont rattachées.

Le compte 4332 « Assurances retraite » et le compte 4333 « Assurances et organismes de santé » sont créés pour enregistrer, d'une part, le montant des cotisations sociales salariales et patronales dues aux organismes sociaux et, d'autre part, les règlements de cotisations effectués à leur profit. Les obligations de l'entité vis-à-vis des organismes sociaux sont remplies à partir des procédures comptables définies dans le Système Comptable OHADA.

Le compte 4445 « État, dégrèvement T.V.A. » et le compte 4497 « État, avances sur subventions », sont créés pour inscrire les opérations qui sont faites avec l'État et avec les diverses collectivités publiques en tant que pouvoirs publics.

Le compte 4631 « Opérations courantes », le compte 4636 « Intérêts courus », le compte 469 « Entité, dividendes à recevoir », sont créés pour enregistrer d'une part les créances/dettes envers les apporteurs résultant des divers mouvements du capital social ; d'autre part les créances/dettes temporaires en comptes courants des associés. Concernant ces derniers, le plan de comptes distingue les associés ordinaires et, dans le cas d'appartenance à un groupe, les autres sociétés du groupe.

Le compte 4713 « Obligataires », le 4715 « Rémunérations d'administrateurs non associés » ; le compte 4716 « Compte d'affacturage et de titrisation » ; le compte 4717 « Débiteurs divers/retenues de garantie » ; le compte 4718 « Apport, compte de fusion et opérations assimilées » ; le compte 4719 « Bons de souscription d'actions et d'obligations » ; le compte 4721 « Créances sur cessions de titres de placement » ; le compte 473 « Intermédiaires/opérations faites pour compte de tiers » ; le 4731 « Mandants » ; le compte 4732 « Mandataires » ; le compte 4733 « Commettants » ; le compte 4734 « Commissionnaires » ; le compte 4739 « État, collectivités publiques, fonds global d'allocation » ; le compte 4751 « Compte-actif » ; le compte 4752 « Compte-passif » ; le compte 4783 « Augmentation des dettes d'exploitation et HAO » ; le compte 4784 « Augmentation des dettes financières » ; le compte 4786 « Différences d'évaluation sur instruments de trésorerie » ; le compte 4793 « Diminution des dettes d'exploitation et HAO » ; le compte 4794 « Diminution des dettes financières » ; le compte 4797 « Différences d'évaluation sur instruments de trésorerie », sont créés pour enregistrer les opérations en instance de régularisation et relatives aux créances et dettes liées à l'acquisition de titres, des charges non consommées, des produits constatés d'avance, des écarts sur opérations libellées en monnaies étrangères, et des créances sur travaux non encore facturables.

Le compte 4813 « Versements restant à effectuer sur titres de participation et titres immobilisés non libérés » ; le compte 4816 « Réserve de propriété (3) » ; le compte 4821 « Immobilisations incorporelles » ; le compte 4822 « Immobilisations corporelles » ; le compte 4853 « Effets à recevoir, immobilisations incorporelles » ; le compte 4854 « Effets à recevoir, immobilisations corporelles » ; le compte 4855 « Effets escomptés non échus » ; le compte 4856 « Immobilisations financières », pour enregistrer les créances et des dettes consécutives à des opérations effectuées par l'entité mais n'ayant pas de lien direct avec l'activité ordinaire de l'entité.

Le compte 4985 « Créances sur cessions d'immobilisations » ; le compte 4986 « Créances sur cessions de titres de placement » ; le compte 4988 « Autres créances H.A.O. » pour enregistrer les dépréciations subies par des comptes de tiers résultant de causes diverses dont les effets ne sont pas jugés irréversibles.

4.2. Les comptes du passif de la classe 4 créés spécifiquement pour faciliter la lecture du Tableau de Flux de Trésorerie

À l'occasion de la révision du SYSCOHADA, 14 comptes du passif de la classe 4 sont créés spécifiquement pour faciliter la lecture du Tableau de Flux de Trésorerie. Pour cela, les comptes suivants sont ainsi créés.

Tableau 28. Les comptes du passif de la classe 4 créés spécifiquement pour faciliter la lecture du Tableau de Flux de Trésorerie

Comptes	*Intitulés*
47811	Diminution des créances d'exploitation
47818	Diminution des créances HAO
47831	Augmentation des dettes d'exploitation
47838	Augmentation des dettes HAO
47911	Augmentation des créances d'exploitation
47918	Augmentation des créances HAO
47931	Diminution des dettes d'exploitation
47938	Diminution des dettes HAO
48161	Réserve de propriété - immobilisations incorporelles
48162	Réserve de propriété - immobilisations corporelles
48171	Retenues de garantie - immobilisations incorporelles
48172	Retenues de garantie - immobilisations incorporelles
48181	Factures non parvenues - immobilisations incorporelles
48182	Factures non parvenues - immobilisations corporelles

Le compte 47811 « Diminution des créances d'exploitation » ; le compte 47818 « Diminution des créances HAO » ; le compte 47831 « Augmentation des dettes d'exploitation » ; le compte 47838 « Augmentation des dettes HAO » ; le compte 47911 « Augmentation des créances d'exploitation » ; le compte 47918 « Augmentation des créances HAO » ; le compte 47931 « Diminution des dettes d'exploitation » ; le compte 47938 « Diminution des dettes HAO ». Ces comptes sont créés pour constater, à la clôture de l'exercice, les écarts entre créances et dettes en devises converties en unités monétaires légales du pays, telles qu'elles figurent en comptabilité, et leur évaluation en unités monétaires légales du pays à la date de clôture de l'exercice.

Le compte 48161 « Réserve de propriété - immobilisations incorporelles » ; le compte 48162 « Réserve de propriété - immobilisations corporelles » ; le compte 48171 « Retenues de garantie - immobilisations incorporelles » ; le compte 48172 « Retenues de garantie - immobilisations incorporelles » ; le compte 48181 « Factures non parvenues - immobilisations incorporelles » ; le compte 48182 « Factures non parvenues - immobilisations corporelles ». Ces comptes sont créés pour permettre de mesurer directement le besoin ou la ressource de financement H.A.O., en parallèle avec le besoin ou la ressource de financement de l'exploitation.

4.3. Les comptes du passif de la classe 4 ayant changé d'intitulés

La révision du SYSCOHADA a fait changer les intitulés de 41 comptes.

Tableau 29. Les comptes du passif de la classe 4 ayant changé d'intitulés

Comptes	*Anciens intitulés*	*Nouveaux intitulés*
4098	Rabais, Remises, Ristournes et autres avoirs à obtenir	Fournisseurs, rabais, remises, ristournes et autres avoirs à obtenir
414	Créances sur cessions d'immobilisations	Créances sur cessions courantes d'immobilisations
4141	Créances en compte	Créances en compte, immobilisations incorporelles
4142	Effets à recevoir	Créances en compte, immobilisations corporelles
4198	Rabais, Remises, Ristournes et autres avoirs à accorder	Clients, rabais, remises, ristournes et autres avoirs à accorder
4245	Organismes sociaux rattachés à l'entreprise	Organismes sociaux rattachés à l'entité
426	Personnel, participation aux bénéfices	Personnel, participation aux bénéfices et au capital
4456	T.V.A. transférée par d'autres entreprises	T.v.a. transférée par d'autres entités
4494	État, subventions d'équipement à recevoir	État, subventions d'investissement à recevoir
46	Associés et groupe	Apporteurs, associés et groupe
461	Associés, opérations sur le capital	Apporteurs, opérations sur le capital
4611	Associés apports en nature	Apporteurs, apports en nature
4612	Associés apports en numéraire	Apporteurs, apports en numéraire
4613	Actionnaires, capital souscrit appelé non versé	Apporteurs, capital appelé, non versé
4614	Associés, capital appelé non versé	Apporteurs, compte d'apport, opérations de restructuration (fusion…)
4615	Associés, versements reçus sur augmentation de capital	Apporteurs, versements reçus sur augmentation de capital
4616	Associés, versements anticipés	Apporteurs, versements anticipés
4617	Actionnaires défaillants	Apporteurs défaillants
4618	Associés, autres apports	Apporteurs, titres à échanger
4619	Associés, capital à rembourser	Apporteurs, capital à rembourser
463	Associés, opérations faites en commun	Associés (2), opérations faites en commun et GIE
465	Associés, dividendes à payer	Associés (2), dividendes a payer
467	Actionnaires, restant dû sur capital appelé	Apporteurs restant dû sur capital appelé
471	Comptes d'attente	Débiteurs et créditeurs divers
472	Vers. restant à effectuer sur titres non libérés	Créances et dettes sur titres de placement
4726	Titres de participation	Versements restant à effectuer sur titres de placement non libérés
474	Répartition périodique des charges et des produits	Compte de répartition périodique des charges et des produits
4746	Répartition périodique des charges	Compte de répartition périodique des charges
4747	Répartition périodique des produits	Compte de répartition périodique des produits
475	Créances sur travaux non encore facturables	Compte transitoire, ajustement spécial lie à la révision du SYSCOHADA
4781	Diminution des créances	Diminution des créances d'exploitation et HAO
4782	Augmentation des dettes	Diminution des créances financières
4791	Augmentation des créances	Augmentation des créances d'exploitation et HAO
4792	Diminution des dettes	Augmentation des créances financières
4851	Créances sur cessions d'immob. en compte	En compte, immobilisations incorporelles
4852	Effets à recevoir sur créances sur cessions d'immobilisations	En compte, immobilisations corporelles
49	Dépréciations et risques provisionnés (tiers)	Dépréciations et provisions pour risques à court terme (tiers)
4963	Associés, opérations faites en commun	Associés, opérations faites en commun et GIE
4985	Créances sur cessions d'immobilisations	Créances sur cessions d'immobilisations
4986	Créances sur cessions de titres de placement	Créances sur cessions de titres de placement
4988	Autres créances H.A.O.	Autres créances H.A.O.
499	Risques provisionnés	Provisions pour risques à court terme

Les 41 comptes du passif de la classe 4 ayant changé d'intitulés sont : le compte 4098 « Rabais, Remises, Ristournes et autres avoirs à obtenir » est devenu « Fournisseurs, rabais, remises, ristournes et autres avoirs à obtenir » ; le compte 414 « Créances sur cessions d'immobilisations » est devenu « Créances sur cessions courantes d'immobilisations » ; le compte 4141 « Créances en compte » est devenu « Créances en compte, immobilisations incorporelles » ; le compte 4142 « Effets à recevoir » est devenu « Créances en compte, immobilisations corporelles » ; le compte 4198 « Rabais, Remises, Ristournes et autres avoirs à accorder » est devenu « Clients, rabais, remises, ristournes et autres avoirs à accorder ». Ces comptes ont changé d'intitulés pour enregistrer les créances liées à la vente de biens et de services rattachés au cycle d'exploitation de l'entité.

Le compte 4245 « Organismes sociaux rattachés à l'entreprise » est devenu « Organismes sociaux rattachés à l'entité » ; le compte 426 « Personnel, participation aux bénéfices » est devenu « Personnel, participation aux bénéfices et au capital ». Ces comptes ont changé d'intitulés pour enregistrer l'ensemble des opérations qui interviennent entre l'entité et les personnes qui lui sont liées par un contrat de travail. Par extension, les opérations qui concernent les représentants du personnel ou les organismes similaires lui sont rattachées.

Le compte 4456 « T.V.A. transférée par d'autres entreprises » est devenu « T.V.A. transférée par d'autres entités » ; le compte 4494 « État, subventions d'équipement à recevoir » est devenu « État, subventions d'investissement à recevoir ». Ces comptes ont changé d'intitulés pour enregistrer les opérations qui sont faites avec l'État et avec les diverses collectivités publiques en tant que pouvoirs publics.

Le compte 46 « Associés et groupe » est devenu « Apporteurs, associés et groupe » ; le compte 461 « Associés, opérations sur le capital » est devenu « Apporteurs, opérations sur le capital » ; le compte 4611 « Associés, apports en nature » est devenu « Apporteurs, apports en nature » ; le compte 4612 « Associés, apports en numéraire » est devenu « Apporteurs, apports en numéraire » ; le compte 4613 « Actionnaires, capital souscrit appelé non versé » est devenu « Apporteurs, capital appelé, non versé » ; le compte 4614 « Associés, capital appelé non versé » est devenu « Apporteurs, compte d'apport, opérations de restructuration (fusion…) » ; le compte 4615 « Associés, versements reçus sur augmentation de capital » est devenu « Apporteurs, versements reçus sur augmentation de capital » ; le compte 4616 « Associés, versements anticipés » est devenu « Apporteurs, versements anticipés » le compte 4617 « Actionnaires défaillants » est devenu « Apporteurs défaillants » ; le compte 4618 « Associés, autres apports » est devenu « Apporteurs, titres à échanger » ; le compte 4619 « Associés, capital à rembourser » est devenu « Apporteurs, capital à rembourser » ; le compte 463 « Associés, opérations faites en commun » est devenu « Associés (2), opérations faites en commun et GIE » ; le compte 465

« Associés, dividendes à payer » est devenu « Associés (2), dividendes à payer » ; le compte 467 « Actionnaires, restant dû sur capital appelé » est devenu « Apporteurs, restant dû sur capital appelé ». Ces comptes ont changé d'intitulés pour enregistrer, d'une part, les créances/dettes envers les apporteurs résultant des divers mouvements du capital social, et d'autre part, les créances/dettes temporaires en comptes courants des associés. Ce changement d'intitulés s'intéresse aussi au plan de comptes, afin de distinguer les associés ordinaires et, dans le cas d'appartenance à un groupe, les autres sociétés du groupe.

Le compte 471 « Comptes d'attente » est devenu « Débiteurs et créditeurs divers » ; le compte 472 « Versements restant à effectuer sur titres non libérés » est devenu « Créances et dettes sur titres de placement » ; le compte 4726 « Titres de participation » est devenu « Versements restant à effectuer sur titres de placement non libérés » ; le compte 474 « Répartition périodique des charges et des produits » est devenu « Compte de répartition périodique des charges et des produits » ; le compte 4746 « Répartition périodique des charges » est devenu « Compte de répartition périodique des charges » ; le compte 4747 « Répartition périodique des produits » est devenu « Compte de répartition périodique des produits » ; le compte 475 « Créances sur travaux non encore facturables » est devenu « Compte transitoire, ajustement spécial lie à la révision du SYSCOHADA » ; le compte 4781 « Diminution des créances » est devenu « Diminution des créances d'exploitation et HAO » ; le compte 4782 « Augmentation des dettes » est devenu « Diminution des créances financières » ; le compte 4791 « Augmentation des créances » est devenu « Augmentation des créances d'exploitation et HAO » ; le compte 4792 « Diminution des dettes » est devenu « Augmentation des créances financières ». Ces comptes ont changé d'intitulés pour enregistrer les opérations en instance de régularisation et relatives aux créances et dettes liées à l'acquisition de titres, des charges non consommées, des produits constatés d'avance, des écarts sur opérations libellées en monnaies étrangères, et des créances sur travaux non encore facturables.

Le compte 4851 « Créances sur cessions d'immobilisations en compte » est devenu « En compte, immobilisations incorporelles » ; le compte 4852 « Effets à recevoir sur créances sur cessions d'immobilisations » est devenu « En compte, immobilisations corporelles ». Ces comptes ont changé d'intitulés pour enregistrer les créances et les dettes consécutives à des opérations effectuées par l'entité, mais n'ayant pas de lien direct avec l'activité ordinaire de l'entité.

Le compte 49 « Dépréciations et risques provisionnés (tiers) » est devenu « Dépréciations et provisions pour risques à court terme (tiers) » ; le compte 4963 « Associés, opérations faites en commun » est devenu « Associés, opérations faites en commun et GIE » ; le compte 4985 « Créances sur cessions d'immobilisations » est devenu « Créances sur cessions d'immobilisations » ; le compte 4986 « Créances sur cessions de titres de placement » est devenu « Créances sur cessions de titres de placement » ; le compte 4988 « Autres créances H.A.O. » est devenu « Autres créances H.A.O. » ; le compte 499 « Risques provisionnés » est devenu « Provisions pour risques à court terme ». Ces comptes ont changé d'intitulés pour enregistrer les dépréciations subies par des comptes de tiers résultant de causes diverses dont les effets ne sont pas jugés irréversibles.

4.4. Les comptes d'actifs supprimés de la classe 4

À l'occasion de la révision du SYSCOHADA, 7 comptes d'actif de la classe 4 sont supprimés.

Tableau 30. Les comptes d'actifs supprimés de la classe 4

Comptes	Intitulés
4727	Titres immobilisés
4728	Titres de placement
483	Dettes sur acquisition de titres de placement
486	Créances sur cessions de titres de placement
4981	Créances sur cessions d'immobilisations
4982	Créances sur cessions de titres de placement
4983	Autres créances H.A.O.

Parmi les 7 comptes d'actifs supprimés de la classe 4, les comptes suivants en font partie : le compte 4727 « Titres immobilisés » ; le compte 4728 « Titres de placement ». Ces comptes d'actifs sont supprimés de la classe 4 parce qu'ils enregistraient les produits nets partiels sur des contrats pluri-exercices relatifs aux versements restant à effectuer sur des titres non libérés pour les titres immobilisés et les titres de placement.

Le compte 483 « Dettes sur acquisition de titres de placement » ; le compte 486 « Créances sur cessions de titres de placement ». Ces comptes d'actifs sont supprimés de la classe 4 parce qu'ils enregistraient les créances et les dettes consécutives à des opérations effectuées par l'entreprise, mais n'ayant pas de lien direct avec l'activité ordinaire de l'entreprise.

Le compte 4981 « Créances sur cessions d'immobilisations » ; le compte 4982 « Créances sur cessions de titres de placement » ; le compte 4983 « Autres créances H.A.O. ». Ces comptes d'actifs sont supprimés de la classe 4 parce qu'ils enregistraient les dépréciations des comptes de créances H.A.O., respectivement pour ce qui est des créances sur cessions d'immobilisations, des créances sur cessions de titres de placement, des autres créances H.A.O.

5. Analyse des comptes de la classe 5

Dans l'ensemble, les comptes de la classe 5 enregistrent les opérations relatives aux valeurs en espèces, aux chèques, aux monnaies électroniques, aux effets de commerce, aux titres de placement, aux coupons ainsi qu'aux opérations faites avec les établissements de crédit. En principe, selon le SYSCOHADA (2017, p.

408), aucune compensation ne doit être effectuée au bilan entre les soldes débiteurs et les soldes créditeurs des comptes de la classe 5. Ces comptes peuvent être assortis de comptes de dépréciations, surtout les charges pour dépréciation des titres de placement. Ces dernières charges doivent résulter de l'évaluation comptable des moins-values constatées sur les éléments d'actif considérés.

Ainsi, à l'occasion de la révision par le SYSCOHADA (2017) des comptes de cette classe dits comptes de trésorerie, 13 comptes du passif sont créés ; 12 comptes du passif ont changé d'intitulés ; 1 seul compte d'actif est supprimé.

5.1. Les comptes de la classe 5 créés par le SYSCOHADA

À l'occasion de la révision, 13 comptes de la classe 5 sont créés.

Tableau 31. Les comptes de la classe 5 créés

Comptes	***Intitulés***
5016	Frais d'acquisition des titres de trésor et bons de caisse
5026	Frais d'acquisition des actions
5036	Frais d'acquisition des obligations
5215	Banques en devises
525	Banques dépôt à terme
5261	Banque, intérêts courus charges à payer
5267	Banque, intérêts courus produits à recevoir
55	Instruments de monnaie électronique
551	Monnaie électronique - carte carburant
552	Monnaie électronique - téléphone portable
553	Monnaie électronique- carte péage
554	Porte -monnaie électronique
558	Autres instruments de monnaies électroniques

C'est le cas des comptes suivants : le compte 5016 « Frais d'acquisition des titres de trésor et les bons de caisse » ; le compte 5026 « Frais d'acquisition des actions » ; le compte 5036 « Frais d'acquisition des obligations ». Ces comptes du passif de la classe 5 sont créés pour enregistrer les titres cessibles (notamment, les titres du Trésor et les bons de caisse à court terme et les actions), acquis en vue d'en retirer un revenu direct ou une plus-value à brève échéance.

Le compte 5215 « Banques en devises » ; le compte 525 « Banques dépôt à terme » ; le compte 5261 « Banque, intérêts courus charges à payer » ; le compte 5267 « Banque, intérêts courus produits à recevoir ». Ces comptes du passif de la classe 5 sont créés pour enregistrer les opérations financières effectuées entre l'entité, les banques agréées dans un État-partie et les autres banques. La liste des banques agréées est tenue par l'organisme chargé de la surveillance bancaire.

Le compte 55 « Instruments de monnaie électronique » ; le compte 551 « Monnaie électronique-carte carburant » ; le compte 552 « Monnaie électronique - téléphone portable » ; le compte 553 « Monnaie électronique-carte péage » ; le compte 554 « Porte-monnaie électronique » ; le compte 558 « Autres instruments de monnaies électroniques ». Ces comptes du passif de la classe 5 sont créés pour enregistrer la valeur monétaire stockée sous une forme électronique, y compris magnétique, représentant une créance sur l'émetteur qui est émise contre la remise de fonds aux fins d'opérations de paiement et qui est acceptée par une personne physique ou morale autre que l'émetteur de monnaie électronique.

5.2. Les comptes de la classe 5 ayant changé d'intitulés

À l'occasion de la révision du SYSCOHADA, 12 comptes du passif de la classe 2 ont changé d'intitulés.

Tableau 32. Les comptes de la classe 5 ayant changé d'intitulés

Comptes	**Anciens intitulés**	**Nouveaux intitulés**
5021	Actions propres	Actions ou parts propres
5025	Autres titres conférant un droit de propriété	Autres actions
5031	Obligations émises par la société et rachetées par elle	Obligations émises par l'entité et rachetées par elle
5035	Autres titres conférant un droit de créance	Autres obligations
508	Autres valeurs assimilées	Autres titres de placement et créances assimilées
5211	Banques - X	Banques en monnaie nationale
5711	Caisse siège social en unités monétaires légales	Caisse en monnaie nationale
5712	Caisse siège social en devises	Caisse en devises
5721	Caisse succursale A en unités monétaires légales	Caisse succursale a en monnaie nationale
5731	Caisse succursale B en unités monétaires légales	Caisse succursale b en monnaie nationale
59	Dépréciations et risques provisionnés	Dépréciations et provisions pour risque à court terme
599	Risques provisionnés à caractère financier	Provisions pour risque à court terme à caractère financier

Ces changements concernent les comptes suivants. Le compte 5021 « Actions propres » est devenu « Actions ou parts propres » ; le compte 5025 « Autres titres conférant un droit de propriété » est devenu « Autres actions » ; le compte 5031 « Obligations émises par la société et rachetées par elle » est devenu « Obligations émises par l'entité et rachetées par elle » ; le compte 5035 « Autres titres conférant un droit de créance » est devenu « Autres obligations » ; le compte 508 « Autres valeurs assimilées » est devenu « Autres titres de placement et créances assimilées ». Ces comptes ont changé d'intitulés pour enregistrer les actions et les parts sociales, les obligations et les bons aisément négociables sur un marché réglementé. Ces titres ont changé d'intitulés pour tenir compte de leur caractère représentatif de créances souscrites et réalisables immédiatement en cas de nécessité. Ils méritent aussi qu'il soit tenu compte de leur caractère productif d'intérêts et constitutif des placements financiers.

Le compte 5211 « Banques - X » est devenu « Banques en monnaie nationale » pour être mieux distingué de la banque émettrice des devises et d=plus explicite par rapport à l'intitulé de « Banque-X ».

Le compte 5711 « Caisse siège social en unités monétaires légales » est devenu « Caisse en monnaie nationale » ; le compte 5712 « Caisse siège social en devises » est devenu « Caisse en devises » ; le compte 5721 « Caisse succursale « A » en unités monétaires légales » est devenu « Caisse succursale « a » en monnaie nationale » ; le compte 5731 « Caisse succursale « B » en unités monétaires légales » est devenu « Caisse succursale « b » en monnaie nationale ». Ces comptes ont changé d'intitulés pour mieux retracer les opérations d'encaissement et de paiement effectuées en espèces pour les besoins de l'entité. Ils ont également changé d'intitulés pour mieux expliquer les aptitudes de l'entité à parvenir à débourser davantage d'espèces qu'elle n'en aurait reçu en caisse et qu'elle ne serait pas à même d'indiquer la manière dont les emplois en dépassement ont été couverts.

Le compte 59 « Dépréciations et risques provisionnés » souvent considéré comme un compte d'actif soustractif, est devenu « Dépréciations et provisions pour risque à court terme » ; le compte 599 « Risques provisionnés à caractère financier » est devenu « Provisions pour risque à court terme à caractère financier ». Ces comptes ont changé d'intitulés pour enregistrer l'amoindrissement de la valeur des titres et des valeurs liquides, des avoirs en banque, et autres éléments financiers résultant de causes précises quant à leur nature, mais dont les effets ne sont pas jugés irréversibles ainsi que les reprises de charges provisionnées s'y rapportant. Ils ont changé d'intitulés pour enregistrer également les provisions de caractère financier pour les risques à moins d'un an (notamment les provisions pour les risques à court terme à caractère financier).

5.3. Le compte supprimé de la classe 5

À l'occasion de la révision du SYSCOHADA, le seul compte d'actif supprimé de la classe 5 est le compte 5212 « Banques-Y ».

Tableau 33. Le compte supprimé de la classe 5

Comptes	***Intitulés***
5212	Banques-Y

Ce compte est supprimé de cette classe parce qu'il servait juste de distinction entre les banques locales (Banque-X), et aussi, les avoirs en unité monétaire légale du pays, des avoirs en devises, afin de séparer les avoirs liquides des avoirs soumis à restriction. Il se distinguait donc juste de la Banque-X qui aurait dû être désignée « Banque en monnaie nationale ». Or, pour être plus explicite, ce compte supprimé est remplacé par celui intitulé « Banques en devises », qui permettait d'être mieux distingué par rapport au compte « Banque-X » dont le nouvel intitulé est « Banques en monnaie nationale ».

6. Analyse des comptes de la classe 6

Les comptes de la classe 6 sont constitués essentiellement des comptes de charges relatifs aux activités ordinaires. Selon le SYSCOHADA (2017, p. 432), les charges sont des emplois définitifs ou des consommations de valeurs décaissées ou à décaisser par l'entité, en contrepartie de marchandises, d'approvisionnements, des travaux et des services consommés par cette entité, ainsi que des avantages qui lui ont été consentis ; soit en vertu d'une obligation légale que l'entité doit remplir ; soit exceptionnellement, sans contrepartie directe. Les charges comprennent également pour la détermination du résultat de l'exercice : les dotations aux amortissements, aux provisions et aux dépréciations ; la valeur comptable des éléments d'actif cédés, détruits ou disparus. Comme rappelé *supra*, la classe 6 est destinée à enregistrer les charges liées à l'activité ordinaire de l'entité. Ces charges entrent dans la composition des coûts des produits de l'entité. Les charges doivent être comptabilisées dans l'exercice au cours duquel elles ont pris naissance. Elles donnent éventuellement lieu à un abonnement ou à une régularisation à la clôture de l'exercice.

6.1. Les comptes de la classe 6 créés

À l'occasion de la révision, 30 comptes de la classe 6 sont créés.

Tableau 34. Les comptes de la classe 6 créés

Comptes	***Intitulés***
6015	Frais sur achats ([6]) de marchandises
6025	Frais sur achats ([6]) - de matières premières et fournitures liées
6045	Frais sur achats ([6]) stockés de matières et fournitures consommables
6085	Frais sur achats ([6]) d'emballages
6226	Fermages et loyers du foncier
6234	Location-vente
6244	Charges de démantèlement et remise en état
6314	Commissions d'affacturage et de titrisation
6317	Frais sur instruments monnaie électronique
6326	Rémunérations d'affacturage et de titrisation
6327	Rémunérations des autres prestataires de services
6345	Redevances pour sites internet
6346	Redevances pour concessions, droits et valeurs similaires
6385	Charges de copropriété
6388	Charges externes diverses
6541	Immobilisations incorporelles
6542	Immobilisations corporelles
656	Perte de change sur créances et dettes commerciale
657	Pénalités et amendes pénales
6588	Autres charges diverses
6634	Indemnités de transport
6685	Assurances et organismes de santé
6686	Assurances retraite et fonds de pensions
6687	Majorations et pénalités sociales
6688	Charges sociales diverses

6714	Primes de remboursement des obligations
6724	Intérêts dans loyers de location-acquisition/location-vente
6728	Intérêts dans loyers des autres locations-acquisition
6771	Pertes sur cessions de titres de placement
6772	Malis provenant d'attribution gratuite d'actions au personnel salarié et aux dirigeants

Il s'agit plus clairement des comptes suivants. Le compte 6015 « Frais sur achats de marchandises » ; le compte 6025 « Frais sur achats de matières premières et fournitures liées » ; le compte 6045 « Frais sur achats stockés de matières et fournitures consommables » ; le compte 6085 « Frais sur achats d'emballages ».

Ces comptes sont créés pour enregistrer les « Transports sur achats », notamment le montant des frais accessoires d'achats portés dans les factures d'achat à inscrire au compte 60 (sauf 603) qui s'entend, le cas échéant, net de taxes récupérables. Ces frais accessoires d'achat sont justement portés dans les sous comptes respectifs des comptes d'achat ainsi concernés par l'opération de par sa nature. Pour cela, l'entité peut donc adapter ou créer des sous comptes pour regorger les frais accessoires : douane, fret, assurance sur achats, commissions, courtages sur achats, frais de transit, et autres frais accessoires. Ces comptes sont surtout créés contrairement au compte 612 « Transports sur vente » qui comprend le montant des charges de port ou des transports engagés par l'entité, à l'occasion des ventes, des déplacements de son personnel ou de l'expédition de plis.

Le compte 6226 « Fermages et loyers du foncier » ; le compte 6234 « Location-vente » ; le compte 6244 « Charges de démantèlement et de remise en état ».

Ces comptes sont créés pour mieux enregistrer le montant des fermages et des loyers du foncier, de la location-vente, des charges de démantèlement et de remise en état dans le cadre des services extérieurs consommés.

Le compte 6314 « Commissions d'affacturage et de titrisation », le compte 6317 « Frais sur instruments de monnaie électronique », le compte 6326 « Rémunération d'affacturage et de titrisation », le compte 6327 « Rémunération des autres prestataires de services » ; le compte 6345 « Redevances pour sites internet » ; le compte 6346 « Redevances pour concessions, droits et valeurs similaires » ; le compte 6385 « Charges de copropriété » ; le compte 6388 « Charges externes diverses ».

Ces comptes sont créés pour enregistrer de manière la plus clairement possible le montant des commissions d'affacturage et de titrisation ; des frais sur instruments monnaie électronique ; des rémunérations d'affacturage et de titrisation ; des rémunérations des autres prestataires de services ; des redevances pour sites internet ; des redevances pour concessions, droits et valeurs similaires ; des charges de copropriété ; des charges externes diverses dans le cadre des services extérieurs consommés.

Le compte 6541 « Valeurs comptables des cessions courantes d'immobilisations incorporelles » ; le compte 6542 « Valeurs comptables des cessions courantes d'immobilisations corporelles » ; le compte 656 « Perte de change sur créances et dettes commerciales » ; le compte 657 « Pénalités et amendes pénales » ; le compte 6588 « Autres charges diverses ».

Ces comptes sont créés pour mieux enregistrer le montant des valeurs comptables des cessions courantes d'immobilisations incorporelles ; des valeurs comptables des cessions courantes d'immobilisations corporelles ; des pertes de change sur créances et dettes commerciales ; des pénalités et des amendes pénales ; des autres charges diverses, qui entrent dans les consommations de l'exercice en provenance de tiers pour le calcul de la valeur ajoutée de gestion, dans le cadre des choix opérés par le Système comptable OHADA.

Le compte 6634 « Indemnités de transport » ; le compte 6685 « Assurances et organismes de santé » ; le compte 6686 « Assurances retraite et fonds de pensions » ; le compte 6687 « Majorations et pénalités sociales » ; le compte 6688 « Charges sociales diverses ».

Ces comptes sont créés pour mieux enregistrer les indemnités forfaitaires versées au personnel, notamment, les indemnités de transport et les autres charges sociales, telles que les assurances et organismes de santé, les assurances retraite et fonds de pensions, les majorations et pénalités sociales et les charges sociales diverses. Ces comptes sont créés pour mieux enregistrer aussi les charges sociales payées par l'entité au titre des salaires, ainsi que les avantages en nature.

Le compte 6714 « Primes de remboursement des obligations » ; le compte 6724 « Intérêts dans loyers de location-acquisition/location-vente » ; le compte 6728 « Intérêts dans loyers des autres locations-acquisition » ; le compte 6771 « Pertes sur cessions de titres de placement » ; le compte 6772 « Malis provenant d'attribution gratuite d'actions au personnel salarié et aux dirigeants ».

Ces comptes sont créés pour mieux enregistrer l'ensemble des charges financières dues aux différents tiers intervenant dans le financement de l'entité (à l'exclusion de la rémunération des capitaux propres et de celle des services bancaires). Il s'agit plus précisément des intérêts des emprunts, notamment, les primes de remboursement des obligations ; des intérêts dans loyers de location-acquisition, notamment, les intérêts dans loyers de location-acquisition/location-vente et les intérêts dans loyers des autres locations-acquisition ; des pertes sur titres de placement, notamment, les pertes sur cessions de titres de placement, et les malis provenant d'attribution gratuite d'actions au personnel salarié et aux dirigeants.

6.2. Les comptes de la classe 6 ayant changé d'intitulés

À l'occasion de la révision du SYSCOHADA, 41 comptes de la classe 6 ont changé d'intitulés.

Tableau 35. Les comptes de la classe 6 ayant changé d'intitulés

Comptes	***Anciens intitulés***	***Nouveaux intitulés***
6013	Achats de marchandises aux entreprises du groupe dans la Région	Achats de marchandises aux entités du groupe dans la région
6014	Achats de marchandises aux entreprises du groupe hors Région	Achats de marchandises aux entités du groupe hors région
6023	Achats de matières premières et fournitures liées aux entreprises du groupe dans la Région	Achats de matières premières et fournitures liées aux entités du groupe dans la région
6024	Achats de matières premières et fournitures liées aux entreprises du groupe hors Région	Achats de matières premières et fournitures liées aux entités du groupe hors région
62	Services extérieurs A	Services extérieurs
622	Locations et charges locatives	Locations, charges locatives
623	Redevances de crédit-bail et contrats assimilés	Redevances de location-acquisition
6238	Contrats assimilés	Autres contrats de location-acquisition
624	Entretien, réparations et maintenance	Entretien, réparations, remise en état et maintenance
63	Services extérieurs B	Autres services extérieurs
6311	Frais bancaires sur titres (~~achat~~, vente, garde)	Frais bancaires sur titres (vente, garde)
6324	Honoraires	Honoraires des professions règlementées
634	Redevances pour brevets, licences, logiciels et droits similaires	Redevances pour brevets, licences, logiciels, concessions, droits et valeurs similaires
6342	Redevances pour brevets, licences, concessions et droits similaires	Redevances pour brevets, licences
637	Rémunérations de personnel extérieur à l'entreprise	Rémunérations de personnel extérieur à l'entité
6372	Personnel détaché ou prêté à l'entreprise	Personnel détaché ou prêté à l'entité
6468	Autres droits	Autres droits d'enregistrement
647	Pénalités et amendes fiscales	Pénalités, amendes fiscales
6478	Autres amendes pénales et fiscales	Autres pénalités et amendes fiscales
6581	Jetons de présence et autres rémunérations d'administrateurs	Indemnités de fonction et autres rémunérations d'administrateurs
659	Charges provisionnées d'exploitation	Charges pour dépréciations et provisions pour risques à court terme d'exploitation
6598	Autres charges provisionnées	Autres charges pour dépréciations et provisions pour risques à court terme
6672	Personnel détaché ou prêté à l'entreprise	Personnel détaché ou prêté à l'entité
6683	Versements aux autres œuvres sociales	Versements et contributions aux autres œuvres sociales
672	Intérêts dans loyers de crédit-bail et contrats assimilés	Intérêts dans loyers de location acquisition
6722	Intérêts dans loyers de crédit-bail mobilier	Intérêts dans loyers de location-acquisition/crédit-bail immobilier

6723	Intérêts dans loyers des autres contrats	Intérêts dans loyers de location-acquisition/crédit-bail mobilier
6745	Intérêts bancaires et sur opérations de trésorerie et d'escompte	Intérêts bancaires et sur opérations de financement (escompte…)
676	Pertes de change	Pertes de change financières
677	Pertes sur cessions de titres de placement	Pertes sur titres de placement
678	Pertes sur risques financiers	Pertes et charges sur risques financiers
679	Charges provisionnées financières	Charges pour dépréciations et provisions pour risques à court terme financières
6798	Autres charges provisionnées financières	Autres charges pour dépréciations et provisions pour risques à court terme financières
69	Dotations aux provisions	Dotations aux provisions et aux dépréciations
691	Dotations aux provisions d'exploitation	Dotations aux provisions et aux dépréciations d'exploitation
6911	Dotations aux provisions d'exploitation pour risques et charges	Dotations aux provisions pour risques et charges
6913	Dotations aux provisions d'exploitation pour dépréciation des immobilisations incorporelles	Dotations aux dépréciations des immobilisations incorporelles
6914	Dotations aux provisions d'exploitation pour dépréciation des immobilisations corporelles	Dotations aux dépréciations des immobilisations corporelles
697	Dotations aux provisions financières	Dotations aux provisions et aux dépréciations financières
6971	Dotations aux provisions financières pour risques et charges	Dotations aux provisions pour risques et charges
6972	Dotations aux provisions financières pour dépréciation des immobilisations financières	Dotations aux dépréciations des immobilisations financières

Il s'agit précisément des comptes suivants. Le compte 6013 « Achats de marchandises aux entreprises du groupe dans la Région » est devenu « Achats de marchandises aux entités du groupe dans la région » ; le compte 6014 « Achats de marchandises aux entreprises du groupe hors Région » est devenu « Achats de marchandises aux entités du groupe hors région » ; le compte 6023 « Achats de matières premières et fournitures liées aux entreprises du groupe dans la Région » est devenu « Achats de matières premières et fournitures liées aux entités du groupe dans la région » ; le compte 6024 « Achats de matières premières et fournitures liées aux entreprises du groupe hors Région » est devenu « Achats de matières premières et fournitures liées aux entités du groupe hors région ».

Comme les comptes de stocks correspondants, les comptes 601 et 602 ayant changé d'intitulés donnent lieu à l'ouverture de sous comptes de produits regroupés suivant la nomenclature des biens et des services en usage dans chaque État partie. Il en est de même pour les comptes 604, 605 et 608. Sous cette réserve, les entités peuvent choisir une nomenclature à leur convenance. Ils ont changé d'intitulés pour mieux enregistrer le montant des factures d'achat et la valeur des retours de matières, de fournitures et de marchandises aux fournisseurs ainsi que les rabais, remises et ristournes hors factures obtenus des fournisseurs de biens.

Le compte 62 « Services extérieurs A » est devenu « Services extérieurs » ; le compte 622 « Locations et charges locatives » est devenu « Locations, charges locatives » ; le compte 623 « Redevances de crédit-bail et contrats assimilés » est devenu « Redevances de location-acquisition » ; le compte 6238 « Contrats assimilés » est devenu « Autres contrats de location-acquisition » ; le compte 624 « Entretien, réparations et maintenance » est devenu « Entretien, réparations, remise en état et maintenance » ; le compte 63 « Services extérieurs B » est devenu « Autres services extérieurs » ; le compte 6311 « Frais bancaires sur titres (achat, vente, garde) » est devenu « Frais bancaires sur titres (vente, garde) » ; le compte 6324 « Honoraires » est devenu « Honoraires des professions règlementées » ; le compte 634 « Redevances pour brevets, licences, logiciels et droits similaires » est devenu « Redevances pour brevets, licences, logiciels, concessions, droits et valeurs similaires » ; le compte 6342 « Redevances pour brevets, licences, concessions et droits similaires » est devenu « Redevances pour brevets, licences » ; le compte 637 « Rémunérations de personnel extérieur à l'entreprise » est devenu « Rémunérations de personnel extérieur à l'entité » ; le compte 6372 « Personnel détaché ou prêté à l'entreprise » est devenu « Personnel détaché ou prêté à l'entité ».

Ces comptes ont changé d'intitulés pour mieux enregistrer le montant des factures, des paiements et des rémunérations versés aux prestataires extérieurs à l'entité et les éventuels rabais, remises et ristournes obtenus hors factures sur les services extérieurs consommés.

Le compte 6468 « Autres droits » est devenu « Autres droits d'enregistrement » ; le compte 647 « Pénalités et amendes fiscales » est devenu « Pénalités, amendes fiscales » ; le compte 6478 « Autres amendes pénales et fiscales » est devenu « Autres pénalités et amendes fiscales ».

Ces comptes ont changé d'intitulés pour mieux enregistrer le montant des charges correspondant à des versements obligatoires à l'État et aux collectivités publiques pour subvenir à des dépenses publiques, ou encore des versements institués par les autorités pour le financement d'actions d'intérêt général.

Le compte 6581 « Jetons de présence et autres rémunérations d'administrateurs » est devenu « Indemnités de fonction et autres rémunérations d'administrateurs » ; le compte 659 « Charges provisionnées d'exploitation » est devenu « Charges pour dépréciations et provisions pour risques à court terme d'exploitation » ; le compte 6598 « Autres charges provisionnées » est devenu « Autres charges pour dépréciations et provisions pour risques à court terme ».

Ces comptes ont changé d'intitulés pour mieux enregistrer le montant des charges, de caractère souvent accessoire, qui entrent dans les consommations de l'exercice en provenance de tiers pour le calcul de la valeur ajoutée de gestion, dans le cadre des choix opérés par le Système comptable OHADA.

Le compte 6672 « Personnel détaché ou prêté à l'entreprise » est devenu « Personnel détaché ou prêté à l'entité » ; le compte 6683 « Versements aux autres œuvres sociales » est devenu « Versements et contributions aux autres œuvres sociales ».

Ces comptes ont changé d'intitulés pour mieux enregistrer l'ensemble des rémunérations du personnel de l'entité, qu'il s'agisse d'appointements et de salaires, de commissions, de congés payés, de primes, de gratifications, d'indemnités de logement ou d'indemnités diverses, et, le cas échéant, des rémunérations de l'exploitant individuel, en contrepartie du travail fourni. Il enregistre aussi les charges sociales payées par l'entité au titre des salaires, ainsi que les avantages en nature.

Le compte 672 « Intérêts dans loyers de crédit-bail et contrats assimilés » est devenu « Intérêts dans loyers de location acquisition » ; le compte 6722 « Intérêts dans loyers de crédit-bail mobilier » est devenu « Intérêts dans loyers de location-acquisition/crédit-bail immobilier » ; le compte 6723 « Intérêts dans loyers des autres contrats » est devenu « Intérêts dans loyers de location-acquisition/crédit-bail mobilier » ; le compte 6745 « Intérêts bancaires et sur opérations de trésorerie et d'escompte » est devenu « Intérêts bancaires et sur opérations de financement (escompte…) » ; le compte 676 « Pertes de change » est devenu « Pertes de change financières » ; le compte 677 « Pertes sur cessions de titres de placement » est devenu « Pertes sur titres de placement » ; le compte 678 « Pertes sur risques financiers » est devenu « Pertes et charges sur risques financiers » ; le compte 679 « Charges provisionnées financières » est devenu « Charges pour dépréciations et provisions pour risques à court terme financières » ; le compte 6798 « Autres charges provisionnées financières » est devenu « Autres charges pour dépréciations et provisions pour risques à court terme financières ».

Ces comptes ont changé d'intitulés pour mieux enregistrer l'ensemble des charges financières dues à différents tiers intervenant dans le financement de l'entité (à l'exclusion de la rémunération des capitaux propres et de celle des services bancaires).

Le compte 69 « Dotations aux provisions » est devenu « Dotations aux provisions et aux dépréciations » ; le compte 691 « Dotations aux provisions d'exploitation » est devenu « Dotations aux provisions et aux dépréciations d'exploitation » ; le compte 6911 « Dotations aux provisions d'exploitation pour risques et charges » est devenu « Dotations aux provisions pour risques et charges » ; le compte 6913 « Dotations aux provisions d'exploitation pour dépréciation des immobilisations incorporelles » est devenu « Dotations aux dépréciations des immobilisations incorporelles » ; le compte 6914 « Dotations aux provisions d'exploitation pour dépréciation des immobilisations corporelles » est devenu « Dotations aux dépréciations des immobilisations corporelles » ; le compte 697 « Dotations aux provisions financières » est devenu « Dotations aux provisions et aux dépréciations financières » ; le compte 6971 « Dotations aux provisions financières pour risques et charges » est devenu « Dotations aux provisions pour risques et charges » ; le compte 6972 « Dotations aux provisions financières pour dépréciation des immobilisations financières » est devenu « Dotations aux dépréciations des immobilisations financières ».

Ces comptes ont changé d'intitulés pour mieux enregistrer au titre de l'exercice, les dotations aux provisions d'exploitation et à caractère financier, en couverture de dépréciations, de risques, de charges ou de pertes à prévoir.

6.3. Les comptes supprimés de la classe 6

À l'occasion de la révision, 11 comptes sont supprimés de la classe 6.

Tableau 36. Les comptes supprimés de la classe 6

Comptes	***Intitulés***
611	Transports sur achats (Supprimé)
6256	Assurances transport sur achats
6321	Commissions et courtages sur achats
6323	Rémunérations des transitaires
653	Quote-part de résultat annulée sur exécution partielle de contrats pluri-exercices
6721	Intérêts dans loyers de crédit-bail immobilier
6811	Dotations aux amortissements des charges immobilisées
687	Dotations aux amortissements à caractère financier
6872	Dotations aux amortissements des primes de remboursement des obligations
6878	Autres dotations aux amortissements à caractère financier
6912	Dotations aux provisions d'exploitation pour grosses réparations

Parmi les 11 comptes supprimés de la classe 6, le ***compte 611*** « Transports sur achats » l'est parce qu'il enregistrait les frais de transport comprenant le montant des charges de port ou des transports engagés par l'entreprise à l'occasion des achats. Il a été remplacé par les comptes 6015, 6025, 6045, 6085.

Le compte 6256 « Assurances transport sur achats » a été supprimé parce qu'il enregistrait le montant des factures, paiements et rémunérations versés aux prestataires extérieurs à l'entreprise et les éventuels rabais, remises et ristournes obtenus hors factures sur les services extérieurs consommés, notamment pour les assurances des transports sur achats.

Le compte 6321 « Commissions et courtages sur achats » ; le compte 6323 « Rémunérations des transitaires » ont été supprimés parce qu'ils enregistraient le montant des factures, paiements et rémunérations versés aux prestataires extérieurs à l'entreprise et les éventuels rabais, remises et ristournes obtenus hors factures sur les services extérieurs consommés, notamment pour les rémunérations d'intermédiaires et de conseils.

Le compte 653 « Quote-part de résultat annulée sur exécution partielle de contrats pluri-exercices » a été supprimé parce qu'il enregistrait le montant des charges, de caractère souvent accessoire, qui entrent dans les consommations de l'exercice en provenance de tiers pour le calcul de la valeur ajoutée de gestion, dans le cadre des choix opérés par le Système Comptable OHADA.

Le compte 6721 « Intérêts dans loyers de crédit-bail immobilier » a été supprimé parce qu'il enregistrait l'ensemble des charges financières dues à différents tiers intervenant dans le financement de l'entreprise (à l'exclusion de la rémunération des capitaux propres et de celle des services bancaires).

Le compte 6811 « Dotations aux amortissements des charges immobilisées » ; le compte 687 « Dotations aux amortissements à caractère financier » ; le compte 6872 « Dotations aux amortissements des primes de remboursement des obligations » ; le compte 6878 « Autres dotations aux amortissements à caractère financier » ont été supprimés parce qu'ils enregistraient, au titre de l'exercice, les dotations aux amortissements, d'exploitation et à caractère financier, dans leur conception économique et comptable (et non pas fiscale).

Le compte 6912 « Dotations aux provisions d'exploitation pour grosses réparations » a été supprimé parce qu'il enregistrait, au titre de l'exercice, les dotations aux provisions d'exploitation et à caractère financier, en couverture de dépréciations, de risques, de charges ou de pertes à prévoir.

7. Analyse des comptes de la classe 7

Les comptes de la classe 7 sont les comptes de produits. Selon le SYSCOHADA (2017, p. 465), « Les produits en comptabilité sont généralement pris en compte lorsqu'une augmentation des retombées économiques, liée à une augmentation d'actif ou à une diminution de passif, s'est produite et qu'elle peut être mesurée de façon fiable ». Les comptes de la classe 7 enregistrent les produits liés à l'activité ordinaire de l'entité. Ils résultent en principe de la vente de biens ou de services, de la production de biens ou de services non encore vendus ou livrés à soi-même.

7.1. Les comptes de la classe 7 créés

À l'occasion de la révision, 28 comptes du passif de la classe 7 sont créés.

Tableau 37. Les comptes de la classe 7 créés

Comptes	**Intitulés**
7015	Ventes de marchandises sur internet
7019	Rabais, remises, ristournes accordés (non ventilés) sur ventes de marchandises
7025	Ventes de produits finis sur internet
7029	Rabais, remises, ristournes accordés (non ventilés) sur ventes de produits finis
7035	Ventes de produits intermédiaires sur internet
7039	Rabais, remises, ristournes accordés (non ventilés) sur ventes de produits intermédiaires
7045	Ventes de produits résiduels sur internet
7049	Rabais, remises, ristournes accordés (non ventilés) sur ventes de produits résiduels
7055	Travaux factures sur internet
7059	Rabais, remises, ristournes accordés (non ventilés) sur travaux factures
7065	Services vendus sur internet
7069	Rabais, remises, ristournes accordés (non ventilés) sur services vendus
714	Indemnités et subventions d'exploitation (entité agricole)
7221	immobilisations corporelles (hors actifs biologiques)
7222	Immobilisations corporelles (actifs biologiques)
724	Production autoconsommée
751	Profits sur créances clients et autres débiteurs
7541	Immobilisations incorporelles
7542	Immobilisations corporelles
756	Gains de change sur créances et dettes commerciales
7588	Autres produits divers
7712	Intérêts de prêts
7713	Intérêts sur créances diverses
7721	Revenus des titres de participation
7722	Revenus autres titres immobilisés
7746	Revenus des titres de placement
775	Intérêts dans loyers de location-financement
799	Reprises de subventions d'investissement

Le compte 7015 « Ventes de marchandises sur internet » et le compte 7019 « Rabais, remises, ristournes accordés (non ventilés) sur ventes de marchandises » ont été créés pour mieux enregistrer les ressources de l'entité provenant de la vente des marchandises à des tiers. La création a concerné notamment les ventes de marchandises sur internet, et les rabais, remises, ristournes accordés (non ventilés) sur les ventes de marchandises.

Le compte 7025 « Ventes de produits finis sur internet » ; le compte 7029 « Rabais, remises, ristournes accordés (non ventilés) sur ventes de produits finis ». Ces comptes ont été créés pour mieux enregistrer les ressources de l'entité provenant de la vente des produits finis à des tiers. La création a concerné notamment les ventes de marchandises sur internet, et les rabais, remises, ristournes accordés (non ventilés) sur les ventes des produits finis.

Le compte 7035 « Ventes de produits intermédiaires sur internet » ; le compte 7039 « Rabais, remises, ristournes accordés (non ventilés) sur ventes de produits intermédiaires ». Ces comptes ont été créés pour mieux enregistrer les ressources de l'entité provenant de la vente des produits intermédiaires à des tiers. La création a concerné notamment les ventes des produits intermédiaires sur internet, et les rabais, remises, ristournes accordés (non ventilés) sur les ventes des produits intermédiaires.

Le compte 7045 « Ventes de produits résiduels sur internet » ; le compte 7049 « Rabais, remises, ristournes accordés (non ventilés) sur ventes de produits résiduels ». Ces comptes ont été créés pour mieux enregistrer les ressources de l'entité provenant des ventes de produits résiduels à des tiers. La création a concerné notamment les ventes des produits résiduels sur internet, et les rabais, remises, ristournes accordés (non ventilés) sur les ventes des produits résiduels.

Le compte 7055 « Travaux facturés sur internet » ; le compte 7059 « Rabais, remises, ristournes accordés (non ventilés) sur les travaux facturés ». Ces comptes ont été créés pour mieux enregistrer les ressources de l'entité provenant des travaux facturés à des tiers. La création a concerné notamment les travaux facturés sur internet, et les rabais, remises, ristournes accordés (non ventilés) sur les travaux facturés.

Le compte 7065 « Services vendus sur internet », le compte 7069 « Rabais, remises, ristournes accordés (non ventilés) sur les services vendus ». Ces comptes ont été créés pour mieux enregistrer les ressources de l'entité provenant des services vendus à des tiers. La création a concerné notamment les services vendus sur internet, et les rabais, remises, ristournes accordés (non ventilés) sur les sur services vendus.

Le compte 714 « Indemnités et subventions d'exploitation (entité agricole) ». Ce compte a été créé pour mieux enregistrer les subventions d'exploitation. Selon le SYSCOHADA (2017, p. 469), « les subventions d'exploitation sont des aides financières ou en nature accordées par l'État, des collectivités publiques ou des tiers, qui ne sont ni des fonds de dotation, ni des subventions d'investissement ». Elles sont destinées à compenser l'insuffisance du prix de vente administré ou à faire face à des charges d'exploitation. Les subventions d'exploitation ne doivent pas être confondues avec les subventions d'investissement ou d'équilibre. Elles peuvent être accordées sous des formes variées : primes d'embauche, primes de création d'emplois ». La création a concerné notamment les indemnités et les subventions d'exploitation (entité agricole).

Le compte 7221 « Immobilisations corporelles (hors actifs biologiques) » ; le compte 7222 « Immobilisations corporelles (actifs biologiques) ». Ces comptes ont été créés pour mieux enregistrer le coût de production des travaux faits par l'entité pour elle-même. Ils permettent donc d'enregistrer les travaux effectués par l'entité pour elle-même au coût de production déterminé par la comptabilité analytique de gestion ou à défaut par des calculs extracomptables. La création a concerné notamment les immobilisations corporelles (hors actifs biologiques), et les immobilisations corporelles (actifs biologiques).

Le compte 724 « Production autoconsommée ». Ce compte a été créé pour mieux enregistrer le coût de production des travaux faits par l'entité pour elle-même. Il permet donc d'enregistrer les travaux effectués par l'entité pour elle-même au coût de production déterminé par la comptabilité analytique de gestion ou à défaut par des calculs extracomptables. La création a concerné notamment la production autoconsommée.

Le compte 751 « Profits sur créances clients et autres débiteurs ». Ce compte a été créé pour mieux enregistrer tous les produits divers qui ne proviennent pas directement de l'activité productrice ou commerciale de l'entité, ni de son activité financière ou de ses relations avec l'État (subventions), mais qui relèvent néanmoins de ses activités ordinaires. La création a concerné notamment les profits sur les créances clients et autres débiteurs.

Le compte 7541 « Immobilisations incorporelles » ; le compte 7542 « Immobilisations corporelles ». Ce compte a été créé pour mieux enregistrer tous les produits divers qui ne proviennent pas directement de l'activité productrice ou commerciale de l'entité, ni de son activité financière ou de ses relations avec l'État (subventions) mais qui relèvent néanmoins de ses activités ordinaires. Selon le SYSCOHADA (2017, p. 476), le compte 754 « Produits des cessions courantes d'immobilisations » enregistre le prix de cession des immobilisations lorsque ces cessions présentent un caractère ordinaire en raison des politiques de désinvestissement et de renouvellement des immobilisations ». La création a concerné notamment les produits des cessions courantes d'immobilisations incorporelles, et les produits des cessions courantes d'immobilisations corporelles.

Le compte 756 « Gains de change sur créances et dettes commerciales ». Ce compte a été créé pour mieux enregistrer tous les produits divers qui ne proviennent pas directement de l'activité productrice ou commerciale de l'entité, ni de son activité financière ou de ses relations avec l'État (subventions) mais qui relèvent néanmoins de ses activités ordinaires. La création a concerné notamment les gains de change sur créances et dettes commerciales.

Le compte 7588 « Autres produits divers ». Ce compte a été créé pour mieux enregistrer tous les produits divers qui ne proviennent pas directement de l'activité productrice ou commerciale de l'entité, ni de son activité financière ou de ses relations avec l'État (subventions) mais qui relèvent néanmoins de ses activités ordinaires. La création a concerné les produits divers, notamment les autres produits divers.

Le compte 7712 « Intérêts de prêts » ; le compte 7713 « Intérêts sur créances diverses ». Ces comptes ont été créés pour mieux enregistrer tous les revenus financiers et les produits assimilés. Ces revenus concernent davantage les intérêts et les dividendes reçus de l'étranger qui sont comptabilisés distinctement que ceux acquis dans l'État. La subdivision utilisée par l'entité doit permettre de raccorder les revenus financiers et les produits assimilés aux prêts ou aux avances et aux titres auxquels ils se rapportent. Il s'agit des ressources que tire l'entité de ses activités financières. La création a donc concerné les intérêts de prêts et les créances diverses, notamment les intérêts de prêts, et les intérêts sur créances diverses.

Le compte 7721 « Revenus des titres de participation » ; le compte 7722 « Revenus autres titres immobilisés ». Ces comptes ont été créés pour mieux enregistrer tous les revenus financiers et les produits assimilés. Ces revenus concernent davantage les intérêts et les dividendes reçus de l'étranger qui sont comptabilisés distinctement que ceux acquis dans l'État. Il s'agit des ressources que tire l'entité de ses activités financières. La création a donc concerné les revenus des participations et autres titres immobilisés, notamment les revenus des titres de participation et les revenus des autres titres immobilisés.

Le compte 7746 « Revenus des titres de placement ». Ce compte a été créé pour mieux enregistrer tous les revenus financiers et les produits assimilés. Il s'agit des ressources que tire l'entité de ses activités financières. La création a donc concerné les revenus de placement, notamment les revenus des titres de placement.

Le compte 775 « Intérêts dans les loyers de location-financement ». Ce compte a été créé pour mieux enregistrer tous les revenus financiers et les produits assimilés, et donc les ressources que tire l'entité de ses activités financières. La création a donc concerné les intérêts dans les loyers de location acquisition, notamment les intérêts dans les loyers de location-financement.

Le compte 799 « Reprises de subventions d'investissement ». Ce compte a été créé pour mieux enregistrer les annulations et les réajustements en baisse des provisions pour risques et charges ainsi que des dépréciations des éléments de l'actif immobilisé et les reprises de subventions d'investissement. La création a donc concerné les reprises de provisions, de dépréciations et autres, notamment les reprises de subventions d'investissement.

7.2. Les comptes de la classe 7 ayant changé d'intitulés

À l'occasion de la révision du SYSCOHADA, 29 comptes de la classe 7 ont changé d'intitulés.

Tableau 38. Les comptes de la classe 7 ayant changé d'intitulés

Comptes	***Anciens intitulés***	***Nouveaux intitulés***
7013	Ventes de marchandises aux entreprises du groupe dans la Région	Ventes de marchandises aux entités du groupe dans la région
7014	Ventes de marchandises aux entreprises du groupe hors Région	Ventes de marchandises aux entités du groupe hors région
7023	Ventes de produits finis aux entreprises du groupe dans la Région	Ventes de produits finis aux entités du groupe dans la région
7024	Ventes de produits finis aux entreprises du groupe hors Région	Ventes de produits finis aux entités du groupe hors région
7033	Ventes de produits intermédiaires aux entreprises du groupe dans la Région	Ventes de produits intermédiaires aux entités du groupe dans la région
7034	Ventes de produits intermédiaires aux entreprises du groupe hors Région	Ventes de produits intermédiaires aux entités du groupe hors région
7043	Ventes de produits résiduels aux entreprises du groupe dans la Région	Ventes de produits résiduels aux entités du groupe dans la région
7044	Ventes de produits résiduels aux entreprises du groupe hors Région	Ventes de produits résiduels aux entités du groupe hors région
7053	Travaux facturés aux entreprises du groupe dans la Région	Travaux facturés aux entités du groupe dans la région
7054	Travaux facturés aux entreprises du groupe hors Région	Travaux facturés aux entités du groupe hors région
7063	Services vendus aux entreprises du groupe dans la Région	Services vendus aux entités du groupe dans la région
7064	Services vendus aux entreprises du groupe hors Région	Services vendus aux entités du groupe hors région
7073	Locations (2)	Locations et redevances de location - financement (8)
735	Variations des en-cours de services	Variations des services en cours
7581	Jetons de présence et autres rémunérations d'administrateurs	Indemnités de fonction et autres rémunérations d'administrateurs
759	Reprises de charges provisionnées d'exploitation	Reprises de charges pour dépréciations et provisions pour risques à court terme d'exploitation
7598	Reprises de charges provisionnées d'exploitation sur autres charges provisionnées	Reprises de charges pour dépréciations et provisions pour risques à court terme d'exploitation sur autres charges pour dépréciations et provisions pour risques à court terme d'exploitation
771	Intérêts de prêts	Intérêts de prêts et créances diverses
772	Revenus de participations	Revenus de participations et autres titres immobilises
774	Revenus de titres de placement	Revenus de placement
776	Gains de change	Gains de change financiers
779	Reprises de charges provisionnées financières	Reprises de charges pour dépréciations et provisions pour risques à court terme financières

7798	Reprises de charges provisionnées financières sur autres charges provisionnées financières	Reprises de charges pour dépréciations et provisions pour risques à court terme financières sur autres charges pour dépréciations et provisions pour risques à court terme financières
79	Reprises de provisions	Reprises de provisions, de dépréciations et autres
791	Reprises de provisions d'exploitation	Reprises de provisions et dépréciations d'exploitation
7913	Reprises de provisions d'exploitation pour dépréciation des immobilisations incorporelles	Reprises de provisions et dépréciations d'exploitation des immobilisations incorporelles
7914	Reprises de provisions d'exploitation pour dépréciation des immobilisations corporelles	Reprises de provisions et dépréciations d'exploitation des immobilisations corporelles
797	Reprises de provisions financières	Reprises de provisions et dépréciations financières
7972	Reprises de provisions financières pour dépréciation des immobilisations financières	Reprises de provisions et dépréciations financières des immobilisations financières

Du tableau ci-dessus, nous retenons que le compte 7013 « Ventes de marchandises aux entreprises du groupe dans la Région » est devenu « Ventes de marchandises aux entités du groupe dans la région » ; le compte 7014 « Ventes de marchandises aux entités du groupe hors Région » est devenu « Ventes de marchandises aux entités du groupe hors région ». Ces comptes ont changé d'intitulés pour mieux enregistrer les ressources de l'entité provenant de la vente des marchandises, des travaux effectués et des services rendus à des tiers. Le changement d'intitulé a concerné notamment les ventes de marchandises aux entités du groupe dans la région, et les ventes de marchandises aux entités du groupe hors région.

Le compte 7023 « Ventes de produits finis aux entreprises du groupe dans la Région » est devenu « Ventes de produits finis aux entités du groupe dans la région » ; le compte 7024 « Ventes de produits finis aux entités du groupe hors Région » est devenu « Ventes de produits finis aux entités du groupe hors région ». Ces comptes ont changé d'intitulés pour mieux enregistrer les ressources de l'entité provenant des ventes de produits finis, des travaux effectués et des services rendus à des tiers. Le changement d'intitulé a concerné notamment les ventes de produits finis aux entités du groupe dans la région et les ventes de produits finis aux entités du groupe hors région.

Le compte 7033 « Ventes de produits intermédiaires aux entreprises du groupe dans la Région » est devenu « Ventes de produits intermédiaires aux entités du groupe dans la région » ; le compte 7034 « Ventes de produits intermédiaires aux entités du groupe hors Région » est devenu « Ventes de produits intermédiaires aux entités du groupe hors région ». Ces comptes ont changé d'intitulés pour mieux enregistrer les ressources de l'entité provenant des ventes de produits intermédiaires, des travaux effectués et des services rendus à des tiers. Le changement d'intitulé a concerné notamment les ventes de produits intermédiaires aux entités du groupe dans la région et les ventes de produits intermédiaires aux entités du groupe hors région.

Le compte 7043 « Ventes de produits résiduels aux entreprises du groupe dans la Région » est devenu « Ventes de produits résiduels aux entités du groupe dans la région » ; le compte 7044 « Ventes de produits résiduels aux entités du groupe hors Région » est devenu « Ventes de produits résiduels aux entités du groupe hors région ». Ces comptes ont changé d'intitulés pour mieux enregistrer les ressources de l'entité provenant des ventes de produits résiduels, des travaux effectués et des services rendus à des tiers. Le changement d'intitulé a concerné notamment les ventes de produits résiduels aux entités du groupe dans la région, et les ventes de produits résiduels aux entités du groupe hors région.

Le compte 7053 « Travaux facturés aux entreprises du groupe dans la Région » est devenu « Travaux facturés aux entités du groupe dans la région » ; le compte 7054 « Travaux facturés aux entreprises du groupe hors Région » est devenu « Travaux facturés aux entités du groupe hors région ». Ces comptes ont changé d'intitulés pour mieux enregistrer les ressources de l'entité provenant des travaux facturés et des services rendus à des tiers. Le changement d'intitulé a concerné notamment les travaux facturés aux entités du groupe dans la région, et les travaux facturés aux entités du groupe hors région.

Le compte 7063 « Services vendus aux entreprises du groupe dans la Région » est devenu « Services vendus aux entités du groupe dans la région » ; le compte 7064 « Services vendus aux entreprises du groupe hors Région » est devenu « Services vendus aux entités du groupe hors région ». Ces comptes ont changé d'intitulés pour mieux enregistrer les ressources de l'entité provenant des services vendus à des tiers. Le changement d'intitulé a concerné notamment les services vendus aux entités du groupe dans la région, et les services vendus aux entités du groupe hors région.

Le compte 7073 « Locations (2) » est devenu « Locations et redevances de location - financement (8) ». Ce compte a changé d'intitulé pour mieux enregistrer les ressources de l'entité provenant des produits accessoires vendus à des tiers. Les ressources relatives aux locations étaient initialement enregistrées dans ce compte. Plus précisément, les revenus des locations des pièces, barres, louis d'or et autres métaux précieux (argent, diamant...) acquis en vue d'une cession à court terme. Ils jouent donc le rôle d'instruments de trésorerie. Le changement d'intitulé a concerné notamment les locations et les redevances de location - financement. Par ailleurs, la valeur de ce compte est à inscrire au compte 706 si ces produits correspondent à une activité principale de l'entité.

Le compte 735 « Variations des encours de services » est devenu « Variations des encours de services ». Ce compte a changé d'intitulé pour mieux enregistrer les variations de stocks de biens et de services produits en retraçant les opérations relatives aux entrées en stocks, aux sorties de stocks et aux différences constatées à la clôture de l'exercice entre l'inventaire comptable permanent et l'inventaire physique et, dans le cas de l'inventaire intermittent, le stock initial et le stock final, ou leur différence. Le changement d'intitulé a concerné les variations des stocks de biens et de services produits, notamment les variations des encours de services.

Le compte 7581 « Jetons de présence et autres rémunérations d'administrateurs » est devenu « Indemnités de fonction et autres rémunérations d'administrateurs ». Ce compte a changé d'intitulé pour mieux enregistrer tous les produits divers qui ne proviennent pas directement de l'activité productrice ou commerciale de l'entité, ni de son activité financière ou de ses relations avec l'État (subventions), mais qui relèvent néanmoins de ses activités ordinaires. Le changement d'intitulé a concerné les autres produits (sauf compte 759), notamment les indemnités de fonction et autres rémunérations d'administrateurs.

le compte 759 « Reprises de charges provisionnées d'exploitation » est devenu « Reprises de charges pour dépréciations et provisions pour risques à court terme d'exploitation » ; le compte 7598 « Reprises de charges provisionnées d'exploitation sur autres charges provisionnées » est devenu « Reprises de charges pour dépréciations et provisions pour risques à court terme d'exploitation sur autres charges pour dépréciations et provisions pour risques à court terme d'exploitation ». Ces comptes ont changé d'intitulés pour mieux enregistrer les annulations ou les régularisations en baisse des provisions à court terme sur les éléments de l'actif circulant et des risques provisionnés. Selon le SYSCOHADA (2017, p. 478), « le compte 759 reprend en fin d'exercice tout ou partie des dépréciations et provisions à court terme devenues sans objet ou pour toute autre cause justifiant la régularisation en baisse. Symétriquement, aux charges correspondant à des décaissements probables à brève échéance, les reprises doivent être traitées comme des encaissements probables ». Le changement d'intitulé a concerné l'exception des autres produits (qui est le compte 759 « Reprises de charges pour dépréciations et provisions pour risques à court terme d'exploitation »), puis, les reprises de charges pour dépréciations et provisions pour risques à court terme d'exploitation sur autres charges pour dépréciations et provisions pour risques à court terme d'exploitation.

Le compte 771 « Intérêts de prêts » est devenu « Intérêts de prêts et créances diverses ». Ce compte a changé d'intitulé pour mieux enregistrer les ressources que tire l'entité de ses activités financières. Le changement d'intitulé a concerné les revenus financiers et les produits assimilés, notamment les intérêts de prêts et créances diverses.

Le compte 772 « Revenus de participations » est devenu « Revenus de participations et autres titres immobilisés ». Ce compte a changé d'intitulé pour mieux enregistrer les ressources que tire l'entité de ses activités financières. Le changement d'intitulé a concerné les revenus financiers et les produits assimilés, notamment les revenus de participations et les autres titres immobilisés.

Le compte 774 « Revenus de titres de placement » est devenu « Revenus de placement ». Ce compte a changé d'intitulé pour mieux enregistrer les ressources que tire l'entité de ses activités financières. Le changement d'intitulé a concerné les revenus financiers et produits assimilés, notamment les revenus de placement.

Le compte 776 « Gains de change » devenu « Gains de change financiers » a changé d'intitulé pour mieux enregistrer les ressources que tire l'entité de ses activités financières. Le changement d'intitulé a concerné les revenus financiers et les produits assimilés, notamment les revenus de gains de change financiers.

Le compte 779 « Reprises de charges provisionnées financières » est devenu « Reprises de charges pour dépréciations et provisions pour risques à court terme financières » ; le compte 7798 « Reprises de charges provisionnées financières sur autres charges provisionnées financières » est devenu « Reprises de charges pour dépréciations et provisions pour risques à court terme financières sur autres charges pour dépréciations et provisions pour risques à court terme financières ». Ces comptes ont changé d'intitulés pour mieux enregistrer les ressources que tire l'entité de ses activités financières. Le changement d'intitulé a concerné les revenus financiers et les produits assimilés, notamment les reprises de charges pour dépréciations et provisions pour risques à court terme financières et les reprises de charges pour dépréciations et provisions pour risques à court terme financières sur autres charges pour dépréciations et provisions pour risques à court terme financières.

Le compte 79 « Reprises de provisions » est devenu « Reprises de provisions, de dépréciations et autres » ; le compte 791 « Reprises de provisions d'exploitation » est devenu « Reprises de provisions et dépréciations d'exploitation » ; le compte 7913 « Reprises de provisions d'exploitation pour dépréciation des immobilisations incorporelles » est devenu « Reprises de provisions et dépréciations d'exploitation des immobilisations incorporelles » ; le compte 7914 « Reprises de provisions d'exploitation pour dépréciation des immobilisations corporelles » est devenu « Reprises de provisions et dépréciations d'exploitation des immobilisations corporelles ». Ces comptes ont changé d'intitulés pour mieux enregistrer les reprises de provisions, de dépréciations et autres pour matérialiser les annulations et les réajustements en baisse des provisions pour risques et charges ainsi que des dépréciations des éléments de l'actif immobilisé et les reprises de subventions d'investissement. Le changement d'intitulé a donc concerné les reprises de provisions et dépréciations d'exploitation, notamment, les reprises de provisions et dépréciations d'exploitation des immobilisations incorporelles et les reprises de provisions et dépréciations d'exploitation des immobilisations corporelles.

Le compte 797 « Reprises de provisions financières » est devenu « Reprises de provisions et dépréciations financières », le compte 7972 « Reprises de provisions financières pour dépréciation des immobilisations financières » est devenu « Reprises de provisions et dépréciations financières des immobilisations financières ». Ces comptes ont changé d'intitulés pour mieux enregistrer les reprises de provisions, de dépréciations et autres pour matérialiser les annulations et les réajustements en baisse des provisions pour risques et charges ainsi que des dépréciations des éléments de l'actif immobilisé et les reprises de subventions d'investissement. Le changement d'intitulé a concerné donc les reprises de provisions et dépréciations financières, notamment les reprises de provisions et dépréciations financières des immobilisations financières.

7.3. Les comptes supprimés de la classe 7

Lors de la révision du SYSCOHADA, 2 comptes sont supprimés de la classe 7.

Tableau 39. Les comptes supprimés de la classe 7

Comptes	Intitulés
753	Quote-part de résultat sur exécution partielle de contrats pluri-exercices (Supprimé)
7912	Reprises de provisions d'exploitation pour grosses réparations

Parmi les 2 comptes supprimés de la classe 7, le compte 753 « Quote-part de résultat sur exécution partielle de contrats pluri-exercices » a été supprimé parce qu'il enregistrait à la clôture de chaque exercice de la période d'exécution du contrat, lorsque l'entreprise remplit les conditions d'application d'une telle méthode, le montant du produit net déterminé selon les méthodes précisées dans le chapitre 6 (opérations et problèmes spécifiques) du SYSCOHADA[45].

Le compte 7912 « Reprises de provisions d'exploitation pour grosses réparations » a été supprimé parce qu'il enregistrait les annulations et les rajustements en baisse des provisions financières pour risques et charges, ainsi que des provisions pour dépréciation des éléments de l'actif immobilisé.

8. Analyse des comptes de la classe 8

La classe 8, concerne les comptes des autres charges et autres produits. L'utilisation de cette classe permet d'enregistrer les charges et les produits relatifs aux opérations ne se rapportant pas à l'activité ordinaire de l'entité.

[45] Selon le Journal Officiel de l'OHADA N° 10 – 4e Année / Système comptable OHADA (2000, p.344) « Dans le Compte de résultat, il convient d'intégrer des postes distincts dans l'activité d'exploitation retraçant les montants inscrits aux comptes 753 "Quote-part de résultat sur exécution partielle de contrats pluri-exercices" et 653 "Quote-part de résultat annulée sur exécution partielle de contrats pluri-exercices" ».

8.1. Le compte supprimé de la classe 8 par le SYSCOHADA

À l'occasion de la révision, un seul compte est supprimé de la classe 8.

Tableau 40. Le compte supprimé de la classe 8

Comptes	*Intitulés*
865	Reprises de subventions d'investissement (Supprimé)

Le compte 865 « Reprise de subventions d'investissement » a été supprimé et remplacé par le compte 799 en gardant le même intitulé parce qu'il enregistrait les annulations et rajustements en baisse des provisions, amortissements et subventions sans être liés à l'activité ordinaire de l'entité.

8.2. Les comptes de la classe 8 ayant changé d'intitulés

À l'occasion de la révision du SYSCOHADA, 8 comptes ont changé d'intitulés.

Tableau 41. Les comptes de la classe 8 ayant changé d'intitulés

Comptes	*Anciens intitulés*	*Nouveaux intitulés*
839	Charges provisionnées H.A.O.	Charges pour dépréciations et provisions pour risques à court terme H.A.O.
849	Reprises des charges provisionnées H.A.O.	Reprises de charges pour dépréciations et provisions pour risques à court terme H.A.O.
853	Dotations aux provisions pour dépréciation H.A.O.	Dotations aux dépréciations H.A.O.
86	Reprises hors activités ordinaires	Reprises de charges, provisions et dépréciations HAO.
862	Reprises d'amortissements	Reprises d'amortissements H.A.O
863	Reprises de provisions pour dépréciation H.A.O.	Reprises de dépréciations H.A.O.

Le compte 839 « Charges provisionnées H.A.O. » ; est devenu « Charges pour dépréciations et provisions pour risques à court terme H.A.O. ». Ce compte a changé d'intitulé pour mieux enregistrer les charges qui ne sont pas liées à l'activité ordinaire de l'entité et qui, de ce fait, n'ont généralement pas de caractère récurrent. Elles comprennent des charges constatées et des charges pour dépréciations et des provisions pour risques à court terme. Le changement d'intitulé a concerné les charges hors activités ordinaires, notamment les charges pour dépréciations et les provisions pour risques à court terme H.A.O.

Le compte 849 « Reprises des charges provisionnées H.A.O. » est devenu « Reprises de charges pour dépréciations et provisions pour risques à court terme H.A.O. ». Ce compte a changé d'intitulé pour mieux enregistrer les produits qui ne sont pas liés à l'activité ordinaire de l'entité et sont donc dépourvus de caractère récurrent. Ils comprennent des produits constatés, des reprises de charges provisionnées et des transferts de charges. Le changement d'intitulé a concerné les produits hors activités ordinaires, notamment les reprises de charges pour dépréciations et les provisions pour risques à court terme H.A.O.

Le compte 853 « Dotations aux provisions pour dépréciation H.A.O. » est devenu « Dotations aux dépréciations H.A.O. ». Ce compte a changé d'intitulé pour mieux enregistrer toutes les dotations aux amortissements et aux provisions qui ne concernent pas l'activité ordinaire de l'entité. Le changement d'intitulé a donc concerné les dotations hors activités ordinaires, notamment les dotations aux dépréciations HAO.

Le compte 86 « Reprises hors activités ordinaires » est devenu « Reprises de charges, provisions et dépréciations HAO. » ; le compte 862 « Reprises d'amortissements » est devenu « Reprises d'amortissements HAO » ; le compte 863 « Reprises de provisions pour dépréciation HAO » est devenu « Reprises de dépréciations HAO ». Ce compte a changé d'intitulé pour mieux enregistrer les annulations et rajustements en baisse des provisions, amortissements qui ne sont pas liés à l'activité ordinaire de l'entité. Le changement d'intitulé a donc concerné les reprises de charges, provisions et dépréciations HAO, notamment les reprises de charges, provisions et dépréciations HAO les reprises d'amortissements HAO et les reprises de dépréciations HAO.

8.3. Les comptes de la classe 8 créés par le SYSCOHADA

À l'occasion de la révision, 5 comptes sont créés dans la classe 8.

Tableau 42. Les comptes de la classe 8 créés

Comptes	*Intitulés*
833	Charges liées aux opérations de restructuration
837	Charges liées aux opérations de liquidation
843	Produits lies aux opérations de restructuration
844	Indemnités et subventions H.A.O. (entité agricole)
847	Produits lies aux opérations de liquidation

Les comptes 833 « Charges liées aux opérations de restructuration » ; 837 « Charges liées aux opérations de liquidation » ; 843 « Produits liés aux opérations de restructuration » ; 844 « Indemnités et subventions HAO (entité agricole) » ; et 847 « Produits liés aux opérations de liquidation » ont été créés pour mieux enregistrer les charges hors activités ordinaires, notamment les charges liées aux opérations de restructuration, celles liées aux opérations de liquidation d'une part ; puis enregistrer les produits qui ne sont pas liés à l'activité ordinaire de l'entité et sont dépourvus de caractère récurrent d'autre part. Ils comprennent des produits constatés, des reprises de charges provisionnées et des transferts de charges. Leur création concerne les produits hors activités ordinaires, notamment les produits liés aux opérations de restructuration, les indemnités et subventions HAO (entité agricole), et les produits liés aux opérations de liquidation.

Chapitre 5. Les états financiers du SYSCOHADA 2017 et des IFRS

Selon le SYSCOHADA 2017, les états financiers sont établis et présentés conformément aux dispositions des articles 25 à 34 ci-après, de façon à permettre leur comparaison dans le temps, exercice par exercice, et leur comparaison avec les états financiers annuels des autres entités dressés dans les mêmes conditions de régularité, de fidélité et de comparabilité. Les entités dont les titres sont inscrits à une bourse de valeurs et celles qui sollicitent un financement dans le cadre d'un appel public à l'épargne doivent établir et présenter les états financiers annuels selon les normes internationales d'informations financières (normes IFRS). Les états financiers annuels établis selon les normes IFRS sont destinés exclusivement aux marchés financiers. Ces états contiennent également des informations additionnelles dont la présentation est considérée comme faisant partie des meilleures pratiques, particulièrement lorsque ces informations sont incluses dans les exemples d'application joints à une norme particulière.

1. Les états financiers

Rappelons avec Lassègue et *al.* (2015), que les états financiers ou comptes annuels ou document comptable ou état comptable est un document écrit, sous forme de compte, de liste, ou de tableau, rassemblant des informations élaborées sur : les échéances des créances et des dettes, les immobilisations, les amortissements, les provisions, le plan de financement, le plan de trésorerie, etc.

1.1. Les objectifs des états financiers

Le SYSCOHADA distingue plusieurs objectifs des états financiers.
-fournir des informations utiles à la prise de décision et au crédit ;
-donner des informations pour estimer la probabilité de réalisation de flux futurs ;
-renseigner sur la situation financière de l'entité, particulièrement sur les ressources qu'elle contrôle et sur ses obligations ;
-renseigner sur la performance financière de l'entreprise ;
-renseigner sur la manière dont l'entité a obtenu et dépensé ses liquidités ;
-fournir des informations sur le degré de réalisation des objectifs par les dirigeants et sur le degré de conformité aux lois en vigueur.

1.2. Les utilisateurs des états financiers

Le SYSCOHADA distingue entre les utilisateurs internes et les utilisateurs externes :
-les ***utilisateurs internes*** sont : les dirigeants, les organes d'administration et les différentes structures internes de l'entité ;
-les ***utilisateurs externes*** sont : les fournisseurs de capitaux qui sont les investisseurs, les prêteurs et ceux qui accordent des subventions, l'administration, et autres institutions dotées de pouvoirs de réglementations et de contrôle, les autres partenaires de l'entreprise telles que les salariés et leurs syndicats, les

fournisseurs et autres créanciers ainsi que les clients et autres bénéficiaires des biens et services produits par l'entreprise et enfin, les autres groupes d'intérêt telles que les organismes professionnels et de défense d'intérêt, la presse spécialisée et les médias, les chercheurs, les divers organes et associations et le public en général.

Quoiqu'il existe de *divergences* liées aux utilisateurs de l'information comptable et financière, il est néanmoins important de souligner qu'après sa révision, le SYSCOHADA considère les investisseurs et les bailleurs de fonds comme des utilisateurs privilégiés des états financiers. Le cadre conceptuel du SYSCOHADA (2017) oriente la destination de l'information à tous les agents d'une économie marchande dont le centre est la libre entreprise. Ce cadre conceptuel classe les utilisateurs de l'information comptable comme suit : les entreprises, les fournisseurs et clients de l'entreprise, les investisseurs et les actionnaires de l'entreprise, les prêteurs, les banques, l'institution d'émission (Banque centrale), le personnel, l'État. Ce même cadre conceptuel SYSCOHADA retient une approche plus économique que financière pour la destination de l'information comptable.

1.3. Les différents types d'états financiers du SYSCOHADA à établir

Le SYSCOHADA prévoit trois systèmes d'établissement des états financiers en fonction de la taille et du secteur d'activités de l'entreprise :
-les états financiers du premier système doivent contenir : un bilan, un compte de résultat, un tableau financier des ressources et des emplois, un état annexé et les notes annexes pour les informations significatives.
-les états financiers du deuxième système doivent contenir : un bilan, un compte de résultat, un état annexé et les notes annexes pour les informations significatives.
-les états financiers du troisième système se résument à l'établissement d'un état des recettes et des dépenses dégageant le résultat de l'exercice.

Les états financiers du Système Comptable OHADA sont présentés selon des formats réglementés.

2. Les éléments de l'actif du bilan du SYSCOHADA

Le SYSCOHADA définit l'actif comme étant des bénéfices économiques futurs probables. Alors que selon les dispositions du SYSCOHADA, il faut distinguer : l'actif immobilisé, l'actif circulant et la trésorerie-actif et les écarts de conversion-actif.

Tableau 43. Actif du bilan, système normal du SYSCOHADA révise (2017)

REF	ACTIF	NOTE	Exercice au 31/12/N			Exercice au 31/12/N-1
			Brut	Amort et déprécia	Net	Net
AD	IMMOBILISATIONS INCORPORELES	3				
AE	Frais de développement et de prospection					
AF	Brevets, Licences, Logiciels, et droits similaires					
AG	Fonds commercial et droit au bail					
AH	Autres immobilisations incorporelles					
AI	IMMOBILISATIONS CORPORELES	3				
AJ	Terrains (1) *(1) Dont placement en Net..../.......*					
AK	Bâtiments *(1) Dont placement en Net..../.......*					
AL	Aménagements, agencements et installations					
AM	Matériel, mobilier et actifs biologiques					
AN	Matériel et transport					
AP	Avances et acomptes versés sur immobilisations	3				
AQ	IMMOBILISATIONS FINANCIERES	4				
AR	Titres de participation					
AS	Autres immobilisations financières					
AZ	TOTAL ACTIF IMMOBILISE					
BA	ACTIF CIRCULANT HAO	5				
BB	STOCKS ET ENCOURS	6				
BG	CREANCES ET EMPLOIS ASSIMILES					
BH	Fournisseurs avances versées	17				
BI	Clients	7				
BJ	Autres créances	8				
BK	TOTAL ACTIF CIRCULANT					
BQ	Titres de placement	9				
BR	Valeurs à encaisser	10				
BS	Banques, chèques postaux, caisse et assimilés	11				
BT	TOTAL TRESORERIE-ACTIF					
BU	Ecart de conversion-actif	12				
BZ	TOTAL GENERAL					

2.1. Les immobilisations

Rappelons avec Lassègue et *al.* (2015) que les immobilisations sont définies comme les comptes de la classe 2. Dans le bilan, à l'énumération des immobilisations mises en concession, on y ajoute les immobilisations en cours, les immobilisations corporelles constamment renouvelées, les immobilisations mises hors service, les immobilisations financées par crédit-bail. L'actif immobilisé est opposé à l'actif circulant et comprend 3 types d'immobilisations : les immobilisations incorporelles, les immobilisations corporelles et les immobilisations financières.

Les immobilisations en général ou les actifs immobilisés en particulier correspondent aux emplois durables rendus nécessaires par l'objet économique et financier de l'entité que constituent ses « activités ordinaires ». Les immobilisations représentent les biens et les valeurs destinés à rester durablement dans l'entité : les immobilisations incorporelles, corporelles et financières.

L'entité dresse à la clôture de l'exercice un inventaire détaillé de ses immobilisations. Les comptes de l'actif immobilisé doivent comprendre toutes les immobilisations, corporelles ou incorporelles, existant dans l'entité, qu'elles soient affectées ou non à l'exploitation. Les immobilisations louées par l'entité et qui concourent à son exploitation sont également inscrites au bilan.

2.1.1. Les immobilisations incorporelles

Les dispositions du SYSCOHADA définissent les immobilisations incorporelles comme étant des immobilisations immatérielles devant servir de façon durable à l'activité de l'entreprise et susceptibles de générer des avantages futurs. Les coûts d'entrée se déterminent de manière semblable aux coûts d'entrée des immobilisations corporelles.

Le cadre conceptuel du SYSCOHADA (2017, p. 550) ne fait pas de distinction entre les frais de recherche et les frais de développement. Ces dépenses sont enregistrées dans une seule rubrique « Frais de recherche et de développement ». Le coût de développement comprend tous les coûts directement attribuables nécessaires à la création, à la production et à la préparation de l'immobilisation, pour qu'elle puisse être exploitée de la manière prévue par la direction. Les frais de développement engagés par l'entité sont enregistrés en comptes de charges par nature. Ensuite, ces frais sont portés à l'actif du bilan, dans les conditions exposées ci-dessus, au débit du compte 211 Frais de développement, pour leur montant calculé, soit par l'intermédiaire de la comptabilité analytique de gestion, soit, statistiquement, par le crédit du compte 721 Production immobilisée, immobilisations incorporelles.

i). Frais d'établissement

Le SYSCOHADA prévoit, à l'actif du bilan, une rubrique pour les frais d'établissement qui sont les dépenses exposées dans le cadre d'opérations qui conditionnent l'existence, l'activité ou le développement de l'entreprise, dont le montant ne peut être rapporté à des productions de biens ou de services déterminés.

Les frais d'établissement comprennent entre autres :

- Les frais de constitution, à savoir, les droits d'enregistrement sur apports, les honoraires, les paiements effectués au titre des formalités légales de publication, notamment auprès du Greffe ;
- les frais de premier établissement (prospection, publicité, notamment) ;
- les frais d'augmentation de capital et d'opérations diverses, liées notamment à la fusion, à la scission ou à toute autre transformation de société.

Les frais d'établissement constituent des actifs fictifs inscrits dans les charges immobilisées.

ii). Charges à répartir sur plusieurs exercices

Le Système Comptable OHADA prévoit, à l'actif du bilan, une rubrique pour les charges à repartir sur plusieurs exercices qui constituent des charges engagées ou enregistrées pendant l'exercice ou les exercices antérieurs, mais qui se rattachent également aux exercices suivants, soit parce que leur répartition est justifiée par des conditions d'exercice de l'activité, soit parce que leur maintien en charges est impropre à donner une image fidèle du résultat.

Elles figurent au bilan dans les charges immobilisées et ne doivent être confondues ni avec des immobilisations incorporelles ayant valeur économique, ni avec les provisions pour charges à répartir sur plusieurs exercices. Leur répartition "sur plusieurs exercices" s'effectue par amortissements directs.

2.1.2. Les immobilisations corporelles

Selon les dispositions du SYSCOHADA, les immobilisations corporelles sont les biens matériels relevant de la catégorie des immobilisations. Il y a ceux acquis en pleine propriété, en nues propriétés, en usufruit et en crédit-bail. Les immobilisations corporelles comprennent, selon le SYSCOA le terrain, les bâtiments, les installations et les agencements, le matériel et enfin le matériel de transport.

La différence majeure ici réside au niveau : de la comptabilisation, du coût d'entrée et de l'amortissement des immobilisations. Le coût d'entrée est souvent comptabilisé selon les différents cas suivants : l'immobilisation a été acquise à titre onéreux ; l'immobilisation a été produite par l'entreprise elle-même ; l'immobilisation a été acquise par voie d'échange ; l'immobilisation a été acquise à titre gratuit ; l'immobilisation a été reçue à titre d'apports en nature.

i). Immobilisation acquise à titre onéreux

Selon les dispositions du SYSCOHADA, « le bien acquis à titre onéreux est comptabilisé à son coût réel d'acquisition. Ce coût réel d'acquisition est déterminé par l'addition des éléments suivants :
-le prix d'achat définitif[46] après déduction des taxes récupérables[47],
-les frais accessoires, externes et internes, après déduction des taxes récupérables :

- *les frais accessoires externes* sont les charges qui sont directement liées à l'acquisition et à la mise en état d'utilisation du bien dans la mesure où elles ont accru sa valeur vénale. Il s'agit notamment des frais de transport, des droits de douanes,

---

[46] Le prix d'achat définitif est le prix mentionné sur la facture, déduction faite de toutes remises, rabais et ristournes commerciales.
[47] Les taxes non récupérables font partie de la valeur du bien.

des frais d'installation et de montage, des taxes non récupérables, des frais de préparation du site, des commissions et des honoraires (d'architecture, d'ingénierie, etc.) ;
- *les frais accessoires internes* sont les charges internes directement liées à l'achat. Il s'agit des coûts de réception, de manutention et de mise en stock (mais non de stockage).

Il est important de préciser que selon les dispositions du SYSCOHADA, le coût d'acquisition d'un terrain inclut les frais destinés à rendre le terrain libre et nu. Ces frais peuvent être les frais de démolition de l'immeuble qui y était construit, de l'indemnité d'éviction payée en vue de rendre le terrain libre.

Toutefois, il existe une divergence entre les deux législations concernant l'intégration de certaines charges accessoires dans le coût d'acquisition.

Selon les dispositions du SYSCOHADA, les droits de mutation, les honoraires et les commissions des notaires, les frais d'acte, etc., ne doivent pas contribuer à la valeur comptable des immobilisations corporelles. Ces frais sont enregistrés dans les comptes de charges par nature, mais peuvent être transférés en charges immobilisées.

Le traitement des autres frais accessoires fait état d'accord entre les deux référentiels. Ainsi, ils sont incorporables au coût d'acquisition, selon les deux référentiels, les frais d'installation nécessaires pour mettre le bien en état d'utilisation, à l'exclusion des coûts de démarrage (frais d'essais et de mise au point) qui sont à classer parmi les charges de l'exercice qui leur a donné naissance.

ii). Immobilisation produite par l'entreprise pour elle-même

Le bien produit par l'entreprise est comptabilisé à son coût de production. Ce coût de production est déterminé par l'addition des éléments suivants :
-le coût d'acquisition des matières et des fournitures consommées ;
-les charges directes de production, qu'elles soient externes (services extérieurs) ou internes (salaires, amortissements, etc.) ;
-les charges indirectes de production, dans la mesure où elles peuvent être raisonnablement rattachées à la production du bien.

Sur des conditions spéciales, le SYSCOHADA n'admet que l'inclusion dans le coût d'une immobilisation produite par l'entreprise pour elle-même des : frais de démarrage ; dépenses de pré-exploitation. Ces conditions spéciales peuvent être soit le caractère direct de ces frais, soit les spécificités de l'activité de l'entreprise.

Selon le SYSCOHADA, le coût d'une construction produite par l'entreprise pour elle-même prend en compte : les honoraires des architectes et les honoraires versés aux surveillants des travaux (bureaux d'études). Le coût de production des biens produits ou réalisés par l'entreprise pour elle-même comprend : les agios sur découverts ou les intérêts sur emprunts contractés pour le financement de leur fabrication, à la double condition que cela soit justifié par des circonstances spécifiques de l'exploitation et qu'il s'agisse du seul montant des intérêts se rapportant à la période de fabrication. Le coût de production peut inclure aussi les pertes, les rebus et les déchets qui sont inévitables et normaux.

iii). Immobilisation acquise par voie d'échange

Selon le SYSCOHADA, lorsqu'une immobilisation est acquise par échange, pour tout ou partie, avec un autre actif, elle doit être comptabilisée à sa valeur actuelle ou à la valeur nette comptable de l'actif échangé, compte tenu de tout règlement ou encaissement supplémentaire ou autre contrepartie (appelée soulte). A cette fin, la valeur peut être déterminée par référence soit à l'actif donné en échange, soit à l'actif acquis, suivant « l'estimation la plus sûre » des deux valeurs. Le terme « **estimation la plus sûre** » revient à retenir la valeur de celui des deux actifs qui présente la plus grande objectivité (par référence à un marché, par exemple). La divergence qui existe entre les deux référentiels sur ce point réside dans le fait que le cadre conceptuel du SYSCOHADA considère l'échange des immobilisations comme une opération de cession suivie d'une acquisition.

iv). Immobilisation acquise à titre gratuit

Elle est comptabilisée à sa valeur actuelle au jour du transfert de propriété.

v). Immobilisation acquise à titre d'apport en nature

Elle doit être comptabilisée à sa valeur figurant dans l'acte d'apport.

2.1.3. Les immobilisations financières

Les immobilisations financières sont pour l'essentiel des titres de participation, c'est-à-dire les titres dont la possession durable est estimée utile à l'activité de l'entreprise, notamment parce qu'elle permet d'exercer une influence sur la société émettrice des titres ou d'en assurer le contrôle. Ces titres sont donc comptabilisés comme des immobilisations et séparés des valeurs mobilières de placement, qui sont comptabilisées parmi les actifs circulants. La présentation fonctionnelle de ces immobilisations et, plus généralement, des actifs met souvent au premier plan les informations sur l'appareil productif et les moyens d'activité de l'entreprise.

2.2. Passif du bilan - système normal du SYSCOHADA révise (2017)

Tableau 44. Passif du bilan - système normal du SYSCOHADA révise (2017)

REF	PASSIF	NOTE	Exercice au 31/12/N	Exercice au 31/12/N-1
			Net	Net
CA	Capital	13		
CS	Apporteurs, capital non appelé (-)	13		
CD	Primes liées au capital social	14		
CE	Ecarts de réévaluation	3e		
CF	Réserves indispensables	14		
CG	Réserves libres	14		
CH	Report à nouveau (+ ou -)	14		
CJ	Résultat net de l'exercice (bénéfice + ou perte -)			
CL	Subventions d'investissement	15		
CM	Provisions réglementées	15		
CP	TOTAL CAPITAU PROPRES ET RESSOURCES ASSIMILEES			
DA	Emprunts et dettes financières diverses	16		
DE	Dettes de location acquisition	16		
DC	Provisions réglementées	16		
DD	TOTAL DETTES FINANCIERES ET RESSOURCES ASSIMILEES			
DF	TOTAL, RESSOURCES STABLES			
DE	Dettes circulantes HAO	5		
DI	Clients, avances reçues	7		
DJ	Fournisseurs d'exploitation	17		
DK	Dettes fiscales et sociales	18		
DM	Autres dettes	19		
DN	Provisions pour risques à court terme	19		
DP	TOTAL PASSIF CIRCULANT			
DQ	Banques crédit d'escompte	20		
DR	Banques, établissements financiers et crédits de trésorerie	20		
DT	TOTAL, TRESORERIE-PASSIF			
DV	Ecart de conversion-passif	12		
DZ	TOTAL GENERAL			

2.2.1. Subventions d'investissement

Le Système Comptable OHADA prévoit, au passif du bilan, une rubrique pour les subventions d'investissement qui sont des aides financières accordées à l'entreprise, par l'État ou les collectivités publiques, en vue d'acquérir ou de créer des valeurs immobilisées (subventions d'équipement) ou de financer des activités à long terme. Dans certains cas, l'entité reçoit cette subvention sous la forme d'un transfert direct d'immobilisations.

2.2.2. Provisions réglementées

Le Système Comptable OHADA prévoit, au passif du bilan, une rubrique pour les provisions réglementées qui sont des provisions ne correspondant pas à l'objet normal d'une provision[48] et comptabilisées en application de dispositions

[48] Une provision est une diminution de valeur affectant un élément d'actif susceptible de se déprécier. C'est une perte qu'occasionnerait une augmentation d'éléments du passif exigibles à plus ou moins long terme, à

légales (et notamment fiscales). Les amortissements dérogatoires sont assimilés à des provisions réglementées.

2.2.3. Provisions financières pour risques et charges

Le Système Comptable OHADA prévoit, au passif du bilan, une rubrique pour provisions financières pour risques et charges qui sont des provisions évaluées à l'arrêté des comptes, destinées à couvrir des risques et des charges que les événements survenus ou en cours rendent probables, qui sont nettement précisées quant à leur objet, mais dont la réalisation est incertaine et la survenance estimée à plus d'un an. Donc, les provisions financières pour risques et charges constituent un passif dont l'échéance ou le montant n'est pas fixé de façon précise.

2.2.4. Provisions pour charges à repartir entre plusieurs exercices

Le SYSCOHADA prévoit des provisions pour charges à repartir entre plusieurs exercices, qui sont des provisions relatives à des charges prévisibles qui ne sauraient être supportées par le seul exercice au cours duquel elles sont engagées. Par exemple : provision pour couvrir des frais de grosses réparations ; Celle-ci doit être constituée dans les conditions suivantes :
-elle doit être destinée à couvrir des charges importantes qui ne présentent pas un caractère annuel et ne peuvent être assimilées à des frais courants d'entretien et de réparation ;
-elle doit faire l'objet, dès l'acquisition du bien par l'entreprise, d'une programmation en fonction de la durée de vie de ce bien, compte tenu des grosses réparations envisagées.

---

condition que la dépréciation, la perte ou la charge envisagée au regard d'événements survenus ou en cours soit, à la date d'établissement de la situation, précise quant à sa nature, incertaine quant à sa réalisation effective.

Tableau 45. Compte de résultat - SYSCOHADA révise 15-02-2017

REF	PASSIF		NOTE	Exercice au 31/12/N	Exercice au 31/12/N-1
				Net	Net
TA	Ventes de marchandises A	+	**21**		
RA	Achats de marchandises	-	**22**		
RB	Variation de stocks de marchandises	-/+	**6**		
XA	**MARGE COMMERCIAL (Somme TA à RB)**				
TR	Ventes de produits fabriqués **B**	+	**21**		
TC	Travaux, services vendus **C**	+	**21**		
TD	Produits accessoires **D**	+	**21**		
XB	**CHIFFRE D'AFFAIRES (A+B+D)**				
TE	Production stockée (ou déstockage)	-/+	6		
TF	Production immobilisée		21		
CG	Subventions d'exploitation		21		
CH	Autres produits	+	21		
TO	Transferts de charges d'exploitation	+	12		
GC	Achats de matières premières et fournitures liées	-	22		
CD	Var. stocks de matières premières et fournitures liées	-/+	6		
CE	Autres achats	-	22		
CF	Variation de stocks d'autres approvisionnements	-/+	6		
G	Transports	-	23		
H	Services extérieurs	-	24		
I	Impôts et taxes	-	25		
J	Autres charges	-	26		
XC	**VALEUR AJOUTEE (XB+RA+RB) + (Somme TE à RJ)**				
K	Charges de personnel	-	**27**		
XD	**EXCEDENT BRUT D'EXPLOITATION (XC+RK)**		**28**		
J	Reprises d'amortissements, provisions et dépréciations	+	**28**		
L	Dotations aux amortissements, aux provisoires et dépréciations	-	**3C & 28**		
XE	**RESULTAT D'EXPLOITATION (XD+TJ+RL)**				
K	Revenus financiers et assimilés	+	**29**		
G	Reprise de provisions et dépréciations financières	+	**28**		
M	Transferts de charges financières	+	**12**		
N	Frais financiers et charges assimilées	-	**29**		
J	Dotations aux provisions et aux dépréciations financières	-	**3C & 28**		
XF	**RESULTAT FINANCIER (somme TK à RN)**				
XG	**RESULTAT DES ACTIVITES ORDINAIRES (XE+XF)**				
TN	Produits des cessions d'immobilisations	+	**3D**		
TO	Autres produits HAO	+	**30**		
RO	Valeurs comptables des cessions d'immobilisations	-	**3D**		
RP	Autres charges HAO	-	**30**		
XH	**RESULTAT HORS ACTIVITES ORDINAIRES (somme TN à RP)**				
RQ	Participation des travailleurs	-	**30**		
RS	Impôts sur le résultat	-			
XI	**RESULTAT NET (XG+XH+RQ-RS)**				

Pour le Compte de résultat, le SYSCOHADA distingue quatre niveaux d'analyse : le niveau d'exploitation qui donne le résultat d'exploitation, le niveau financier qui conduit au résultat financier, le niveau hors activités ordinaires qui fait allusion au résultat H.A.O et enfin le niveau global qui nous amène au résultat net. Les dispositions du SYSCOHADA prévoient neuf soldes successifs de gestion : marge brute sur marchandises, marge brute sur matières, la valeur ajoutée, l'excédent brut d'exploitation, résultat d'exploitation, résultat financier, résultat des activités ordinaires, résultat HAO, résultat net. Pour faciliter la lecture du compte de résultat et une analyse de la performance de l'entité, l'OHADA préconise la présentation d'un compte de résultat en liste. Cette présentation a l'avantage de mettre en évidence en cascade, de façon claire, les soldes intermédiaires de gestion retenus par ce référentiel comptable.

Tableau 46. Tableau de flux de trésorerie - SYSCOHADA révise 15-02-2017

REF	PASSIF		Note	Exercice N	Exercice N-1
ZA	**Trésorerie nette au 1er janvier (Trésorerie actif N-1-trésorerie passif N-1)**	**A**			
	Flux de trésorerie provenant des activités opérationnelles				
FA	Capacité d'autofinancement globale (CAFG)				
FB	-Actif circulant HAO (1)				
FC	-Variation des stocks				
FD	-Variation des créances				
FE	+Variation du passif circulant (1)				
	Variation du BF lié aux activités opérationnelles (FB+FC+FD+FE).................				
ZB	**Flux de trésorerie provenant des activités opérationnelles (Somme TA à FE)**	**B**			
	Flux de trésorerie provenant des activités d'investissements				
FF	-Décaissements liés aux acquisitions d'immobilisations incorporelles				
FG	- Décaissements liés aux acquisitions d'immobilisations corporelles				
FH	- Décaissements liés aux acquisitions d'immobilisations financières				
FI	+Encaissements liés aux cessions d'immobilisations incorporelles et corporelles				
FJ	+ Encaissements liés aux cessions d'immobilisations financières				
ZC	**Flux de trésorerie provenant des activités d'investissement (Somme FF à FJ)**	**C**			
	Flux de trésorerie provenant sur les capitaux propres				
FK	+Augmentations du capital par apports nouveaux				
FL	+Subventions d'investissement reçues				
FM	-Prélèvements sur le capital				
FN	-Dividende versés				
ZD	**Flux de trésorerie provenant des capitaux (Somme FK+FN)**	**D**			
	Trésorerie provenant du financement par les capitaux étrangers				
FO	+Emprunts				
FP	+Autres dettes financières				
FQ	-Remboursements des emprunts et autres dettes financières				
ZE	**Flux de trésorerie provenant des capitaux étrangers (Somme FO à FQ)**	**E**			
ZT	**Flux de trésorerie provenant des activités de financement (D+E)**	**F**			
ZG	**VARIATION DE LA TRESORERIE NETTE DE LA PERIODE (B+C+F)**	**G**			
ZH	**Trésorerie nette au 31 décembre (O+A) Contrôle trésorerie actif N = Trésorerie passif N**	**H**			

(1) A l'exclusion des variations des créances et dettes liées aux activités d'investissement (variation des créances sur cession d'immobilisation et des dettes sur acquisition ou production d'immobilisation) et de financement (par exemple variation des créances sur subvention d'investissements reçues).

Le tableau de flux de trésorerie constitue un état de synthèse à part entière, dont la finalité est d'expliquer la variation de la trésorerie de l'entité. II recense donc les encaissements (sources des flux de trésorerie) et les décaissements (affectations des flux de trésorerie) qui ont un impact sur la trésorerie au cours de la période considérée. Par ailleurs, il classe les flux de trésorerie selon leur origine : *activités opérationnelles, activités d'investissement, activités de financement.* Il permet de connaitre la provenance des flux de liquidités et la manière dont ces flux ont été utilisés au cours de l'exercice. 2.3.2. Composantes des flux de trésorerie La structure du tableau des flux de trésorerie repose sur un découpage de la vie de l'entité en trois grandes fonctions, celles-ci correspondant d'ailleurs aux principaux volets de sa politique financière.

Le tableau de flux de trésorerie fait apparaitre la contribution de chaque type d'activité à la variation globale de la trésorerie de l'entité. ***Les activités opérationnelles*** sont définies comme étant les principales activités génératrices des produits de l'entité et toutes les autres activités qui ne sont pas des activités d'investissement ou de financement.

Les flux de trésorerie opérationnels résultent donc en général des transactions qui entrent dans la détermination du résultat net. Une entité doit présenter les flux de trésorerie liés aux activités opérationnelles, en utilisant la méthode indirecte, suivant laquelle le résultat est ajusté pour tenir compte de l'effet :
-des variations durant la période dans les stocks et dans les créances et dettes opérationnelles ;
-des éléments sans effet direct sur la trésorerie, tels que les amortissements, les provisions, les impôts différés, les gains ou pertes de change latents, les bénéfices non distribués des entités mises en équivalence et les intérêts minoritaires ; et,
-des autres éléments pour lesquels l'effet de la trésorerie consiste en flux de trésorerie d'investissement ou de financement. ***Les activités d'investissement*** sont définies comme l'acquisition et la sortie d'actifs à long terme et les autres placements qui ne sont pas inclus dans les équivalents de trésorerie. Seules les dépenses qui conduisent à la comptabilisation d'un actif sont susceptibles d'être classées en activités d'investissement. Par exemple, les dépenses de recherche ne peuvent pas être traitées de la sorte. ***Les activités de financement*** sont définies comme étant les activités qui résultent des changements dans l'importance et la composition du capital apporté et des emprunts de l'entité.

3. États financiers SYSCOHADA

3.1. Bilan système minimal de trésorerie

Tableau 47. États financiers SYSCOHADA - Bilan système minimal de trésorerie

ACTIF		NOTE	NOTE		PASSIF		MONTANT	
			Exercice N	Exercice N-1			Exercice N	Exercice N-1
Immobilisation (1)		1			Compte exploitant			
Stocks		2			Résultat exercice			
Clients et débiteurs		3			Emprunt			
Divers					Fournisseurs et créditeurs divers		3	
Banques (en + ou en -)								
Total actif					Total passif			

(1) A faire figurer à l'actif du bilan si elles correspondent à des montants significatifs

Les états financiers annuels du Système minimal de trésorerie sont établis par les entités soumises à une comptabilité de trésorerie. Ces états financiers sont constitués des documents suivants : le Bilan ; le Compte de résultat ; et les Notes annexes. Le Système minimal de trésorerie repose sur l'établissement d'un état des recettes et des dépenses dégageant le résultat de l'exercice (recette nette ou perte nette), dressé à partir d'une comptabilité de trésorerie que doivent tenir les entités relevant de ce système. La fiabilité de la comptabilisation des opérations de trésorerie au cours de l'exercice est basée sur : l'existence d'un journal unique de trésorerie (NOTE 4) ; l'existence d'un journal de suivi des créances impayées et d'un journal de suivi des dettes à payer ; la conservation des pièces justificatives des enregistrements au journal. En fin d'exercice, le responsable de l'entité doit procéder à un inventaire extracomptable de chacun des quatre éléments suivants : le montant des créances et des dettes d'exploitation, dans le cas où les ventes et les achats ne sont pas totalement réglés ; le montant des stocks (produits finis, matières premières, consommables...) et des travaux en cours ; le montant des immobilisations acquises ou cédées au cours de l'exercice ; le montant des emprunts souscrits ou remboursés au cours de l'exercice. Les états récapitulatifs de ces inventaires doivent être conservés en tant que pièce justificative de la comptabilité de l'entité. Les entités possédant des immobilisations doivent tenir un registre des immobilisations (NOTE 1). Chaque immobilisation doit faire l'objet d'un tableau d'amortissement basé sur le mode linéaire sans *prorata temporis*.

3.2. Compte de résultat système minimal de trésorerie du SYSCOHADA

Tableau 48. Compte de résultat système minimal de trésorerie

RUBRIQUES	NOTE	MONTANT	
		Exercice N	Exercice N-1
Dettes sur ventes ou prestations de services	4		
Autres recettes sur activités	4		
TOTAL DES RECETTES SUR PRODUITS	**A**		
Dépenses sur achats	4		
Dépenses sur loyers	4		
Dépenses sur salaires	4		
Dépenses sur impôts et taxes	4		
Charges d'intérêts			
Autres dépenses sur activités	4		
TOTAL DES RECETTES SUR CHARGES	**B**		
SOLDE : Excèdent (+) ou insuffisant (-) de recettes (C= A-B)	**C**		
Validations de stocks N/N-1	2		
Validations de créances N/N-1	3		
Validations des dettes d'exploitation N/N-1 N/N-1	3		
DOTATIONS AMORTISSEMENTS	**F**		
RESULTAT DE L'EXERCICE (G+C-D+E-F)	**G**		

Dans un souci de comparabilité entre les états financiers d'entreprises de divers horizons, de bonne circulation de l'information financière, des normes ont été élaborées au niveau international auxquelles toutes les entités, du moins celles qui font des appels publics à l'épargne ou qui sont introduites en bourse, y sont soumises depuis 2001 par l'IASB. Mais, depuis la révision du SYSCOHADA en 2017, elles s'appliquent dès lors aux entités des États parties au Traité de ce référentiel Africain.

Les objectifs du cadre de préparation et de présentation des états financiers (cadre conceptuel) des normes IAS/IFRS sont plus larges que ceux définis par le référentiel comptable OHADA. Ils consistent en effet à :
-servir de base pour l'élaboration de normes comptables cohérentes et réviser les normes existantes ;
-harmoniser les réglementations, les normes comptables et les procédures liées à la présentation des états financiers ;
-aider les organismes nationaux à développer des normes nationales ;
-aider les préparateurs d'états financiers à appliquer les normes comptables ;
-aider les auditeurs à se faire une opinion sur la conformité des états financiers avec les normes internationales ;
-fournir des informations sur l'approche d'élaboration des normes suivie par l'IASB ;
-préciser les objectifs des états financiers ;

-définir les éléments essentiels des états financiers et les principes comptables servant de base pour la comptabilité (en cas de conflit entre une norme et le cadre conceptuel, les dispositions de la norme qui prévalent) et finalement ;
-aider les utilisateurs à interpréter les états financiers.
Selon les normes IAS/IFRS, l'objectif en général des états financiers consiste :
-à fournir des informations sur la situation financière de l'entreprise et son évolution présentée par le bilan ;
-renseigner sur la performance de l'entreprise et en particulier sur sa rentabilité ;
-troisième lieu, renseigner sur la variation de la situation financière de l'entité et sur sa capacité à générer des liquidités, puisqu'elle permet d'apprécier les activités d'investissement, de financement et opérationnelles au cours de l'exercice. Ceci étant, l'information sur la variation de situation financière peut être donnée dans un état séparé. Le cadre conceptuel signale à la fin que les composantes des états financiers constituent des éléments interdépendants.

Le cadre conceptuel des normes IAS/IFRS distingue quant à lui sept utilisateurs des états financiers :
- les investisseurs actuels et potentiels qui sont concernés par le risque et la rentabilité de leurs investissements (ils souhaitent des informations qui les aident à prendre des décisions éclairées et réfléchies soit d'acheter ou de vendre, soit de conserver les actions de l'entreprise) ;
- les salariés qui s'intéressent à la rentabilité de leur employeur pour choisir soit de changer d'emploi, soit de le conserver pour voir son salaire s'améliorer ;
- les prêteurs qui s'intéressent particulièrement à la solvabilité de leur débiteur pour savoir si les montants qui leur sont dus (intérêt et principal) seront remboursés à échéance ;
- les fournisseurs et autres créditeurs ; intéressés par la solvabilité de leur client (pouvoir de paiement à l'échéance) et aussi par la pérennité de l'entreprise, surtout si elle est un client majeur ;
- les clients se préoccupent surtout de la continuité de l'exploitation de leur fournisseur ;
- l'État et les organismes publics : cette couche s'intéresse à la répartition des ressources, au respect des règles comptables et fiscales ;
- le Public, cette partie est intéressée par la contribution à l'économie locale et par les tendances et les évolutions récentes de la prospérité de l'entreprise et sur l'étendue de ses activités.

Pour l'IASB, plusieurs utilisateurs sont identifiés (investisseurs, personnel, prêteurs, fournisseurs et autres créditeurs, clients, les États et les organismes publics, le public). Sans préjuger d'une hiérarchie entre les utilisateurs, le cadre conceptuel IASB semble orienter la présentation vers les investisseurs en supposant que la satisfaction des besoins des investisseurs devrait permettre de satisfaire également les autres parties prenantes.

Les dispositions des normes IAS/IFRS prévoient une norme portant sur la présentation des états financiers (norme IAS 1) qui doit contenir :
-un bilan ;
-un compte de résultat ;
-un tableau de variation des capitaux propres ;
-un tableau de flux de trésorerie
-les notes annexes. Deux types de notes annexes doivent être présentés : des notes annexes pour chaque norme et des notes annexes pour des informations sectorielles.

Les normes IAS/IFRS n'imposent pas de format de présentation des états financiers. Le choix du format est libre.

4. États financiers des normes IFRS : actif et passif du bilan

Tableau 49. ACTIF du Bilan d'un référentiel providentiel : les normes IFRS

ACTIFS	Notes (a)	Exercice N	Exercice N-1
ACTIFS NON COURANTS			
Immobilisations incorporelles			
Immobilisations corporelles			
Immeubles de placement			
Actifs financiers de couverture, non courant			
Actifs biologiques			
Actifs d'impôts différés			
Actifs du régime de retraite			
Total actifs non courants (1)			
ACTIFS COURANTS			
Stocks			
Actifs biologiques			
Créances clients			
Autres actifs			
Créances d'impôts courants			
Actifs financiers de couverture courants			
Trésorerie et équivalents de trésorerie			
Actifs détenus en vue de la vente			
Total actifs courants (II)			
Total actifs (I) + (II)			

À l'actif du bilan, les normes IAS/IFRS distinguent deux grandes rubriques pour l'actif : l'actif courant et l'actif non courant, selon qu'il intervient dans le cycle normal d'exploitation ou non ou en tenant compte du délai. Au passif du bilan, les normes IAS/IFRS considèrent que le passif est une obligation actuelle de l'entreprise résultant d'événements passés et dont l'extinction implique pour l'entreprise une sortie de ressources représentatives d'avantages économiques. Cette définition est similaire à celle donnée par le cadre conceptuel de l'IASB, toutefois les dispositions des normes IAS/IFRS ajoutent des précisions quant à la différence existante entre l'obligation actuelle et l'engagement futur. Pour qu'une obligation soit prise en compte comme un passif, il faut qu'elle soit actuelle. Ainsi, la décision d'acquérir un actif ne donne pas, en elle-même, lieu à la constitution d'un passif, donc l'obligation ne naîtra que lorsque l'actif est livré ou que l'engagement a un caractère irrévocable. Le cadre de l'IASB présente en plus les façons d'éteindre une obligation : un paiement en espèces, un transfert d'autres actifs, une fourniture de services, le remplacement de cette obligation par une autre obligation, la conversion de l'obligation en part du capital.

Dans la définition de l'élément les capitaux propres, le cadre conceptuel de l'IASB distingue trois grandes rubriques pour le passif : les capitaux propres, le passif courant et le passif non courant selon qu'il intervient dans le cycle normal d'exploitation ou non ou en tenant compte du délai. Alors que selon les dispositions du SYSCOHADA, on distingue cinq grandes masses : les capitaux propres, les dettes financières, le passif circulant, la trésorerie- passif et les écarts de conversion- passif.

4.1. Les immobilisations incorporelles

Par contre, le cadre conceptuel de l'IASB définit les immobilisations incorporelles comme des dépenses relatives à l'acquisition, au développement, au maintien ou à l'amélioration de ressources incorporelles telles que des connaissances scientifiques ou techniques, la conception et la mise en place de nouveaux procédés ou systèmes, licences, propriété intellectuelle, connaissance du marché et marques commerciales (y compris les noms de marque et les titres de publication). Selon les dispositions de la norme IAS 38, les immobilisations incorporelles sont inscrites à l'actif s'il satisfait à l'un des critères suivants :
-L'actif est identifiable et séparable, lorsqu'il peut être séparé de l'entité et être vendu, transféré, concédé par licence, loué ou échangé, soit de façon individuelle, soit dans le cadre d'un contrat, avec un actif ou un passif lié ;
-L'actif est identifiable et résulte de droits contractuels ou d'autres droits légaux, que ces droits soient ou non cessibles ou séparables de l'entité ou d'autres droits et obligations.

L'expression « identifiable » permet de distinguer l'immobilisation incorporelle du Goodwill. Le goodwill acquis lors d'un regroupement d'entreprises représente un paiement effectué par l'acquéreur en prévision d'avantages économiques futurs générés par des actifs qui ne peuvent être identifiés individuellement et comptabilisés séparément. Les avantages économiques futurs peuvent résulter d'une synergie entre les actifs identifiables acquis ou provenant d'actifs, qui, pris individuellement, ne satisfont pas aux critères de comptabilisation dans les états financiers, mais pour lesquels l'acquéreur est disposé à effectuer un paiement dans le cadre du regroupement d'entreprises.

Le cadre conceptuel de l'IASB n'enregistre pas les frais de recherche dans les immobilisations incorporelles. Mais si ces recherches aboutissent à la mise en place du projet, les frais de développement sont admis en immobilisations incorporelles.

4.2. Les immobilisations corporelles

Les dispositions des normes IAS/IFRS définissent l'immobilisation corporelle comme étant un actif corporel contrôlé par l'entité à utiliser dans la production de biens ou de services, utilisé à des fins administratives ou loué à des tiers.

4.3. Comptabilisation d'une immobilisation corporelle

Selon les dispositions de la norme IAS 16, les immobilisations corporelles sont inscrites à l'actif si deux conditions sont réunies :
-L'actif est identifiable et ses avantages économiques futurs probables ;
-Fiabilité suffisante pour l'évaluation du coût ou de la valeur.

4.4. Immobilisation acquise à titre onéreux

Tandis que la norme IAS 16 n'exclut aucune dépense pouvant être considérée comme des frais directs engagés pour amener l'immobilisation à l'endroit où elle se trouve et la mettre en état de marche pour l'usage auquel elle est destinée. Quant à la norme IAS 16, elle prévoit, avec une logique financière (de trésorerie) que toute dépense directement affectée à l'acquisition de l'immobilisation fait partie de sa valeur d'entrée au bilan.

4.5. Immobilisations acquises par voie d'échange, à titre gratuit, à titre d'apport en nature

- *Immobilisation acquise par voie d'échange*

Selon les dispositions de la norme l'IAS 16, l'évaluation du coût d'entrée des immobilisations acquises par voie d'échange s'effectue comme suit :
-une immobilisation corporelle, acquise par échange contre un bien de nature et/ou de valeur différente, dans le patrimoine à la valeur vénale du bien acquis ;
-une immobilisation corporelle acquise par échange contre un bien semblable servant à des fins analogues dans la même tranche d'activité et ayant une valeur actuelle semblable, est évaluée à la valeur comptable du bien donné en échange (ajustée le cas échéant pour tenir compte des spécificités du contrat d'échange). La norme IAS 16 n'admet cette solution que lorsque les immobilisations échangées sont dissemblables. La raison de cette différence découle du fait que lorsque les immobilisations à échanger sont semblables, la plus-value qu'une entreprise pourrait dégager de l'opération d'échange en utilisant la méthode de « valeur actuelle » pourra être assimilée à une réévaluation partielle, ce qui n'est pas admis par le cadre conceptuel de l'IASB.

- *Immobilisation acquise à titre gratuit*

Selon la norme IAS 16, lorsqu'une immobilisation est acquise à titre gratuit, elle doit être comptabilisée à sa valeur vénale.

- *Immobilisation acquise à titre d'apport en nature*

Selon la norme IAS 16, lorsqu'une immobilisation est acquise à titre d'apport en nature, elle doit être comptabilisée à sa valeur vénale.

4.6. Amortissement d'une immobilisation corporelle

Selon le cadre conceptuel de l'IASB, l'amortissement est la répartition systématique du montant amortissable d'un actif sur sa durée d'utilité. Il préconise le délaissement du principe de coût historique au profit de la notion de juste valeur qui n'est rien d'autre que le montant pour lequel l'actif pourrait être échangé entre des parties bien informées, consentantes et agissant dans des conditions de concurrence normales.

4.7. Frais d'établissement

Selon les normes IAS/IFRS, les frais de constitution de premier établissement et d'augmentation de capital, ne sont pas inscrits à l'actif du bilan.

4.8. Charges à répartir sur plusieurs exercices

Selon les normes IAS/IFRS, les charges engagées ou enregistrées pendant l'exercice ou les exercices antérieures, mais qui se rattachent également aux exercices suivants, ne sont pas inscrites à l'actif du bilan.

Tableau 50. PASSIF du Bilan d'un référentiel providentiel : les normes IFRS

CAPITAUX PROPRES ET PASSIFS	Notes (a)	Exercice N	Exercice N-1
CAPITAUX PROPRES			
Capital social			
Primes d'émission			
Réserves			
Résultat net de l'exercice			
Total des capitaux propres			
PASSIFS NON COURANTS			
Emprunts et dettes financières			
Autres dettes non courantes			
Provisions			
Passifs d'impôts différés			
Total passif non courants			
PASSIFS COURANTS			
Découverts bancaires			
Dettes fournisseurs			
Emprunts et dettes financières			
Dettes d'impôts exigibles			
Autres dettes courants			
Produits différés			
Provisions			
Passifs détenus en vue de la vente			
Total passifs courants			
Total capitaux propres et passifs			
(a) Chaque poste est assorti d'un renvoi à une note de l'annexe identifiée par un numéro			

4.8.1. Provisions réglementées

Les normes IFRS, ne prévoient pas, au passif du bilan, une rubrique pour les provisions réglementées.

4.8.2. Subventions d'investissement

Les normes IFRS, ne prévoient pas, au passif du bilan, une rubrique pour les subventions d'investissement. Ces subventions sont imputées soit en moins des actifs financés, soit en produits constatés d'avance.

4.8.3. Provisions financières pour risques et charges

Pour les normes IFRS, les provisions financières pour risques et charges constituent un passif dont l'échéance ou le montant est incertain.

4.8.4. Provisions pour charges à repartir entre plusieurs exercices

Les IAS/IFRS ne prévoient pas de provisions à repartir sur plusieurs exercices.

5. États financiers des normes IFRS : le compte de résultat

Selon les dispositions des normes IAS/IFRS, le compte de résultat ne présente pas des soldes successifs de gestion, mais retient deux façons de présenter le compte de résultat, par nature de charges et par destination de charges.

Tableau 51. Compte de résultat du référentiel providentiel : les normes IFRS

COMPTE DE RESULTAT	**Notes (a)**	**Exercice N**	**Exercice N-1**
ACTIVITES POURSUIVIES			
Chiffres d'affaires			
Achats consommés			
Services extérieurs			
Impôts et taxes			
Charges personnels			
Dotations aux amortissements et dépréciations			
Dotations provisions			
Autres produits opérationnels courants			
Autres charges opérationnelles courantes			
Résultat opérationnel courant (optionnel)			
Autres produits opérationnels			
Autres charges opérationnelles			
Résultat opérationnel			
Produits financiers			
Charges financières			
Résultat financier			
Résultat avant impôt			
Charges d'impôt sur le résultat			
Résultat après impôt des activités poursuivies			
Activités abandonnées			
Résultat des activités abandonnées, let d'impôt			
Résultat net de l'exercice			
Résultat par ancien			
Résultat de base par action			
Résultat dilué par action			

5.1. Le cadre conceptuel pour le compte de résultat selon l'IASB

Le cadre conceptuel de l'IASB définit les produits (comprenant les produits des activités courantes et les gains) comme étant les accroissements d'avantages économiques en accroissements d'actifs ou en diminutions de passifs et qui ont induit une augmentation des capitaux propres autrement que par de nouveaux apports en capital. Le cadre conceptuel de l'IASB regroupe les charges provenant des activités ordinaires de l'entreprise et les pertes en donnant une définition aux charges, qui sont les diminutions d'avantages économiques futurs apparues au cours de l'exercice sous forme de diminution d'actifs ou d'accroissement de passifs. Et qui ont induit une diminution dans les capitaux propres autrement que par des distributions aux propriétaires du capital.

Tableau 52. État de variation des capitaux propres-État financier norme IFRS

Tableau de variation des capitaux propres	Note	Capital	Réserves liées au capital (1)	Titres auto-détenus	Réserves et résultats (2)	Autres éléments du résultat global (3)	Total des capitaux propres
Capitaux propres clôture N-2							
Changement de méthodes comptables et correction d'erreurs							
Capitaux propres clôtures N-2 corrigée							
Opérations sur capital							
Paiements fondés sur des actions*							
Opérations sur titres auto-détenus							
Dividendes							
Résultat net de l'exercice							
Autres éléments du résultat global							
Opérations de cession sur transactions liées aux autres éléments du résultat global des exercices précédents (4)							
Variations de périmètre (a)							
Capitaux propres clôture N-1							
Changement de méthodes comptables et correction d'erreurs							
Capitaux propres clôture N-1 corrigée							
Opérations sur capital							
Paiements fondés sur des actions*							
Opérations sur titres auto-détenus							
Dividendes							
Résultat net de l'exercice							
Autres éléments du résultat global							
Opération de cession sur transactions liées aux autres éléments du résultat global des exercices précédents (4)							
Variations de périmètre (b)							

*si significatif

L'état des variations des capitaux propres fait partie des états financiers. Il doit inclure obligatoirement : le résultat global total de l'exercice pour chaque composante des capitaux propres, les effets des changements de méthodes comptables et des corrections d'erreurs pour chaque composante des capitaux propres, un rapprochement entre la valeur comptable d'ouverture et la valeur comptable à la clôture en indiquant séparément les variations de chaque composante des capitaux propres, le résultat net, les autres éléments du résultat global, et les transactions avec des propriétaires agissant en cette qualité (en présentant séparément les apports des propriétaires et les distributions aux propriétaires ainsi que les changements dans les participations dans des filiales qui ne donnent pas lieu à une perte de contrôle).

Tableau 53. Tableau des flux de trésorerie - États financiers système IFRS

TABLEAU DES FLUX DE TRESORERIE NETTE	**NOTES (a)**	**Exercice N**	**Exercice N-1**
Résultat net de l'exercice			
Elimination des charges et produits sans incidences sur la trésorerie ou non liés à l'activité			
• Amortissements et provisions (1)			
• -/+gains et pertes latents liés aux variations de juste valeur			
• Variation des impôts différés			
• Plus-values de cessions, nettes d'impôt			
• -/+autres produits et charges calculés			
Marge brute d'autofinancement			
• Variation des stocks			
• Variation des créances et emplois assimilées			
• Variation des dettes fournisseurs et ressources assimilées			
Flux de trésorerie provenant des activités d'investissements (A)			
-Décaissement liés aux acquisitions d'immobilisations incorporelles			
-Décaissement liés aux acquisitions d'immobilisations corporelles			
-Décaissement liés aux acquisitions d'immobilisations financières			
+Cessions d'immobilisations incorporelles et corporelles nettes d'impôts			
+Cessions d'immobilisations financières nettes d'impôts			
Flux de trésorerie provenant des activités d'investissements (B)			
Flux de trésorerie provenant des activités de financement			
Augmentation de capital par apports nouveaux			
-/+Rachats et reventes d'actions propres			
Dividendes versés			
Emprunts			
Subventions d'investissements reçues			
+autres dettes financières			
-remboursements des emprunts et autres dettes financières			
Flux de trésorerie provenant des activités d'investissements ©			
+/-incidence des variations de cours des devises (D)			
VARIATION NETTE DE TRESORERIE E = (A+B+C+D)			
Trésorerie et équivalente de trésorerie au 1er Janvier (F) **Trésorerie et équivalente de trésorerie au 31 décembre (G)**			
VARIATION DES SOLDES DES COMPTES DE TRESORERIE ET EQUIVALENTS B=G+F			
(1)A l'exclusion des provisions sur actif circulant			

Le ***Tableau des flux de trésorerie*** présente les entrées et les sorties de trésorerie et d'équivalents de trésorerie, classées en trois catégories :
-flux de trésorerie des activités opérationnelles ;
-flux de trésorerie des activités d'investissement ;
-et flux de trésorerie des activités de financement.

Les flux opérationnels, d'investissement et de financement sont généralement présentés en montants bruts. Toutefois, il est également possible, dans certaines circonstances, de présenter des montants nets, notamment lorsque :
-les entrées et sorties de trésorerie concernent des éléments ayant un rythme de rotation rapide, des montants élevés et des échéances courtes.
-les entrées et les sorties de trésorerie sont réalisées pour le compte des clients et les flux de trésorerie découlent des activités du client et non de celles de l'entité.

Les flux des activités opérationnelles sont les flux des principales activités génératrices de produits de l'entité ainsi que toutes les autres activités qui ne sont pas des activités d'investissement ou de financement.

Les activités d'investissement correspondent à l'acquisition et à la sortie d'actifs à long terme et aux autres placements qui ne sont pas inclus dans les équivalents de trésorerie.

La présentation distincte des flux de trésorerie provenant des activités d'investissement est importante, car ces flux indiquent dans quelle mesure des dépenses ont été effectuées pour l'accroissement des ressources destinées à générer des revenus et des flux de trésorerie futurs.

Les flux des activités de financement sont ceux provenant des activités qui résultent des changements dans l'importance et la composition des capitaux propres et des emprunts de l'entité.

6. Les Notes Annexes

Les Notes annexes font partie intégrante des états financiers. Elles contiennent des informations complémentaires à celles présentées dans le reste des états financiers. Elles fournissent des descriptions narratives ou des décompositions d'éléments présentés dans ces états ainsi que des informations relatives aux éléments qui ne répondent pas aux critères de comptabilisation dans ces états. Les principales caractéristiques qualitatives d'une annexe IFRS sont : l'intelligibilité ; la pertinence ; la fiabilité ; et la comparabilité.

Par ailleurs, la norme IAS 1.31 précise de manière explicite que le principe de matérialité implique qu'il n'est pas nécessaire de fournir une information spécifiquement requise par une norme ou une interprétation si cette information n'est pas significative.

Une information est significative lorsque son omission ou son inexactitude est susceptible d'influencer les décisions économiques prises par les utilisateurs sur la base des états financiers. Le caractère significatif de l'information est à apprécier en parallèle avec son caractère pertinent : une information jugée non significative pourra néanmoins être requise si elle est pertinente pour la compréhension des états financiers. De plus, une transaction ou une situation peut être d'un montant significatif immédiatement, potentiellement, ou à terme. Afin d'aider les utilisateurs à comprendre les états financiers IFRS et à pouvoir les comparer entre eux, les Notes annexes doivent être présentées de manière organisée. Chaque élémentdes états financiers de synthèse doit faire l'objet d'une référence croisée vers l'information liée figurant dans les Notes annexes.

L'ordre de présentation des informations dans les Notes annexes est le suivant, mais peut être modifié dans certaines circonstances :
-une déclaration de conformité aux normes internationales d'information financière (IFRS) ;
-un résumé des principales méthodes comptables appliquées ;
-des informations supplémentaires sur les éléments du Bilan (État de situation financière), de l'État du résultat global, de l'État des variations des capitaux propres et du Tableau des flux de trésorerie, dans l'ordre dans lequel apparaissent chacun des états financiers et chacun des postes ;
-d'autres informations, dont les passifs éventuels et les engagements contractuels non comptabilisés, des informations non financières (par exemple, les objectifs et les méthodes de gestion des risques financiers).

CONCLUSION

La réflexion sur l'évolution comptable par l'analyse des états financiers produits en Afrique francophone au Sud du Sahara a permis de projeter une grande lumière sur les raisons et les perspectives de leur utilisation. Des états financiers du Plan 1957 à ceux des normes IFRS font de l'histoire de la comptabilité en Afrique francophone une particularité concurrente à celles d'autres contextes de par le monde. C'est alors que l'effervescence des améliorations comptables a guidé ce continent africain à sa réalité toute particulière.

C'est dans cette perspective et au fil du temps que le SYSCOA a été revu en demandant à Monsieur l'Expert-Comptable Claude Perochon, qui avait supervisé la création du Plan OCAM en 1970, de revoir le Plan comptable SYSCOA pour créer le SYSCOHADA en 2000 à Yaoundé. Encore là, c'est pratiquement dix-sept ans après (en février 2017) que l'Afrique se rend compte qu'elle est toujours en retard par rapport à la norme internationale, qui est en phase et bien cadrée avec la mouvance de la mondialisation de l'économie et de la comptabilité tant souhaitée. C'est pour cela qu'en examinant attentivement les états financiers produits par le SYSCOHADA révisé, il est pratiquement à près de 90 % proche de la norme IFRS, sans toutefois appeler le SYSCOHADA du nom de l'IFRS. La prise en compte de certains traitements relatifs aux pratiques d'amortissement et des provisions, à la méthode SOFT, etc., en sont les preuves marquantes d'arrimage du SYSCOHADA aux normes IFRS. En référence aux états financiers de SYSCOHADA et des IFRS, certaines similarités sont relevées.

Par ailleurs, similairement au franc CFA, l'histoire de l'évolution comptable a marqué l'histoire de l'Afrique francophone au sud du Sahara. L'évolution de la comptabilité en Afrique Francophone, et particulièrement l'avènement du SYSCOHADA, est donc bien similaire à celle du franc CFA. Ces instruments de domination sont devenus ceux du développement des économies des États africains. Ils concourent au maintien de la confiance des agents économiques en donnant une mesure exacte de l'identité du continent. Autrement dit, ils contribuent à maintenir ou à susciter la confiance dans le monde des affaires ou dans la société en général. Mais ces instruments ne sont que ce que les usagers en font au point où ils peuvent servir le développement ou le desservir, et être au service d'une domination de l'économie par les puissances extérieures, ou être appropriés pour le développement des pays membres en Afrique Francophone.

En se référant à la genèse de l'Organisation pour l'Harmonisation en Afrique du Droit des Affaires (OHADA) et à l'historique du franc de la Coopération Financière en Afrique (CFA en zone CEMAC), ou du franc de la Communauté Financière en Afrique (CFA en zone UEMOA), le SYSCOHADA et le franc CFA constituent finalement deux instruments liés par des effets économiques, juridiques et sociaux similaires.

Créé initialement en 1939, juste avant la Seconde Guerre mondiale, de fait, le franc CFA est officiellement né le 26 décembre 1945, jour où la France ratifie les accords de Bretton Woods et procède à sa première déclaration de parité au Fonds Monétaire International (FMI). Il signifie alors « franc des colonies françaises d'Afrique ». En 1958, le franc CFA devient « franc de la communauté française d'Afrique ». Avec les indépendances, une première critique de nature « idéologique » traverse la "zone franc". Selon ses détracteurs, le mécanisme du franc CFA pérennise des relations dépassées entre les pays nouvellement indépendants et l'ancienne métropole coloniale. Les États africains sont privés d'un réel pouvoir monétaire qui est un rouage d'une réelle indépendance. C'est cette conviction qui explique en 1973 le départ de Madagascar et du Mali. Cependant, rapidement, ces deux pays se retrouvent avec de sérieuses difficultés économiques et le Mali finit par réintégrer le système en 1984. Cette expérience a finalement servi à renforcer la cohésion des pays membres, où ceux-ci ont vu que la liberté monétaire pouvait surtout être la « liberté de faire faillite ».

En bref, en ce qui concerne le début de la création du franc CFA, il était un instrument de domination, avant de servir par la suite, à celui du développement de l'Afrique. Les mécanismes fondamentaux n'ayant pas changé après les indépendances, « le franc CFA reste fondamentalement une monnaie de type colonial ». Comme la comptabilité était d'abord adoptée en Afrique selon le Plan 1957 avant le Plan OCAM, depuis les indépendances, le franc CFA mis en circulation dans ses colonies par la France, continue d'être utilisé par une grande partie des pays, devenus indépendants à partir des années 1960. Le franc CFA est un lien qui cimente les relations économiques entre la France et les pays africains de la zone franc, comme certains comptes du Plan OCAM étaient encore liés à ceux du Plan 1957.

Ces pays ne sont pas libres de la gestion de leur politique économique et monétaire, domaine pourtant constitutif de la souveraineté d'un État. Cinquante ans après les indépendances, la politique monétaire de la zone Franc reste donc décidée par la France en fonction de ses intérêts propres. Cinquante ans pendant lesquels cette politique a été complètement déconnectée des vrais enjeux du développement africain tout en permettant à la France de contrôler économiquement et politiquement ses anciennes colonies au profit de son économie nationale, et au préjudice du développement des relations entre pays africains.

Ce système de dépendance est une résultante directe des politiques coloniales du gouvernement français. La "zone franc" est d'abord une expérience politique, se fondant sur l'histoire de la France avec ses anciennes colonies. Elle est même un système de règles fondées sur la recherche d'un environnement économique stable, comme condition d'expansion des échanges, avant d'être une zone monétaire. Avec le franc CFA, la France pouvait défendre ses intérêts dans ses colonies en dépit de l'autonomie qu'elle leur offrait. C'était donc une liberté surveillée. En effet, depuis les indépendances, le franc CFA aide la France dans l'exploitation des ressources naturelles des pays africains de la zone franc. Les Africains doivent se rappeler que la dévaluation du franc CFA de 50 % en 1994 avait été décidée unilatéralement par les autorités monétaires françaises de l'époque sans réelle concertation avec les États africains. La peur de l'inconnu explique sans doute aussi les hésitations africaines. Comme un enfant incapable de s'assumer sans son père, ces Africains se demandent s'ils surmonteront une éventuelle rupture monétaire avec l'ancienne puissance colonisatrice. Cette crainte est peut-être aussi ravivée par la partie française, peu encline à tourner cette page peu glorieuse pour les Africains, mais qui lui apporte prestige et devises. Ce n'est pas en effet pour les beaux yeux des Africains que la France garantit leur monnaie. Elle y tire des avantages. En faisant un retour sur l'héritage colonial, il convient de relever que les anciennes puissances coloniales disposaient de mécanismes de domination qu'elles ont parfois su présenter comme une preuve de leur solidarité à l'égard de ces nouveaux États : la zone franc en est une illustration.

Le processus envisagé était certainement celui de sortir de la domination pour construire la société de confiance. Le franc CFA était un instrument de la pure confiance en Afrique. Or, sans société de confiance, il n'y a pas de chance de sortir de la domination. *Car la monnaie en soi n'a aucune vertu, elle a la vertu de ce qui la gère***.** Il est vital aujourd'hui que le franc CFA acquière une certaine autonomie, afin qu'il se libère du joug colonial. Il est grand temps que les pays africains assument les conséquences d'une politique macroéconomique librement choisie. Il n'y a pas de secret. Il suffit que nous décidions de choisir nos politiques et d'en assumer la responsabilité. La liberté n'a de sens que si elle est assortie de responsabilité. Transformer les instruments de domination en instruments de développement demande de se rassembler, ce que seule la vraie démocratie peut faire. La démocratie est un instrument pour combattre les dominations intérieures et extérieures.

La même conclusion est également exprimée par Kovalin (2007), "*le Franc CFA est en fait un instrument de la permanence de la colonisation française en Afrique*". Comme le dit Tchundjang (2000) « *La France est, en effet, le seul pays au monde à avoir réussi l'extraordinaire exploit de faire circuler sa monnaie, et rien que sa monnaie dans des pays politiquement libres* ». Bien que cinquante ans se soient écoulés, la situation de dépendance de l'Afrique demeure, comme on peut le constater. Les pays d'Afrique ne peuvent pas être véritablement indépendants parce qu'ils sont pris dans « la trappe du franc CFA ».

Quand nous voyons le long chemin de la mise en place de l'euro, et la rapidité de la mise en place du franc CFA, il ne fait pas de doute que les deux monnaies ont des missions différentes. L'euro pour le développement des pays de l'Europe et le franc CFA pour le sous-développement des pays d'Afrique. Alors que l'évolution comptable et celle du franc CFA s'étaient initialement exprimées dans une perspective de construction d'une société de confiance, mais similairement et finalement, elles s'étaient exprimées pour le même sort de l'Afrique Francophone.

Dans le processus de construction de la société de confiance, le rôle incitatif d'un Système comptable n'est plus à démontrer. De la proximité entre la comptabilité et l'économie, il fallait construire une société de confiance parce que l'économie est un circuit de confiance comme le démontre le circuit Keynésien et que l'économie s'exprime mieux dans un environnement comptable de confiance. La confiance apporte à la performance collective et individuelle. Parallèlement, la comptabilité en est la méthode d'observation de l'économie au sens de Garnier (1947).

À l'instar de cette méthode d'observation des sciences économiques qu'est la comptabilité, le franc CFA se pare d'un certain mystère en Afrique Francophone. Il est sans doute paré d'un mystère parce qu'il est davantage doué de certaines qualités politiques et détient un pouvoir considérable. À partir de la comptabilité, l'on préfère, rendre au franc CFA tout son rôle, toute sa force d'entrainement et de multiplication sur les autres réalités économiques et sociales.

L'économiste américain Herbert Simon (distingué par le prix Nobel d'économie en 1978), avait également, au terme d'une enquête dans les grandes entreprises américaines des années 1950, conclu que les managers se servent des données comptables pour répondre à trois questions. Où en sommes-nous ? Quels sont les points qui posent problème ? Quelles solutions sont possibles et avec quels effets prévisibles ?

Toutefois, construire une société de confiance revient à imiter le processus de la monétarisation des économies qui est une accumulation graduelle de la confiance. La monnaie, qui est un pur instrument de confiance, doit nous inspirer en tout, car si nous perdons la confiance en la monnaie, nous aurions tout perdu. La confiance en la monnaie est comparable à ce que la foi est pour les croyants. La démocratie et le métissage contribuent à la production de la confiance, donc à la bonne gouvernance. *La nécessité des instruments de confiance est un besoin pour l'économie, mais ce qui est un plus grand besoin encore est la société de confiance. Ces instruments sont un sous-système du système social, qui englobe l'économie.*

La littérature existante a noté un manque de confiance en Afrique Subsaharienne. L'enquête de *Gallup* sur les valeurs dans le monde pointe du doigt une Afrique empreinte de manque de confiance. L'Afrique a une variabilité sensiblement plus large dans les degrés de confiance que l'on l'estime dans toute la région couvrant l'Amérique latine et l'Europe. Au Mexique, par exemple, un quart des répondants disent qu'ils font complètement confiance aux autres. Car il n'y a pas de bonne économie sans vraie démocratie.

La création de l'OCAM est similaire à une famille reconstituée en Afrique francophone au sud du Sahara. Du 10 au 12 février 1965 à Nouakchott, les travaux ont été ouverts. Officiellement, l'OCAM a été fondée le 12 février 1965 à Nouakchott, dans la capitale de la République Islamique de Mauritanie. Mais la signature de la charte de l'Organisation Commune Africaine et Malgache (OCAM) qui était prévue en janvier 1966, a été rejetée à cause des coups d'État survenus au Dahomey, en Haute Volta et en République Centrafricaine (Ody, 2012). C'est donc le 27 juin 1966 à Tananarive que la charte a été signée par le Cameroun, la Centrafrique, le Congo-Brazzaville, la Côte d'Ivoire, le Dahomey, le Gabon, la Haute-Volta, la République Malgache, le Niger, le Rwanda, le Sénégal, le Tchad, le Togo.

Donc, l'OCAM est une organisation à vocation sociale, économique et politique. Mais elle est davantage inscrite dans le cadre de l'histoire politique du continent africain après la période des décolonisations et des indépendances de ces États. Elle peut même concerner l'histoire des Relations Internationales. L'OCAM aurait pu, par exemple, définir une position commune des anciennes colonies françaises au moment où chacune d'entre elles demandait la révision des accords de coopération avec la France.

Fondée essentiellement sur le renforcement de la solidarité entre les membres et le renforcement de leur coopération, l'Organisation Commune Africaine et Malgache (OCAM) créée en 1965, avait pour objectif de renforcer la coopération et la solidarité entre les États africains et malgache afin d'accélérer leur développement dans les domaines politique, économique, social, technique, et culturel, quoiqu'elle soit effritée après vingt ans d'existence (Ody, 2012).

En effet, la plupart des États l'ont quittée pour des raisons politiques, la jugeant à tort ou à raison trop inféodée à la France. Pour certains, l'OCAM était perçu comme un « club francophone ». En d'autres termes, comme instrument du néocolonialisme français en Afrique, souvent opposé dans les instances internationales à l'OUA, aux États arabes, lorsque ceux-ci dénoncent avec acuité la maladresse de la politique française sur le continent africain.

Après l'entrée de l'Île Maurice en janvier 1969 au sein de l'OCAM, dont le sigle signifie Organisation Commune Africaine, Malgache et Mauricienne, la situation de son adhésion coïncide avec des retraits récurrents de ses collègues membres de l'OCAM. Successivement, le 4 juillet 1973, le Madagascar se retire de l'OCAM par des accords généraux signés avec la France. Ce qui va changer la dénomination du sigle OCAM pour donner Organisation Commune Africaine et Mauricienne. Le Congo-Léopoldville, venu maintenir l'effectif de l'OCAM à 14 après le départ de la Mauritanie, décide de partir le 17 avril 1972. Le Président Tchadien François Ngarta Tombalbaye abandonne la Présidence de l'OCAM en cette même année ; tandis que le Président Marcel Yassingbé Eyadéma du Togo, refuse obstinément d'en devenir le Président.

Le 15 aout 1972, c'était le tour de la République populaire du Congo de s'en retirer. Le Tchad et le Cameroun emboîtent le pas en 1973, respectivement les 3 juillet et le 31 juillet. Le Gabon aussi quitte cette Organisation en septembre 1976. L'Île Maurice, qui représentait le quinzième membre depuis son arrivée en 1969, se retire en 1982 de l'OCAM.

Les démissions du Zaïre, de la République populaire du Congo, du Cameroun, du Tchad, de la République Malgache qui faisaient suite à celle de la Mauritanie (dès 1965), ont réduit à dix partenaires une organisation qui souffre d'un malaise si grave qu'aucun de ses dirigeants n'en niait plus l'existence.

Ils avaient clairement fait savoir à leurs amis qu'ils ne maintiendraient pas leur appartenance à l'OCAM, à laquelle ils restaient sentimentalement attachés, si celle-ci continuait à faire la démonstration de son impuissance. Dans ces perspectives, ne restaient que deux issues : la dissolution, avant que n'intervienne un éclatement, ou la réforme.

En essayant de présenter les raisons qui ont entrainé l'effondrement du Plan OCAM, ces raisons résident dans les causes sociales. Parmi ces raisons, nous pouvons relever celles perçues dans les relations entre Ahidjo et Houphouët-Boigny (deux nobles leaders africains d'Afrique de l'Ouest et d'Afrique Centrale). En effet, le conflit[49] des divergences entre les deux hommes va assez rapidement être porté sur la place publique, conduisant à la discorde entre les deux. Comme plus grand contributeur du groupe Air Afrique, il estimait que le Cameroun devait à son tour avoir un de ses fils à la tête de la compagnie aérienne panafricaine.

En effet, la tension au sein de la grande famille des États Francophones a commencé lorsque l'OCAM créée par Houphouët-Boigny sous le parrainage de la Grande Puissance France a imposé l'admission du Congo-Léopoldville de Moïse Tschombé aux membres dudit regroupement. C'est ce qui a fait que cette Institution n'ait pu maintenir en vie cet objectif de solidarité et de coopération qu'elle s'est fixé depuis Nouakchott en 1965. Malgré les tentatives du Président Félix Houphouët-Boigny de la sauver de cette léthargie institutionnelle à laquelle se sont greffés de nombreux blocages fonctionnels, l'OCAM a fini par s'effriter le 23 mars 1985, seulement après vingt ans d'existence.

---

[49] Il s'agit d'un conflit d'egos, aux origines de la naissance de la *Cameroon Airlines*. En effet, les choses vont aussi très vite se détériorer du fait de la condescendance dont Félix-Houphouët-Boigny, faisait ostensiblement preuve, à l'endroit de ses pairs. Malgré sa circonspection coutumière, Ahmadou Ahidjo annonça qu'il n'assisterait pas à la conférence annuelle de l'OCAM, prévue à Fort-Lamy, si Félix Houphouët-Boigny voulait l'utiliser pour défendre ses théories. La menace obligea l'interlocuteur à rester chez lui. Aussi, la rupture avec Air Afrique et la création d'une compagnie aérienne autonome en juillet 1971 symbolisent assez cette réserve, très critiquée en Côte d'Ivoire.

Ainsi, cette structure qui avait pour but d'organiser, dans tous les domaines de la politique extérieure, la coopération entre ses membres afin de renforcer leur solidarité, d'assurer leur sécurité collective, d'aider à leur développement, de maintenir la paix en Afrique, à Madagascar et dans le monde, a été l'objet de contestation, deux ans après sa naissance.

Ayant pour vocation le renforcement de la solidarité, les États membres de l'OCAM ont fait de la coopération leur priorité, de sorte à créer des liens de solidarité. « La solidarité des États membres constitue donc le fondement de l'OCAM parce que l'intention des membres fondateurs de cette organisation a été de préserver l'unité et l'individualité de l'Afrique francophone malgré l'avènement de l'Organisation de l'Unité Africaine » (Ranjeva, 1978, p. 40). Cette solidarité, qui devrait être le socle de leur relation, a aussi des traits liés à leur histoire, à leur économie, et à leur culture commune.

C'était donc le 27 juin 1966 à Tananarive que la charte a été signée par le Cameroun, la Centrafrique, le Congo-Brazzaville, la Côte d'Ivoire, le Dahomey, le Gabon, la Haute-Volta, la République Malgache, le Niger, le Rwanda, le Sénégal, le Tchad, le Togo.

À l'exception de trois pays : la République Démocratique du Congo, de l'Île Maurice, et de la Mauritanie, la charte de l'OCAM était signée le 27 juin 1966 à Tananarive par les représentants du Cameroun, de la République Centrafricaine, du Congo-Brazzaville, du Congo-Kinshasa, de la Côte d'Ivoire, du Dahomey, du Gabon, de la Haute-Volta, de Madagascar, du Niger, du Rwanda, du Sénégal, du Tchad et du Togo. La charte de l'OCAM établissait clairement une organisation régionale groupant les pays africains francophones. L'article 2 de cette Charte mentionnait : « l'OCAM est fondée sur la solidarité qui unit ses membres. Elle a pour but … de renforcer la coopération et la solidarité entre les États africains et Malgache, afin d'accélérer leur développement économique, social, technique et culturel ». L'article 3 précisait, « À cet effet, l'Organisation s'efforce d'harmoniser l'action des États membres dans les domaines économique, social, technique et culturel, de coordonner leurs programmes de développement et de faciliter entre eux, dans le respect de la souveraineté et des options fondamentales de chaque État-membre, des consultations en matière de politique extérieure ».

Sur les questions d'intérêt commun, les membres de l'OCAM s'efforcent cependant d'adopter une même ligne de conduite. Ainsi, lorsqu'il s'est agi de négocier la nouvelle convention d'association entre la Communauté Economique Européenne (CEE) et les États africains et Malgaches, un compromis fut élaboré entre les membres de l'OCAM.

De l'Organisation Commune Africaine et Malgache, en passant par l'Organisation Commune Africaine Malgache et Mauricienne, pour en arriver à l'Organisation Commune Africaine et Mauricienne, cette Organisation qui a totalisé seize (16) membres à l'origine, passe à huit lors de sa dissolution[50], décidée d'un commun accord le 23 mars 1985 lors du 12e sommet de la conférence des chefs d'États et de gouvernement Africains tenu à Lomé au Togo.

En particulier, les clivages linguistiques à base historique ont suscité dès 1960 une solidarité entre les États francophones sous l'impulsion de Monsieur Félix Houphouët-Boigny, laquelle donna l'Union Africaine et Malgache (UAM). Cette solidarité institutionnalisée prit plusieurs formes, passant de l'UAM à l'UAMCE (Union Africaine et Malgache de Coopération Economique) en 1961 et enfin à l'OCAM en 1965.

Les États membres ayant ratifié la Charte de l'OCAM le 27 juin 1966 à Tananarive (Madagascar) sont présentés en annexe 2 dans cet ouvrage.

Au cours des dix dernières années, l'histoire évolutionniste du continent a en effet prouvé qu'il était beaucoup plus aisé de s'entendre sur des problèmes concrets que sur de grandes options politiques, qui engagent d'ailleurs rarement de manière définitive ceux qui les prennent. Il n'en apparaît pas moins qu'entre ces pays de l'OCAM, s'est établie une solidarité qui, au-delà des considérations raciales, doit l'essentiel d'elle-même à l'appartenance à l'influence française (Ody, 2012). Nous sommes tout de même convaincus de l'utilité de l'histoire évolutionniste de la comptabilité, similairement à celle de la monnaie en Afrique Francophone. Le lien peut pour autant nous enrichir des complémentarités qu'entretiennent non seulement la comptabilité et l'économie, mais également la comptabilité et le droit.

Nous convenons avec Eyraud (2015) que les liens entre la comptabilité et l'économie sont dominés par la controverse observée au début du XXe siècle, par Sombart et Weber sur le rôle de la comptabilité en partie double dans l'émergence et l'expansion du capitalisme. C'est ce qui amène à se demander si c'est la comptabilité qui colonise l'économie ou plutôt si c'est l'économie qui façonne l'outil comptable dans ce contexte évolutionniste des deux instruments sociaux (Muller-Lagarde, 2014). Le débat demeure ouvert, mais il révèle que l'économie et la comptabilité restent dans tous les cas indissociables.

Pour ce qui est spécifiquement des liens entre la comptabilité et le droit, dès le Moyen-Âge, le droit était déjà soucieux d'offrir le cadre juridique nécessaire à l'épanouissement de l'économie marchande et contribuait à cette fin à la diffusion

50 Après vingt ans d'existence, l'Organisation Commune Africaine et Malgache (OCAM) a finalement connu son effritement lors du sommet tenu le 23 mars 1985 marquant la fin d'une ère pour l'OCAM. Malgré les tentatives du Président de la République ivoirienne de l'époque, Monsieur Félix Houphouët-Boigny pour la sauver de cette léthargie institutionnelle, de nombreux blocages fonctionnels ont conduit à sa dissolution.

de la comptabilité. Le droit est un outil, un instrument au service de la dynamique de la tenue des comptes. C'est ainsi qu'à la tenue des comptes par les commerçants, elle était rendue obligatoire dès la fin du XVIIe siècle. De même, les commerçants étaient tenus de rendre compte de la bonne tenue des affaires afin de prévenir les faillites et de maintenir la confiance (Muller-Lagarde, 2014). L'union sacrée du droit et de la comptabilité pour la protection du capitalisme prend alors la forme de délits comptables et ce n'est qu'au début de la première moitié du XXe siècle que s'ouvre le processus de normalisation comptable (Muller-Lagarde, 2014).

En raison de la place centrale et stratégique de la monnaie dans la mise en œuvre des politiques de développement, elle mérite spécialement d'être éclairée, de manière à ce que l'objectif d'une Afrique plus libre et plus responsable soit effectivement et rapidement atteint.

Comme le livre de Joseph Tchundjang Pouemi rattache la monnaie à ses origines historiques, afin de la ressourcer et d'en tirer la leçon pour l'Afrique, les perspectives évolutionnistes de la comptabilité sont exprimées au rythme de l'adaptation aux besoins de ses acteurs et de leurs rapports symétriques.

Mieux rassuré en contexte africain, le SYSCOHADA semblerait mieux adapté que les IFRS pour les sociétés non cotées et prendrait mieux en compte les besoins des différentes parties prenantes. Ce Système comptable africain résulte du regroupement après de nombreuses années d'application du Plan comptable général français de 1947 et 1957 dans les anciennes colonies françaises et du Plan OCAM pour aboutir au Système comptable OHADA, puis à sa révision en 2017. C'est ce qui rapproche celui-ci du modèle comptable anglo-saxon par l'existence d'un cadre conceptuel et par son objectif général qui est de fournir une image fidèle de la situation financière et du patrimoine de l'entreprise. En même temps qu'en visant l'information de multiples partenaires, investisseurs, mais également, celle des créanciers et personnels, le SYSCOHADA est aussi proche du modèle comptable européen de par sa posture comptable continentale. C'est ce qui amène d'une part Perochon (2009) à souligner l'influence des modèles français et francophones dans la mise en place du SYSCOHADA, et d'autre part, Colasse (2006) à estimer qu'une mise en convergence des IFRS/PME et du SYSCOHADA est envisagée et mériterait d'être tentée.

C'est dans la perspective incrémentale et progressive de répondre aux besoins des entreprises non cotées que, petit à petit, après que les pays membres de SYSCOHADA eurent décidé de constituer une véritable union économique, que l'Afrique est arrivée à mettre en place des règles communes en droit et en comptabilité.

En fin de compte, les tendances évolutionnistes de la comptabilité observées en Afrique au Sud du Sahara peuvent être perçues sous les approches d'espoir d'amélioration dans les pratiques. Elles sont inspirées, validées pour la plupart par des pays colonisateurs. Tout laisse donc comprendre par ailleurs que ces tendances sont expliquées globalement par un départ pris sur une base de la colonialité du savoir. Liée à la colonialité du pouvoir, la colonialité du savoir avance l'idée qu'il existe un privilège énonciatif eurocentré construit par le colonialisme et l'idée de modernité comptable, pour démontrer que la production des connaissances comptables s'en appuie pour se décolonialiser. Elle est généralement bâtie sur une logique qui consiste à se quitter d'une identité biologique coloniale pour se différencier, se légitimer, se rendre visible et décliner sa vraie identité.

L'évolution comptable africaine peut donc être interprétée comme cette décolonialité comptable qui est un processus emprunté, étant initialement introduit par Edgar Lander, puis détaillé et approfondi par Santiago Castro-Gomez et Walter Mingolo. Particulièrement, Mingnolo affirme que la décolonialité est originaire du tiers monde, et s'est affirmée à la suite de la Conférence de Bandung de 1955 et de la conférence des pays non-alignés tenue à Belgrade en 1961.

La décolonialité est d'abord et avant tout pensée et construite à la fin des années 1990/début 2000 en Amérique du Sud autour du groupe Modernité/colonialité. Et la colonialité, quant à elle, est un concept qui montre la persistance de la domination des formes de pensées modernes et coloniales dans le monde contemporain et qui met en exergue ses influences dans tous les champs de la société. C'est ce qui décrypte des liens existants entre la modernité et le colonialisme. Le colonialisme est un régime économico-politico-juridique au sein duquel la souveraineté d'individus est appropriée et dominée par d'autres. Le plus souvent, c'est une nation qui est contrôlée et violemment conquise, colonisée, par une autre. La colonialité montre finalement comment les individus restent aujourd'hui encore directement influencés par l'incorporation des formes de pensée issues du colonialisme et de la modernité. Elle s'appuie sur deux processus : la construction de relations verticales de pouvoir entre conquérants et conquis en fonction de l'idée de « races », selon laquelle certains individus seraient biologiquement différents et inférieurs à d'autres, et la « constitution d'une structure du contrôle du travail et de ses ressources » (Maldonado-Torres, 2007, pp. 243-244).

BIBLIOGRAPHIE

Alhousseini, M. (2008). *Comprendre l'Organisation pour l'Harmonisation en Afrique du Droit des Affaires (OHADA)*, 2e édition, 56 p.

Belkaoui A.R. (1983). « Economic, Political and Civil Indicators and Reporting and Disclosure Adequacy: Empirical Investigation », *Journal of Accounting and Public Policy*, Autumn.

Belkaoui, A.R. (1984). *Théorie comptable*, Presses de l'Université du Québec.

Belkaoui, A.R. (1985). *Accounting Theory*, San Diego, Harcourt Bruce Jovanovich, 294 p.

Belkaoui, A.R. (1997). "Multidivisional Structure and Productivity: The Contingency of Diversification Strategy," *Journal of Business Finance & Accounting*, Wiley Blackwell, vol. 24(5), June, pp. 615-628.

Bigou-Lare, N. (2004). « *Le SYSCOA, vers des normes comptables uniformes dans l'UEMOA?»* Une analyse de la pratique togolaise, *Comptabilité - Contrôle - Audit*, 1 Tome 10, pp. 63-78.

Blin, P. (1995). « Du Plan comptable OCAM au projet de Plan comptable zone franc ou de l'exception culturelle comptable francophone », *in Mélange en l'honneur du Professeur Pérochon*, Foucher, pp. 27-38.

Bronner, R. (1985). « Les documents financiers et comptables à établir par les sociétés commerciales », *Banque*, n° 452, juillet 1985, pp. 707-711.

Burlaud A., Pérez R., (2012). La comptabilité est-elle un « bien commun » ? *In Comptabilité, Société, Politique. Mélanges en l'honneur du Professeur Bernard Colasse* (Eds. Nikitin, M., Richard, C.). Paris : Ed. Economica, pp. 217-233.

Burlaud, A. et Causse, G. (2019). L'histoire de la normalisation comptable : Développement-Mondialisation-Financiarisation, *4e Journée d'Etudes Africaines en Comptabilité et Contrôle*, Abidjan, 11-13 décembre, 22 p.

Causse, G. (2014). Le SYSCOHADA face aux IFRS », *in Normalisation comptable – Actualités et enjeux*, Ed. Académie des sciences techniques comptables, pp. 163-165.

Causse, G. (1999). « Vingt ans de normalisation comptable et de PCG. Son influence dans les pays d'Afrique Francophone ». *Comptabilité - Contrôle - Audit*, vol. 5, tome 3, pp.221-222.

Causse, G. (2018). « Quelle Comptabilité pour accompagner efficacement le développement économique et social des pays ? », *Communication à la 3ème JEACC*, Douala le 20 décembre 2018.

Colasse, B. (1993). *Comptabilité générale*, 4e édition, Economica, Paris, 1993.

Colasse, B. (2006). « IFRS : un défi et une opportunité pour l'enseignement de la comptabilité », *Revue Française de Comptabilité*, n° 385, février, pp. 37-40.

Corre, J., Paul, J., Pérochon, C. (1971). « Le Plan Comptable Général de l'OCAM et de l'entreprise ». *Guide d'application*, éd. Broché, 187 p.

Couret, A. ; Hirigoyen, G, (1997). *Initiation à la gestion*, Edition Dunod.

Degos, J.-G. et Souleymanou, K. (2016). « Changement de paradigmes de la comptabilité financière pour une meilleure gouvernance des entreprises », *Revue du FINANCIER*, n° 221, vol 38, Septembre-Octobre 2016, pp. 45-71.

Degos, J.-G. et Souleymanou, K. (2018). « Révision de l'Acte Uniforme SYSCOHADA : à l'heure d'adoption des normes IFRS dans les structures informelles des États parties ? », *Revue du FINANCIER*, n° 228 - 229, vol 39-40, Novembre 2017-Février 2018, pp. 50-73.

Depallens, G., et Jobard, J.-P. (1997). « Gestion financière de l'entreprise », 11ème édition, Editions Sirey, 1078 p.

Deprez, M. et Duvant, M. (1992). *Comptabilité Générale*. Techniques. France, 471 p.

Eyraud, C. (2015). « Comptabilité privée et action publique. Les transformations de l'État et du capitalisme ». *Revue Française de Socio-Économie*, 2 (Hors-série), pp. 201-212, Éditions La Découverte.

Garnier, P. (1947). *La comptabilité algèbre du droit et méthode d'observation des sciences économiques*, Paris, Dunod, 216 p. – Dominique Ledouble (2005). « La comptabilité est-elle encore "l'algèbre du droit" ? », *Revue française de comptabilité, septembre*, n°380, pp.18-21.

Gouadain, D. (2000). « Le SYSCOA, ce méconnu », *Comptabilité-Contrôle-Audit*, tome 6, volume 1, mars, pp. 85-99.

Gouadain, D., Wade, M. El B. (2002). *Comptabilité Générale Système Comptable OHADA*, Agence Universitaire de la Francophonie, Paris, Éditions ESTEM, 378 p.

Gouadain, D., Wade, M. El B. (2009). SYSCOA/OHADA. In Colasse, B. (Ed.). Encyclopédie de Comptabilité, Contrôle de Gestion et Audit. Economica, pp. 1301-1316.

Hatchuel, A. (2010). « La comptabilité vue par les romanciers », *Le Monde*, 16-09.

Journal Officiel Système Comptable OHADA (2017). *Acte Uniforme relatif au droit comptable et à l'information financière et Système comptable OHADA (SYSCOHADA)*, numéro spécial, édition du 15 février, Yaoundé, 1246 p.

Journal Officiel Système Comptable OHADA (2000). Édition du 20 novembre, n° 10, 448 p.

Kamgo, I., Keumoe F.,J., Bonlong, J. (2008). *Système Comptable OHADA: Initiation à la comptabilité générale, opérations courantes, opérations spécifiques*, 2e Edition, AUDICO PLUS, 466 p.

Kovalin, T. (2007). Présidentielle française : Quelles conséquences pour l'Afrique noire francophone ? 18 février, http:// kovalin.oldiblog. com.

Kuhn, T. S. (1970). *The Structure of Scientific Revolutions*, 2nd ed. Aug., International Encyclopedia of Unified Science, Chicago, University of Chicago Press.

Kuhn, T.S. (1962). *The Structure of Scientific. Revolution science and technology studies. 1 image of science modernity*. Bruno Latour 2. 1. 1990. 6, pp. 31-74.

Lassègue, P., Déjean, F., Le Theule, M.-A. (2015). *Lexique de Comptabilité*, 8ème édition Dunod, 1217 p.

Littleton A. C. (1953). *Structure of Accounting Theory*, Monographie n°5, American Acounting Association.

Maldonado-Torres, N. (2007). « On the coloniality of being: Contributions to the development of a concept », *Journal of Cultural studies, Taylor & Francis Group*, vol. 21, n°2-3, pp.240-270.
Muller-Lagarde, Y. (2014). « Normalisation comptable : Actualités et Enjeux », ouvrage collectif, éd. Académie des sciences techniques comptables et financières, Université Paris Nanterre, sous dir. pp.34-38.
Nelson, R.R. et Winter, S.G. (1982). *An Evolutionary theory of Economic Change.* Cambridge (Mass.), Belknap Press/Harvard University Press.
Ngongang, D. et Souleymanou, K. (2008). « Mutation Comptable OCAM – OHADA et facteurs déterminants du changement dans les entreprises camerounaises », *Euro-mediterranean economics and finance review*, vol. 3, n°1, *first quarter*, pp. 190 – 207.
Ody, A.M. (2012). *L'Organisation Commune Africaine et Malgache (OCAM) : de la naissance à l'effritement (1965-1985)*, Université Félix Houphouët-Boigny.
Perochon, C. (1995). *Comptabilité générale*, Foucher.
Perochon, C. (2000). Normalisation Comptable francophone. In Colasse, B. (dir.), Encyclopédie de Comptabilité, Contrôle de gestion et Audit. Paris, Economica, pp 371-382.
Perochon, C. (2009). « Normalisation comptable francophone », *in COLASSE B. (direction), Encyclopédie de comptabilité, contrôle de gestion et audit.* Paris: Economica, pp 1081-1095.
Perochon, C., et Leurion, J. (1976). *Analyse comptable et gestion prévisionnelle*, Techniques Quantitatives de Gestion - tome 6, éd. Foucher, Paris, 310 p.
Pintaux, P. (2002). « Le Système comptable Ouest Africain (SYSCOA), l'Intégration économique par la comptabilité », *Tertiaire*, n° 104/nov.- déc.
Ranjeva, R. (1978). *La succession d'Organisations internationales en Afrique*, Paris, A. Pedone, 418 p.
Revault, P. (2010). « La normalisation comptable: État des lieux en 2010, CREG », article en ligne sur le site du CREG.
Scheid, J.-C. (1995). « Comptabilité et culture », in Mélanges en l'honneur du Professeur Claude Perochon, Foucher.
Sere, S. (2000). *Acte uniforme du 24 mars 2000 portant organisation et harmonisation des comptabilités des entreprises, OHADA Traité et actes uniformes commentés et annotés*, 2e édition, Juriscope.
Stolowy, H. (1996). « La comptabilité internationale : ESSAI de définition sur la base d'ouvrages et de syllabus », *Revue de Droit comptable*, Avril, n° 93.
Sylvain, F. (1982). *Dictionnaire de la comptabilité et des disciplines connexes*, avec la collaboration de Murielle Arsenault, Jean François Joly, Dominique Ledouble et Henri Olivier, 2e éd. Toronto, Institut canadien des comptables agréés; Paris, Ordre des experts comptables et des comptables agréés; Bruxelles, Institut des reviseurs d'entreprises, xxi-662 p.
Tchundjang-Pouemi, J. (2000). *Monnaie, servitude et liberté*, éd. Menaibuc, 284 p.
Vernimmen, P. (1991). *Finance d'entreprise, Analyse et gestion*, 5ième édition Dalloz.

ANNEXES

Annexe 1. Tableau d'expériences sur les raisons et l'horizon des perspectives évolutionnistes de la comptabilité dans les pays membres du système OHADA

	Pays	Raisons d'évolution	Horizons d'évolution
1	**Bénin** (***RRNC de mars 2009***)	-Parmi les orientations fondamentales qu'il contient, le traité de l'UEMOA accorde une importance à l'harmonisation des législations et des normes économiques, juridiques, financières et comptables des pays membres et à leur compatibilité avec les pratiques internationales. - Créer un cadre institutionnel et légal au SYSCOA, en mettant en place des structures nationales et même communautaires, afin de veiller à sa bonne application et en assurer l'adaptation aux évolutions de l'environnement comptable, économique et juridique ; -Jouir d'une stabilité politique et d'un positionnement géographique enviables. Car, le Bénin peine à tirer profit de sa situation en raison de l'environnement peu favorable aux affaires, du manque des infrastructures, du poids du secteur informel.	-Améliorer le cadre institutionnel régional et national de la normalisation comptable en faisant fonctionner efficacement les organes de normalisation prévus ; -Etablir une relation de partenariat avec un ordre professionnel de renommée internationale afin de renforcer la profession comptable et lui permettre d'exercer efficacement ses fonctions ; -Améliorer le rôle des auditeurs et augmenter la transparence comptable et financière dans les secteurs privé et parapublic
2	**Burkina Faso** (***RRNC d'Avril 2010***)	- Accélérer l'évolution des textes réglementaires régissant la comptabilité et l'audit édictés par l'Acte Uniforme portant Organisation et Harmonisation des Comptabilités d'Entreprises et complétés par les dispositions et plans comptables développés par la BCEAO et le code CIMA depuis leur entrée en vigueur, en raison des insuffisances de fonctionnement des structures communautaires chargées d'assurer leur adaptation aux évolutions de l'environnement comptable, économique et juridique nationales.	-Poursuivre avec la Commission de l'UEMOA, la convergence du SYSCOA vers les IFRS. -Renforcer le cadre légal et réglementaire en l'harmonisant aux pratiques internationales -Encourager l'ONECCA-BF à progresser vis-à-vis des Déclarations des Obligations des Membres de l'IFAC en développant et en mettant en œuvre une feuille de route ; - Encourager les professionnels comptables et le secteur privé à soutenir la mise en œuvre de ces normes par la mise à jour régulière de ses programmes de formation

		- Améliorer la gouvernance par (i) la transparence dans les dotations et l'exécution budgétaire, (ii) le renforcement des capacités des organes de contrôle, (iii) l'amélioration du climat des affaires, et (iv) le développement du secteur privé, moteur de la croissance ce qui requiert un renforcement de la transparence financière par l'application des normes et pratiques de gouvernance et de responsabilité conformes aux standards internationaux.	professionnelle initiale et continue et le développement de guides de mise en œuvre.
3	**Cameroun** (***ONECCA de février 2002 et 2018***)	-Les principales innovations comptables se situent sur le plan sémantique, sur celui du dispositif juridique, et enfin sur le plan de la conception et présentation de l'information comptable. - Beaucoup d'efforts continuent d'être faits, notamment pour : -une meilleure organisation au niveau de l'Afrique pour une meilleure contribution du continent à la régulation mondiale ; -l'adoption des normes d'audit de l'IFAC et la convergence forte vers les IFRS à travers les standards techniques de l'IFAC ; - L'Ordre du Cameroun se prononce d'ores et déjà pour une évolution normale de la situation et non pour une révolution qui mettrait en mal ces divers questionnements en faisant table rase des acquis du passé.	- Développer un cadre comptable intégré et complet (y compris la comptabilité de base de la comptabilité d'exercice, la distinction entre les opérations par exercice et l'identification des arriérés de paiement) est mis en place en vue d'enregistrer et de présenter les opérations financières du gouvernement central. - Les autorités doivent s'engagent à veiller à ce que les opérations de financement du gouvernement (y compris les opérations budgétaires) soient présentées dans le cadre du cadre comptable intégré et complet susmentionné, quoique les comptes qui suivent les opérations du système de sécurité sociale continuent d'être de mauvaise qualité. - En outre, dans un premier temps pour accroître la transparence de ses opérations financières, afin de faire adopter les normes comptables internationales.
		- Elaborer des projets de mise à jour permanente du Système comptable, en fonction de l'évolution juridique, économique et financière internationale ;	- Favoriser un cadre juridique comorien permet aux autorités de coopérer largement avec leurs homologues étrangers pour échanger des informations, pour les

4	**Comores** (*RRNC d'Octobre 2010*)	- Suivre et veiller à la mise en application du Système comptable OHADA et ses révisions dans les États parties ; - Susciter la mise en œuvre de l'harmonisation des liasses fiscales dans les « États parties ».	enquêtes et les procédures visant à mettre en œuvre des mesures provisoires et la confiscation des produits et des instruments utilisés pour l'extradition et pour l'assistance juridique mutuelle.
5	**Congo** (*RRNC de septembre 2010*)	- Participer à la gestion de ces entités à travers les Comités de direction qui élaborent les politiques et décisions de gestion et effectuent le suivi–évaluation des performances ; - Une amélioration des méthodes de tenue comptable en vue d'améliorer l'image fidèle et réaliste apportée par les états financiers ; - Une meilleure compréhension des comptabilités et de leur contrôle ; - Une meilleure comparaison des informations comptables dans le temps et dans l'espace ; - Une plus grande facilité de consolidation des comptes pour l'élaboration des statistiques nationales	-Améliorer le cadre institutionnel régional, national, faire fonctionner les organes de rationalisation (le *Conseil National de Comptabilité* "CNC" de l'OHADA) et s'assurer des ressources adéquates ; - Amélioration du cadre juridique et réglementaire des affaires (fonctionnement des tribunaux de commerce, mise en place de Chambre d'arbitrage, etc.) et l'amélioration de l'attractivité du Congo pour l'investissement privé ; -Renforcer la pratique comptable, améliorer le rôle des auditeurs et accroître la transparence financière dans les secteurs privé et parapublic
6	**Côte d'Ivoire** (*RRNC de Juin 2009*)	- Favoriser l'évolution des textes réglementaires de l'OHADA liés aux normes comptables, conçus pour l'essentiel depuis leur entrée en vigueur en raison du non fonctionnement des structures nationales et communautaires chargées d'assurer leur adaptation aux évolutions de l'environnement comptable, économique et juridique. -Renforcer le cadre légal et réglementaire en l'harmonisant avec les bonnes pratiques internationales ; - Elaborer des projets de mise à jour permanente du Système comptable, en fonction de l'évolution juridique, économique et financière internationale ;	- Permettre au *Conseil Comptable Ouest Africain* (CCOA) de se rapprocher de la comptabilité et de l'audit d'autres organismes internationaux, et assurer leur mise en application dans la zone. -Adopter comme normes d'audit nationales les *Normes Internationales d'Audit* (ISA) et élaborer les textes réglementaires pour son application ; - Favoriser la CNC OHADA, en sa qualité d'Organisme de normalisation régionale, à réaliser un diagnostic du Système comptable OHADA et l'adapter aux normes IFRS en tenant compte de l'environnement économiques des pays ;

		- Suivre et veiller à la mise en application du Système comptable OHADA dans les États parties ; - Susciter la mise en œuvre de l'harmonisation des liasses fiscales dans les États parties ».	- Adopter les normes IFRS pour les entités d'intérêt public, notamment, l'IFRS pour les PME, pour les autres entreprises, et des normes plus spécifiques pour les TPE de façon progressive et établir des mécanismes pour adopter les nouvelles normes internationales et les normes révisées de manière continue serait la meilleure solution.
7	**Gabon** (***RRNC d'Avril 2011***)	- Rapprocher les plans comptables en vigueur des IFRS pour la préparation des rapports financiers des entités d'intérêt public, des IFRS pour les Petites et Moyennes Entreprises (PME) pour les autres entités, mais aussi de normes comptables spécifiques et allégées pour les Très Petites Entreprises (TPE). Cela permettrait de s'assurer que des normes adaptées à la taille et à l'importance des entités sont utilisées pour la préparation des rapports financiers correspondants - Poursuivre avec la Commission de normalisation de l'OHADA la convergence vers les IFRS	- Assister l'organisation professionnelle comptable du pays à progresser vis-à-vis des Obligations des Membres de l'IFAC en mettant en œuvre une feuille de route ; -Assurer l'adaptation aux évolutions de l'environnement comptable, économique et juridique, de l'Acte Uniforme portant Organisation et Harmonisation des Comptabilités d'Entreprises, des plans comptables et des dispositions prudentielles développés par la COBAC et le code CIMA, en raison des insuffisances de fonctionnement des organes communautaires chargés
		- Appuyer les efforts des autorités guinéennes pour renforcer la pratique comptable, améliorer le rôle des auditeurs et augmenter la transparence financière dans les secteurs privé et parapublic ; - Stimuler l'investissement privé et améliorer la compétitivité des entreprises ; - Assurer une meilleure gouvernance au sein du secteur marchand privé ou parapublic et – Assurer l'intégration accrue de l'économie guinéenne au plan international, en particulier en Afrique.	- Engager les acteurs à mettre en place la Commission nationale de normalisation comptable conformément aux dispositions de l'OHADA. - Adopter les textes pour la mise en place de normes comptables en Guinée à travers un partenariat public-privé qui permettrait notamment aux PME et TPE de tenir une comptabilité. - Adopter comme normes d'audit nationales le code d'éthique de l'IFAC, et élaborer les textes réglementaires pour son application. - Encourager les Autorités du pays à engager des actions

8	**Guinée Conakry** (***RRNC de Mars 2013***)	- Mieux appliquer les règles existantes et, à moyen et long terme, renforcer le cadre légal et réglementaire existant, et l'harmoniser avec les bonnes pratiques internationales. - Améliorer le cadre institutionnel régional et national en faisant fonctionner l'organe de normalisation CNC de l'OHADA et s'assurer qu'il est doté de ressources adéquates. - Poursuivre avec la Commission de normalisation de l'OHADA, la convergence du Système comptable OHADA vers les IFRS. - Mettre en place un Plan comptable bancaire pour les établissements de crédit, à réactualiser le Plan Comptable sectoriel pour les sociétés d'assurances et à adopter les dispositions de l'OHADA relative aux conditions d'exercice des activités de commissaire aux comptes.	pour assister l'organisation professionnelle comptable du pays à progresser vis-à-vis des Déclarations des Obligations des Membres de l'IFAC en développant et en mettant en œuvre une feuille de route. - Adopter les normes professionnelles d'audit et d'un code de déontologie conformes à ceux des conseils de normalisation indépendants de l'IFAC, - développer un mécanisme de contrôle qualité au sein des cabinets et à plus long terme dans la profession, - Mettre en place une Commission nationale de Normalisation Comptable en synergie avec celles envisagées et/ou déjà en cours au sein de l'espace OHADA.
9	**Guinée-Bissau** (***Rapport FMI de Décembre 2017***)	- Renforcer la capacité de l'unité chargée de l'audit de l'évaluation de la valeur des marchandises ; - Mettre à jour les pratiques d'audit afin d'améliorer la conformité ; - Renforcer l'importante unité des contribuables ; - Encourager les Autorités du pays à engager des actions pour assister l'organisation professionnelle comptable du pays à progresser vis-à-vis des Déclarations des Obligations des Membres de l'IFAC en développant et en mettant en œuvre une feuille de route qui pourrait être financée par des bailleurs de fonds ; - Instaurer un système de contrôle qualité interne des cabinets destiné à assurer la qualité de la pratique comptable et d'audit ainsi que le respect des règles	- Cerner les limites dans le processus de vérification externe et recommander des mesures à prendre pour assurer l'adéquation du mécanisme par la sélection de cabinet d'audit expérimenté pour effectuer des vérifications conjointes ; - Améliorer des méthodes de tenue comptable en vue d'améliorer l'image fidèle et réaliste apportée par les états financiers ; - Assurer une meilleure compréhension des comptabilités et de leur contrôle ; - Assurer une meilleure comparaison des informations comptables dans le temps et dans l'espace ; - Assurer une plus grande consolidation des comptes ; - Assurer l'élaboration des statistiques assez évoluées.

		déontologiques au sein de la profession.	
10	**Guinée équatoriale** (***Rapport FMI de Septembre 2015***)	- Renforcer les capacités techniques et d'organisation des Tribunaux de Commerce pour le contrôle du respect de dépôt des états financiers des SA ; - Mettre un place une centrale des bilans pour lutter contre la multiplicité des bilans et l'exercice illégal de la profession ; - redéfinir les missions des corps de contrôle pour éviter les redondances et renforcer les organismes maintenus notamment la Chambre des Comptes ou la Cour des comptes pour un contrôle indépendant des entreprises publiques ; - formaliser la création du comité de pilotage pour développer un plan d'actions détaillé des réformes résultant des recommandations de la mission ROSC et assurer la coordination des actions ainsi que le suivi de leur mise en application.	- Favoriser le processus interne de soumission des données financières à de vérification en raison de la faiblesse de la capacité de vérification ; - Faciliter les accords de négociation avec la Banque mondiale, sur les services consultatifs remboursables, afin d'améliorer le climat des affaires et de développer une agence de promotion de l'investissement. Ils ont également pris des mesures pour accroître la transparence et la reddition de comptes en créant une cour de vérification et un organisme de promotion de l'investissement ; - Encourager les autorités à prendre les mesures nécessaires pour améliorer la compilation ainsi que la diffusion des informations comptables fiables.
11	**Mali** (***RRNC de Mai 2009***)	- Fonder les comparaisons sectorielles inter-États sur la base d'un référentiel comptable commun, à même de faire ressortir la taille des entreprises ; - Renforcer les analyses de performances et de perspectives financières des entreprises afin d'éclairer les décisions de gestion, d'investissement et d'octroi des crédits ; - Soutenir le fonctionnement du marché financier régional en lui fournissant des données comptables et financières fiables ; - Améliorer des méthodes de tenue comptable en vue	- Améliorer le cadre institutionnel, régional et national en faisant fonctionner les organes de normalisation au niveau national ; - Adopter les normes d'audit internationales au niveau régional et veiller à leur application pour renforcer la profession comptable à l'aide de chaque Ordre national ; - Appuyer les efforts des autorités maliennes pour renforcer la pratique comptable. - Permettre à l'État de participer à l'élaboration des politiques et des décisions de gestion pour le suivi-

		d'améliorer l'image fidèle et réaliste apportée par les états financiers ; - Assurer une meilleure compréhension des comptabilités et de leur contrôle ; - Assurer une meilleure comparaison des informations comptables dans le temps et dans l'espace.	évaluation de leurs performances ; - Permettre à l'ONECCA de disposer d'une structure adaptée à ses missions, et aussi à son fonctionnement amélioré pour atteindre les résultats escomptés ; - Assurer une plus grande consolidation des comptes afin de faciliter l'élaboration des statistiques nationales.
12	**Niger** (***RRNC de Mai 2009***)	- Faire évoluer considérablement le régime juridique de l'activité comptable au Niger au cours de ces dernières années, constitué actuellement par le droit OHADA, le droit communautaire UEMOA, le droit communautaire CIMA ainsi que le droit national non contraire aux normes communautaires ; - Accorder une importance à l'harmonisation des législations et des normes économiques, juridiques, financières et comptables des pays membres et à leur compatibilité avec les pratiques internationales, le Système Comptable Ouest Africain (SYSCOA), institué par l'UEMOA, constituant le deuxième essai majeur de normalisation comptable au Niger.	- Engager avec la Commission de l'UEMOA, l'actualisation du SYSCOA, grâce à un dispositif incitatif pour redynamiser les *Centres de Gestion Agréé* (CGA). - Engager un processus de mise en conformité des normes régionales avec les ISA et faciliter l'adhésion des pays membres de l'union à l'IFAC (*Fédération International des Experts Comptables*) - Renforcer le cadre légal et réglementaire existant et de l'harmonisant avec les bonnes pratiques internationales
13	**République Centrafricaine** (***RRNC d'Avril 2011***)	- Elaborer des projets de mise à jour permanente du Système comptable, en fonction de l'évolution juridique, économique et financière internationale ; - Suivre et veiller à la mise en application du Système comptable OHADA dans les États parties ; - Susciter la mise en œuvre de l'harmonisation des liasses fiscales dans les « États parties » ; - Redynamiser les organes communautaires pour une	- Envisager l'évolution du Code CIMA dans le cadre des travaux de la commission OHADA dans le secteur des assurances, où les règles comptables du Code CIMA se distinguent nettement de celles que préconisent les IFRS sur plusieurs aspects essentiels. - Garantir à l'équipe du ROSC que les normes comptables Système comptable OHADA sont appliquées de façon suffisante par les entreprises centrafricaines et que le niveau d'information fournie n'est

		mise à jour des plans comptables. Il apparaît ainsi nécessaire que les instances communautaires se rapprochent des plans comptables des IFRS pour la préparation des rapports financiers des entités d'intérêt public, des IFRS pour les Petites et Moyennes Entreprises (PME) pour les autres entités, mais aussi de normes comptables spécifiques et allégées pour les Très Petites Entreprises (TPE) ; - S'assurer que des normes adaptées à la taille et à l'importance des entités sont utilisées pour la préparation des rapports financiers correspondants. Toutefois, les défis de la transposition et de l'application effective des normes se poseront au niveau national d'où l'impérieuse nécessité d'assurer le renforcement des capacités de l'Ordre des Experts Comptables à développer des activités de soutien de mise en œuvre tels que des formations ou des guides d'application, et de créer la Commission nationale de Normalisation Comptable.	pas faible pour un investisseur international. - Améliorer le cadre institutionnel régional et national en faisant fonctionner les organes de normalisation tels que la CNC de l'OHADA et le Secrétariat Exécutif de la CEMAC et s'assurer qu'ils sont dotés de ressources adéquates. - Améliorer l'efficacité au vu de la pratique mais aussi pour traiter certaines opérations ou situations que les normes n'avaient pas initialement prévues. - Rapprocher la CNC OHADA des organes de la CEMAC et de l'UEMOA pour harmoniser les interventions et éviter une duplication et une lourdeur dans les prises de décisions. - Engager avec le Secrétariat permanent de l'OHADA l'actualisation du SYSCOHADA.
14	 **République Démocratique de Congo** (***RRNC d'Avril 2010***)	- Renforcer le cadre légal et réglementaire en l'harmonisant aux pratiques internationales ; - Amélioration du cadre juridique et réglementaire des affaires (processus d'adhésion à l'OHADA engagé, élaboration d'un code du travail, d'une nouvelle législation fiscale et d'un nouveau code minier, fonctionnement des tribunaux de commerce, etc.) et l'amélioration de l'attractivité du pays pour l'investissement privé ; - Assurer une meilleure gestion des personnes physiques morales	- Engager un processus d'adoption d'un nouveau référentiel comptable qui soit compatible avec les normes internationales IFRS. - Adopter des normes professionnelles de l'IFAC, notamment avec les ISA et un code de déontologie compatible avec le code d'éthique professionnel de l'IFAC ; - Favoriser la migration des petites et moyennes entreprises vers le secteur formel ; - Améliorer l'attractivité du pays, force est de constater qu'il subsiste encore

		immatriculées au greffe par un suivi et une informatisation du Registre de Commerce et du Crédit Mobilier ; - Permettre la réception, la consultation et l'archivage des états financiers qui seront déposés par les entreprises ; - Afin de rapprocher l'enseignement professionnel comptable avec les préconisations de l'IFAC en matière d'éducation, il serait nécessaire de créer un diplôme d'expertise comptable qui donne une accréditation pour exercer la profession en RDC.	d'importants goulots d'étranglement au plan du cadre juridique, judiciaire, administratif et réglementaire ; - Que tous les agents économiques exerçant une activité sur le territoire congolais, quelle qu'en soit la nature ou la forme juridique, tiennent une comptabilité suffisamment détaillée pour permettre l'enregistrement de toutes les opérations et l'établissement dans des conditions satisfaisantes des documents de synthèse. Les états financiers annuels doivent être établis dans les six mois qui suivent la clôture de l'exercice.
15	**Sénégal** (***RRNC d'Avril 2005***)	- Renforcer le cadre légal et réglementaire existant et de l'harmonisant avec les bonnes pratiques internationales - Stimuler l'investissement privé et l'amélioration de la compétitivité des entreprises, - Assurer une meilleure gouvernance au sein du secteur marchand privé ou parapublic ; - Assurer l'intégration accrue de l'économie sénégalaise au plan international, en particulier en Afrique ; - Adopter des règles comptables spécifiques aux institutions de microfinance [Compétence : UMOA]. - S'assurer de plus de l'efficacité du mécanisme d'attribution de la force exécutoire aux normes comptables [Compétence : UEMOA] ; - Instaurer un système de contrôle de l'exercice professionnel, destiné à assurer la qualité de la pratique comptable et d'audit et le respect des règles déontologique au sein de la profession [Compétence : CPPC, en concertation avec les autorités et les ONECCA	- Faire évoluer le contexte international des normes SYSCOA-SYSCOHADA pour les rapprocher des normes IFRS. - Lutter contre l'exercice illégal en renforçant le régime de sanctions contre les entreprises ayant recours à des prestataires non-inscrits à l'Ordre National des Experts Comptables et Comptables Agréés (ONECCA) ; - Faire évoluer les normes comptables du SYSCOA-SYSCOHADA en tenant compte du contexte international, ce qui conduira à les rapprocher des normes IFRS [Compétence : UEMOA et OHADA]. - Rapprocher le PCB et les règles comptables du Code CIMA avec les IFRS, de manière à améliorer la qualité des états financiers des banques et des compagnies d'assurance, et ce tout en respectant les contraintes liées à la fourniture aux régulateurs d'une information comptable conforme aux règles prudentielles [Compétence : UMOA et CIMA].

		nationaux et les organes de contrôle du système financier].	
16	Tchad (***RRNC d'Avril 2014***)	- La qualité de l'enseignement de la comptabilité et de l'audit doit être améliorée afin de répondre aux besoins du secteur privé. - Réunir des professionnels de la comptabilité et de l'audit en République du Tchad ; - Collaborer avec les pouvoirs publics dans la définition des programmes de formation et l'organisation d'examens professionnels de comptabilité, et de faire des suggestions aux autorités publiques concernant l'évolution de la profession comptable ; - Mettre constamment à jour les normes comptables non seulement pour améliorer leur efficacité dans la pratique, mais aussi pour faire face aux opérations et aux situations qui n'avaient peut-être pas été prévues plus tôt ; - Aligner le tableau des comptes dans les secteurs sur le Système comptable de l'OHADA et sur les IFRS à long terme, quoique l'alignement des normes et codes comptables actuels dans le secteur bancaire avec les IFRS soit en cours ; - Adopter les IFRS pour les entités publiques et les normes comptables révisées de l'OHADA pour les PME, ce qui permettrait également une comparaison plus efficace des données financières à l'échelle internationale.	- Opter pour une harmonisation progressive avec les principes IFRS sans modification. Toutefois, comme mentionné plus haut, il est peut-être nécessaire d'adopter des normes spécifiques pour certaines catégories d'entités. - Compte tenu de l'environnement international et de l'évolution des normes comptables internationales, le secteur bancaire ne peut s'abstenir d'adopter les IFRS. - Améliorer progressivement les normes comptables du Système comptable OHADA, afin de les aligner sur les IFRS, en tenant compte de l'environnement économique des pays membres ; - Engager les autorités nationales à assurer l'adoption progressive de directives régionales sur les normes comptables publiques pour le budget de l'État et, à long terme, à assurer le respect de l'IPSAS. Les autorités de la CEMAC devraient également s'orienter vers une plus grande convergence avec l'IPSAS qui régit la gestion des finances publiques ; - Défendre les intérêts des professionnels de la comptabilité ; - Promouvoir la pratique de la comptabilité en tant que profession indépendante.
		- Mettre en place un cadre juridique et réglementaire efficace ; - Diffuser d'informations régulières et consolidées sur les entreprises publiques et la publication d'un rapport annuel agrégé sur ces entreprises ;	- Améliorations nécessaires pour permettre au pays de respecter les normes internationales en la matière. - Engager avec la Commission de l'UEMOA et l'OHADA, le processus d'adoption des normes IFRS.

17	**Togo** (***RRNC d'Avril 2010***)	- Mettre en place de procédures de contrôle interne efficaces ainsi que de comités d'audit interne ; - Publier les informations financières significatives. - Formaliser la création du comité de pilotage pour développer un plan d'actions détaillé des réformes résultant des recommandations de la mission ROSC et assurer la coordination des actions ainsi que le suivi de leur mise en application ; - Elaborer des projets de mise à jour permanente du Système comptable, en fonction de l'évolution juridique, économique et financière internationale ; - Suivre et veiller à la mise en application du Système comptable OHADA dans les **État**s parties ; - Susciter la mise en œuvre de l'harmonisation des liasses fiscales dans les « États parties » ; - - Améliorer le cadre institutionnel régional et national en faisant fonctionner les organes de normalisation tels que le CNC de l'OHADA, le CCOA et les CNC au niveau national et s'assurer qu'ils sont dotés de ressources adéquates ; - - Instaurer un système de contrôle de l'exercice professionnel destiné à assurer la qualité de la pratique comptable et d'audit ainsi que le respect des règles déontologiques au sein de la profession.	- Engager avec les acteurs sectoriels et communautaires l'adoption des normes IFRS dans les secteurs bancaires et celui des assurances. Dans le cas particulier des banques et établissements financiers, l'Acte Uniforme portant organisation et harmonisation des comptabilités des entreprises les exclut du Système comptable OHADA. - Mettre en place un processus d'intégration des comptables agréés qui passerait par l'organisation d'une formation technique et professionnelle adéquate. - Renforcer la gouvernance des entreprises publiques par l'adoption de mesures similaires aux lignes directrices de l'OCDE en matière de gouvernance d'entreprises publiques ; - Renforcer les capacités techniques, humaines et matérielles de l'ONECCA-TOGO afin de lui permettre d'exercer efficacement son rôle. - L'ONECCA devrait élaborer un plan stratégique définissant les besoins à court et moyen termes et leur financement éventuel.

Annexe 2. États membres ayant ratifié la Charte de l'OCAM le 27 juin 1966

N°	États	Adhésion à l'OCAM	Retrait de l'OCAM
1	République fédérale du Cameroun	27 juin 1966	31 juillet 1973
2	République populaire du Congo	27 juin 1966	15 août 1972
3	République Démocratique du Congo	26 mai 1965	21 avril 1972
4	République de Côte d'Ivoire	27 juin 1966	23 mars 1985
5	République du Dahomey (Bénin)	27 juin 1966	23 mars 1985
6	République Gabonaise	27 juin 1966	Septembre 1976
7	République de Haute Volta (Burkina Faso)	27 juin 1966	23 mars 1985
8	République malgache	27 juin 1966	04 juillet 1973
9	République du Niger	27 juin 1966	23 mars 1985
10	République Centrafricaine	27 juin 1966	23 mars 1985
11	République Rwandaise	27 juin 1966	23 mars 1985
12	République du Sénégal	27 juin 1966	23 mars 1985
13	République du Tchad	27 juin 1966	03 juillet 1973
14	République togolaise	27 juin 1966	23 mars 1985
15	Ile Maurice	Janvier 1969	En 1982
16	Mauritanie	12 février 1965	06 juillet 1965

Annexe 3. États constitutifs de l'OCAM du 28 juin 1966

N°	États	Indépendance	Gouvernant de la République
1	République du Sénégal	20 août 1960	Léopold-Sédar Senghor
2	République de Côte d'Ivoire	7 août 1960	Félix Houphouet-Boigny
3	République de la Haute-Volta (Burkina Faso)	5 août 1960	Sangoulé Lamizana
4	République Togolaise	27 avril 1960	Nicolas Grunitzky
5	République du Dahomey (Bénin)	1er août 1960	Christophe Soglo(1)
6	République du Niger	3 août 1960	Diori Hamani
7	République du Tchad	11 août 1960	François Ngarta Tombalbaye
8	République fédérale du Cameroun	1er janvier 1960	El Hadj Ahmadou Ahidjo
9	République Centrafricaine	13 août 1960	Jean Bédel Bokassa
10	République Gabonaise	17 août 1960	Léon M'BA
11	République populaire du Congo(1)	15 août 1960	Alphonse Massemba-Debat
12	République Démocratique du Congo	30 juin 1960	Pierre Ileka (2)
13	République Rwandaise	1er juillet 1962	Rusingizandekwe (3)
14	République Malagasy	26 juin 1960	Calvin Tsiebo (4)
15	Île Maurice	12 mars 1968	

Source : Textes constitutifs de l'Organisation Commune Africaine et Malgache Tananarive, 28 juin 1966, Paris, Editions Diloutremer, 1966, p.8.

(1). Monsieur Christophe Soglo (du 28 octobre 1963 au 24 janvier 1964 et du 22 décembre 1965 au 16 décembre 1967), Ambassadeur, Ministre plénipotentiaire avait pris part à la ratification de la Charte de l'OCAM du 27 juin 1966. À ne pas confondre avec Monsieur Nicéphore Soglo qui était président de 4 avril 1991 au 5 avril 1996. Le Président en exercice lors de l'indépendance du 1er août 1960 au 27 octobre 1963 était bien
Monsieur Hubert MAGA.

(2). Ambassadeur, Ministre plénipotentiaire

(3). Ministre des Travaux publics, des Postes et Télécommunications

(4). Vice-président de la République

(5). La devise n'existait pas à cette époque du 26 juin 1960.

www.droit-afrique.com OCAM Convention fiscale 14/14

Annexe 4. Comparaison des éléments évolutifs du Plan OCAM au SYSCOHADA

ELEMENTS	COMMENTAIRES	
	OCAM	**SYSCOHADA**
Objectifs	L'image fidèle n'est qu'un principe parmi tant d'autres. Il n'apparaît pas comme l'ultime but recherché. OCAM a les mêmes objectifs que le système OHADA. Cependant ici il n'y a pas de souci d'adaptation du Plan OCAM aux normes internationales. OCAM n'a pas de référentiel juridique, les informations sont donc peu fiables. Le Plan OCAM respecte les principes comptables généralement admis mais sans les énoncer explicitement. Il devient facile d'aboutir à des interprétations divergentes.	Obtenir une image fidèle est plus qu'un principe. C'est le but ultime de tous les principes. Le comptable est invité à déroger à tous les autres principes du SYSCOHADA si cela s'avère indispensable pour obtenir l'image fidèle. Les objectifs du Système OHADA consistent à : - mettre sur pied un système uniforme pour tous les états parties prenantes au traité. Produire une information qui facilite la prise des décisions. - adapter les modèles comptables aux normes internationales. - produire les informations fiables. Pour cela ; la création d'un référentiel juridique qui est un véritable socle du système, composé de 113 articles. Le Système OHADA énonce 8 principes comptables généralement admis (prudence, permanence, coût historique, etc.) afin d'éviter des interprétations divergentes.
États financiers	Il faut dresser le bilan, le tableau des soldes caractéristiques de gestion, tableau de passage au solde des comptes patrimoniaux, l'annexe du bilan. La comparaison d'une année à l'autre est impossible par la seule lecture des états financiers.	Il faut dresser : le bilan, le compte du résultat, le TAFIRE, l'état annexé. Un état supplémentaire statistique, un état consolidé pour les entreprises dominantes. Chacun des postes des états financiers comporte l'indication de chiffre relatif au poste correspondant de l'exercice précédent. D'où des comparaisons aisées.
	L'approche juridique est prédominante. La trésorerie se confond avec l'actif circulant. Il n'est pas fait allusion aux actifs Hors Activités Ordinaires qui se confondent avec les autres actifs. Le bilan mentionne les comptes de régularisation. Le classement est fait par liquidité croissante. (les comptes sont ordonnés). Les grandes masses ne sont pas mises face à face. Les analyses financières sont rendues difficiles.	Tant pour l'actif que pour le passif, c'est l'approche gestion qui a été retenue. La trésorerie est dissociée de l'actif circulant. Les actifs HAO (Hors Activités Ordinaires) sont dissociés des autres actifs. Les comptes de régulations disparaissent du bilan. Le classement par liquidité croissante n'est plus respecté. (Les comptes ne sont plus ordonnés). Les grandes masses sont mises face à face : les ressources durables sont faces à l'actif immobilisé ; le passif circulant est face à l'actif circulant. La "trésorerie passif" est face à la "trésorerie actif". Ceci facilite les analyses financières.

	Seuls peuvent figurer au bilan les biens, propriétés de l'entreprise.	Les biens qui ne sont pas la propriété de l'entreprise viennent s'ajouter à l'actif (crédit-bail). Tandis que des dettes équivalentes s'ajoutent au passif). Il en est de même des biens détenus en réserve de propriété.
	Le compte du résultat présente simplement une cascade de soldes. Les analyses financières ne sont pas aisées. Ici les notions activités ordinaires/hors activités ordinaires sont inconnues. L'on détermine un résultat hors exploitation (RHE) qui n'a pas le même sens que le Résultat Hors Activités Ordinaire du Système OHADA. Les notions d'EBE, de RF, de RHAO sont ignorées.	Le compte du résultat laisse apparaître clairement la distinction : - charges et produits des activités ordinaires. - charges et produits hors activités ordinaires Le compte du résultat fait apparaître quatre niveaux d'analyses : le niveau d'exploitation, le niveau financier, le niveau hors activités ordinaires et le niveau global. Il laisse apparaître les soldes de gestion. La nouveauté c'est particulièrement l'excédent brut d'exploitation (EBE) ; le résultat financier (RF) ; le résultat hors activités ordinaires (R HAO).
	Le tableau de passage aux soldes des comptes patrimoniaux a pour but d'expliquer l'évolution des comptes patrimoniaux de la situation initiale à la situation finale en faisant ressortir les mouvements. Il est loin de faciliter les analyses financières comme le TAFIRE.	Le Tableau Financiers des Ressources et des Emplois (TAFIRE) retrace le flux des ressources et des emplois de l'exercice. Il est par sa première partie un instrument révélateur de tactique de l'entreprise, expliquant comment a évolué la trésorerie et quel est le niveau normal du besoin de financement. Par sa deuxième partie, il est révélateur de la stratégie de l'entreprise, expliquant comment les capitaux stables ont financé les investissements stables et quelle est l'incidence de ces investissements sur la structure financière de l'entreprise.
Organisation	Les seuls livres exigés sont le journal, le livre d'inventaire. Le grand livre et la balance ne sont pas obligatoires.	Il est prévu : - un manuel de procédures, - des tableaux de correspondance des postes et des comptes destinés à faciliter la construction des états financiers. - des livres obligatoires tels que le journal, le livre d'inventaire, le grand livre et la balance.
	Il est prévu trois systèmes comptables (système de base, système abrégé, système développé), mais le résultat est forcément déterminé (dans le compte 87) à travers les SCG, ce qui est contraignant pour les petites entreprises.	Il est prévu trois systèmes comptables afin de tenir compte de la taille des entreprises (système normal, système allégé, système minimal de trésorerie), dont le résultat est déterminé à travers les SIG ou par regroupement simple de toutes les charges et les produits au compte 13.

Annexe 5. Évolution de l'acte uniforme du 20 novembre 2000 au 15 février 2017

	Modifications produites au niveau	*Acte uniforme de novembre 2000*	*Acte uniforme de février 2017*
1	Fondement	Privilégie l'harmonisation des comptabilités des entreprises	Privilégie la normalisation de droit comptable et de l'information financière
2	Conventions, principes comptables	8 principes comptables : prudence (article 3 et 6), transparence (articles 6, 8, 9, 10, 11), importance significative (article 33), intangibilité du bilan (article 34), coût historique (article 35 et 36), continuité de l'exploitation (article 39), permanence des méthodes (article 40), spécialisation des exercices (article 59)	8 principes comptables de l'acte uniforme de l'édition 2000 repris. Mais, on peut énumérer d'autres conventions comptables : convention de l'entité, de l'unité monétaire, de la périodicité (article 17), de la réalisation du revenu, de rattachement des charges aux produits, d'objectivité, de l'information complète, de la prééminence du fond sur la forme (articles 35 et 36).
3	Cadre conceptuel	Satisfaire aux exigences de régularité et de sécurité pour assurer l'authenticité des écritures de façon à ce que la comptabilité puisse servir à la fois d'instrument de mesure des droits et obligations des partenaires de l'entreprise, d'instrument de preuve, d'information des tiers et de gestion (article 14).	Constituer un cadre général pour l'élaboration de nouvelles normes, arbitrer entre deux normes en cas de divergence, interpréter les états financiers et résoudre des questions comptables n'ayant pas été traité par les normes, aider les préparateurs des états financiers à appliquer les normes comptables (article 14).
4	Mécanisme de communication des états financiers	Bilan compte de résultat, TAFIRE, états annexés	Bilan, Compte de résultat, tableau de variations des capitaux propres, Tableau de flux de trésorerie, notes explicatives, autres informations
5	Utilisation des états financiers	OHADA distingue entre les utilisateurs internes et les utilisateurs externes. Les utilisateurs internes sont : les dirigeants, les organes d'administration et les différentes structures internes de l'entreprise. Les utilisateurs externes sont : les fournisseurs de capitaux qui sont les investisseurs, les prêteurs et ceux qui accordent des subventions, l'administration, et autres institutions.	OHADA, considère l'investisseur comme l'utilisateur privilégié des états financiers, en répondant aux besoins de ce dernier, qui a des moyens et des sources d'informations limités, elle satisfera systématiquement les besoins des autres utilisateurs.
		OHADA distingue plusieurs objectifs des états financiers. Le premier objectif, c'est de fournir des informations utiles à	Pour l'OHADA comme pour l'IASB, l'objectif général des états financiers consiste à fournir des informations sur la

6	Objectifs des états financiers	la prise de décision et au crédit. Le deuxième, c'est de donner des informations pour estimer la probabilité de réalisation de flux futurs. Enfin, renseigner sur la situation financière de l'entreprise particulièrement sur les ressources qu'elle contrôle et sur ses obligations ; renseigner sur la performance financière de l'entreprise ; renseigner sur la manière dont l'entreprise a obtenu et dépensé ses liquidités ; fournir des informations sur le degré de réalisation des objectifs par les dirigeants et sur le degré de conformité aux lois en vigueur.	situation financière de l'entreprise et son évolution, en premier lieu, et qui est présentée par le bilan. En second lieu, renseigner sur la performance de l'entreprise et en particulier sur sa rentabilité. En troisième lieu, renseigner sur la variation de la situation financière de l'entité et sur sa capacité à générer des liquidités, puisqu'elle permet d'apprécier les activités d'investissement, de financement et opérationnelle au cours de l'exercice.
7	Caractéristiques de l'information	Communication de l'information comptable	Communication de l'information financière
8	Présentation des états financiers	Système normal, le système allégé, le système minimal de trésorerie	Système normal, système minimal de trésorerie, états financiers des normes IFRS

Annexe 6. Évolution de l'acte uniforme et de la nomenclature comptable OHADA

	Edition de 20 novembre 2000 : Acte uniforme portant organisation et harmonisation des comptabilités des entités dans les états-parties au traité	**Edition de 15 février 2017 :** Acte uniforme relatif au droit comptable et à l'information financière
1	**Les quatre premiers titres de l'acte uniforme OHADA**	
	Titre 1 : des comptes personnels des entreprises (personnes physiques et personnes morales)	**Titre 1 : des comptes personnels des entreprises (personnes physiques et personnes morales)**
	Chapitre 1 : dispositions générales (articles 1 à 13)	***Chapitre 1*** : dispositions générales (articles 1 à 13), sauf l'*article 12* abrogé
	Chapitre 2 : organisation comptable (articles 14 à 24)	***Chapitre 2*** : organisation comptable (articles 14 à 24)
	Chapitre 3 : états financiers annuels (articles 25 à 34)	***Chapitre 3*** : jeu complet d'états financiers annuels (articles 25-34) sauf l'*article 27* abrogé
	Chapitre 4 : règles d'évaluation et de détermination du résultat (articles 35 à 65)	***Chapitre 4*** : règles d'évaluation et de détermination du résultat (articles 35 à 65), sauf l'*article 60* abrogé
	Chapitre 5 : valeur probante des documents, contrôle des comptes, collecte et publicité des informations comptables (articles 66 à 73)	***Chapitre 5*** : valeur probante des documents, contrôle des comptes, collecte et publicité des informations comptables (articles 66 à 73)
	Titre 2 : des comptes consolidés et des comptes combinés	**Titre 2 : des comptes consolidés et des comptes combinés**
	Chapitre 1 : comptes consolidés (articles 74 à 102)	***Chapitre 1*** : comptes consolidés (articles 74 à 102)
	Chapitre 2 : comptes combinés (articles 103 à 110)	***Chapitre 2*** : comptes combinés (articles 103 à 110)

	Titre 3 : des dispositions pénales (article 111)	**Titre 3 : des dispositions pénales (article 111)**
	Titre 4 : des dispositions finales (articles 112 et 113)	**Titre 4 : des dispositions finales (articles 112 et 113)**
2	**Modifications apportées au niveau du SYSCOHADA**	
		PREMIERE PARTIE : PLAN COMPTABLE GENERAL OHADA (PCGO)
		Titre 5 : cadre conceptuel
		Chapitre 1 : définition et principaux utilisateurs des états financiers
		Chapitre 2 : structure et champ d'application du cadre conceptuel
		Chapitre 3 : objectifs et principes de base des états financiers
		Chapitre 4 : définitions et structures des états financiers
		Chapitre 5 : règles d'évaluation et de comptabilisation des éléments des états financiers
		Titre 6 : définition des termes
		Chapitre 1 : liste des termes
		Chapitre 2 : définitions
		Titre 7 : structure, contenu et fonctionnement des comptes
		Chapitre 1 : cadre comptable du Système comptable OHADA
		Chapitre 2 : structure du plan des comptes
		Chapitre 3 : contenu et fonctionnement des comptes
		Titre 8 : opérations et problèmes spécifiques
		Chapitre 1 : frais de recherche et de développement
		Chapitre 2 : brevets, licences, marques, logiciels, sites internet
		Chapitre 3 : frais de prospection et d'exploitation des ressources minérales
		Chapitre 4 : approche par composants
		Chapitre 5 : frais d'inspections ou de révisions majeures, dépenses de sécurité et de mise en conformité
		Chapitre 6 coût de démantèlement, d'enlèvement et de mise en état du site
		Chapitre 7 : coûts d'emprunts
		Chapitre 8 : contrat de location
		Chapitre 9 : réserve de propriété
		Chapitre 10 : immeuble de placement
		Chapitre 11 : constructions sur sol d'autrui et contrat de rentes viagères
		Chapitre 12 : dépréciation des immobilisations
		Chapitre 13 portefeuille titres
		Chapitre 14 : stocks et encours de production

		Chapitre 15 : abandons de créances, opérations d'affacturage et titrisation
		Chapitre 16 : capitaux propres et autres fonds propres
		Chapitre 17 : subvention et aides publiques
		Chapitre 18 : provisions, passifs éventuels et actifs éventuels
		Chapitre 19 : attribution gratuite d'actions au personnel salarié et aux dirigeants de la société
		Chapitre 20 : emprunt obligataire
		Chapitre 21 : engagements de retraite et autres avantages assimilés
		Chapitre 22 : opérations en devises et contrats de couverture sur marchés financiers
		Chapitre 23 : contrats pluri-exercices
		Chapitre 24 : abonnement des charges et produits
		Chapitre 25 : contrat de concession de service public
		Chapitre 26 : groupement d'intérêt économique
		Chapitre 27 : personnel intérimaire
		Chapitre 28 : réévaluation des bilans
		Chapitre 29 : inventaire permanent en comptabilité financière
		Chapitre 30 : engagements financiers et passifs éventuels
		Chapitre 31 : événements postérieurs à la clôture de l'exercice
		Chapitre 32 : opérations faites pour le compte de tiers
		Chapitre 33 : opérations faites en commun
		Chapitre 34 : comptabilité autonome par établissement
		Chapitre 35 : contrat de franchise
		Chapitre 36 : comptabilité pluri-monétaire
		Chapitre 37 : opérations spécifiques des entités agricoles
		Chapitre 38 : fusions et opérations assimilées
		Chapitre 39 : comptes intermédiaires
		Chapitre 40 : liquidation
		Chapitre 41 : première application du SYSCOHADA révisé
		Titre 9 : présentation des états financiers annuels du système normal
		Chapitre 1 : dispositions générales relatives à la présentation des états financiers
		Chapitre 2 : informations générales sur l'entité
		Chapitre 3 : bilan du système normal
		Chapitre 4 : compte de résultat du système normal
		Chapitre 5 : tableau de flux de trésorerie du système normal
		Chapitre 6 : notes annexes du système normal
		Chapitre 7 : tableau de correspondance postes/comptes du système normal

		Titre 10 : présentation des états financiers annuels du système minimal de trésorerie (SMT)
		Chapitre 1 : dispositions spécifiques relatives à la présentation des états financiers du système minimal de trésorerie
		Chapitre 2 : bilan et compte de résultat du système minimal de trésorerie
		Chapitre 3 : notes annexes du système minimal de trésorerie
		Titre 11 : Nomenclature
		DEUXIEME PARTIE : DISPOSITIF COMPTABLE RELATIF AUX COMPTES CONSOLIDES ET COMBINES (D4C)
		Titre 12 : Comptes consolidés
		Chapitre 1 : dispositions générales relatives aux comptes consolidés
		Chapitre 2 : périmètres et méthodes de consolidation
		Chapitre 3 : retraitement des comptes individuels
		Chapitre 4 : conventions des états financiers des entités étrangères
		Chapitre 5 : opérations et techniques de consolidation
		Chapitre 6 : entrée d'une entité dans le périmètre de consolidation
		Chapitre 7 : variations du périmètre ou des pourcentages d'intérêts
		Chapitre 8 : documents de synthèse consolidés
		Chapitre 9 : première application du dispositif comptable relatif aux comptes consolidés
		Titre 13 : Comptes combinés
		Chapitre 1 : définitions et objectifs des comptes combinés
		Chapitre 2 : champ d'application et entités concernés
		Chapitre 3 : périmètre de combinaison
		Chapitre 4 : règles et méthodes de combinaison
		Chapitre 5 : présentation et contrôle des comptes combinés

Annexe 7. Processus ayant conduit à la naissance du SYSCOHADA

Les principales étapes ayant abouti à l'opérationnalisation du Système comptable OHADA peuvent être résumées comme suit, dont les 20 premières sont évoquées par (Mouloul, 2008, pp.17-19) :

1). Ouagadougou (Burkina Faso), **Avril 1991** : Réunion des Ministres des Finances pour la conception du « Projet d'harmonisation du Droit des Affaires en Afrique ».

2). Paris (France), **Octobre 1991** : Réunion des Ministres des Finances pour la formation de la « Mission » de sept (7) membres pour l'opérationnalisation de l'OHADA.

3). De **Mars à Septembre 1992** : la « Mission » effectue des visites dans les différents **É**tats de la Zone Franc : information et sensibilisation des autorités ; état des législations appliquées.

4). Yaoundé (Cameroun), **16 Avril 1992** : Réunion des Ministres des Finances ; présentation du premier rapport par Me Kéba M'Baye.

5). Le **17 septembre 1992** : Réunion des Ministres des Finances de la Zone Franc. Me Kéba M'Baye présente son rapport de mission. Le projet est adopté.

6). Libreville (Gabon), les **5 et 6 octobre 1992** : conférence des Chefs d'**É**tat de France et d'Afrique :

- *présentation de l'économie du projet OHADA par le président Abdou Diouf (Sénégal) ;*
- *le projet est adopté par les chefs d'États africains de la Zone Franc ;*
- *ouverture du projet aux États autres que ceux de la zone Franc ;*
- *formation d'un Directoire de trois (3) membres présidés par le Juge Kéba M'Baye et composé de Martin Kirsch, et Michel Gentot.*

7). Dakar (Sénégal), **novembre 1992** : Réunion des Ministres de la justice ; décision de création dans chaque État, d'une Commission de 5 membres.

8). Dakar (Sénégal), les **18 et 19 décembre 1992** : Réunion des Ministres de la justice. Les Ministres demandent au Directoire de préparer le futur Traité et d'établir l'ordre des priorités des matières à harmoniser.

9). Abidjan (Côte d'Ivoire), les **19 et 20 avril 1993** : Séminaire sur l'harmonisation du Droit des affaires dans les États de la Zone Franc. Le séminaire teste la technique de préparation des textes prévue par le Directoire. Constitution des Commissions Nationales.

10). Libreville (Gabon), les **7 et 8 juillet 1993** : Réunion des Ministres de la justice. Examen du projet de Traité.

11). Abidjan (Côte d'Ivoire), les **21 et 22 septembre 1993** : Réunion des Ministres de la suivie de celle des Ministres des Finances. Le projet de Traité est finalisé.

12). Port-Louis (Ile Maurice), le **17 octobre 1993** : Réunion de la conférence des pays ayant en commun l'usage du Français. Signature du Traité portant création de l'OHADA.

13). Ouagadougou (Burkina Faso), les **14 et 15 mars 1994** : Premier Séminaire des Commissions Nationales. Adoption d'une méthode de travail commune. Une Commission Centrale, dans laquelle chaque État partie est représentée, dégage un consensus permettant de finaliser chaque projet d'Acte Uniforme.

14). Lomé (Togo), le **24 octobre 1994** : Réunion des Présidents des Commissions Nationales. Examen des avants projets des premiers Actes Uniformes.

15). Lomé (Togo), les **25 et 26 octobre 1994** : Réunion des Ministres de la justice des États signataires du Traité. Examen du projet de création de l'Ecole Régionale Supérieure de la Magistrature (ERSUMA) et de la mise en place des institutions de l'OHADA.

16). Biarritz (France), le **8 novembre 1994** : Conférence des Chefs d'États de France et de se concerter pour déterminer la localisation des institutions.

17). Bangui (RCA), du **6 au 8 février 1995** : Réunion des Présidents des Commissions Nationales. Adoption de l'avant-projet d'Actes Uniformes sur le Droit Commercial Général (AU/DCG).

18). Bangui (RCA), le **21 mars 1995** : Réunion des Ministres de la justice. Les Ministres jettent les bases de la localisation des institutions de l'OHADA.

19). Le **11 avril 1995** : Publication de la loi (nigérienne) n° 95-006 du 4 juin 1995 autorisant le Président de la République à ratifier le Traité OHADA.

20). Le **18 septembre 1995** : Après réception des instruments de ratification de la République du Niger, par l'État dépositaire (Sénégal), le nombre de ratifications nécessaire à la mise en vigueur du Traité est réuni. Le « Traité OHADA » entre en vigueur.

21). Bamako (Mali), les **11 et 17 octobre 1995** : Session des Commissions Nationales pour l'adoption du projet d'Acte Uniforme sur les Sociétés Commerciales et de Groupement d'Intérêt Economique (AU/DSC/GIE).

22). Dakar (Sénégal), les **11 et 16 décembre 1995** : Session des Commissions Nationales pour l'examen des avants projets d'Actes Uniformes sur les Sûretés, les voies d'Exécution, le Droit Comptable : Adoption de ces textes.

23). Le **8 avril 1996** : Réunion des conseils des Ministres de la justice tenue à N'Djaména (Tchad), suivie de la réunion conjointe des Ministres de la justice et des Ministres des Finances, les sièges des institutions ont été répartis ainsi qu'il suit : CCJA à Abidjan (Côte d'Ivoire), Secrétariat Permanent à Yaoundé (Cameroun), ERSUMA à Porto Novo (Bénin).

24). Le **26 septembre 1996**, les Ministres de la Justice et des Finances, réunis à Paris (France), procèdent à l'attribution des sièges des Institutions et à la nomination des premiers responsables et des membres de la CCJA.

25). Cotonou (Bénin), le **17 avril 1997** : Réunion du conseil des Ministres de l'OHADA : adoption des projets d'Acte Uniforme (AU/DSC/GIE, AU/DCG, AU/DS) et du Règlement de Procédure de la CCJA. Le 1er octobre 1997 : Publication au J.O. de l'OHADA des A.U. suivants : AU/DCG, AU/DSC/GIE, AU/DS ; le 1er janvier 1998 entrée en vigueur des AU. Ci-dessus.

26). Lomé (Togo), le **30 janvier 1998** : Réunion du conseil des Ministres de l'OHADA : adoption des textes datés du 30/1/1998 ci-après :
- le Règlement Financier des institutions de l'OHADA ;
- le Règlement portant statut des fonctionnaires de l'OHADA ;
- Règlement portant réforme applicable au personnel non permanent de l'OHADA.

27). Libreville (Gabon), le **10 avril 1998** : Réunion du Conseil des Ministres de l'OHADA qui prend plusieurs décisions : adoption de deux A.U. (l'AU/PCAP et l'AU/PSR/VE) ; création d'un Comité de Concertation et de Suivi (CCS) ; fixation du siège de L'ERSUMA à Porto Novo (Bénin). Le 10 juillet 1998 : entrée en vigueur de l'AU/PSR/VE et le 1er janvier 1999 : entrée en vigueur de l'A.U./PCAP.

28). Ouagadougou (Burkina Faso), les **11 et 12 mars 1999** : Réunion du Conseil des Ministres de l'OHADA : adoption de l'A.U sur le Droit de l'Arbitrage (AU/DA) et des décisions sur les frais d'arbitrage (décision n° 004/99/CM du 12/03/1999). Le 11 juin 1999 : Entrée en vigueur de l'A.U./ D.A.

29). Yaoundé (Cameroun), le **24 mars 2000**, adoption de l'A.U. portant Droit Comptable de l'OHADA (l'Acte Uniforme portant organisation et harmonisation de la comptabilité des entreprises entre en vigueur en deux phases ; les comptes personnels des entreprises : le 1er janvier 2001, les comptes consolidés et les comptes combinés : le 1er janvier 2002).

30). L'Acte Uniforme OHADA relatif à la comptabilité a été adopté après le SYSCOA. Il est entré en vigueur le 1er janvier 2001. Son objectif est d'harmoniser les règles comptables applicables dans les pays membres de l'OHADA (dont font partie ceux de l'UEMOA) grâce au référentiel mis en place, le Système Comptable OHADA (en abrégé SYSCOHADA).

31). Cameroun, Répression des infractions contenues dans certains actes uniformes OHADA, conformément à la Loi n°2003-008 du 10 juillet 2003.

32). Acte uniforme relatif aux contrats de transport de marchandises par route, adopté le 22/03/2003, dont la date d'entrée en vigueur est le 01/01/2004.

33). A l'initiative du Club OHADA Angola, en collaboration avec l'Université Catholique d'Angola et sous le parrainage de la coopération française en Angola et de l'association UNIDA, un séminaire d'information sur le droit unique des affaires OHADA, la faisabilité et l'opportunité de son ouverture progressive aux pays lusophones d'Afrique, a été organisé le 12 août 2005 à Luanda ; ce séminaire sous le thème : le droit uniforme africain des affaires issu du traité OHADA, a aussi été l'occasion de présenter la compilation des actes uniformes éditée par le Club OHADA Angola et financée par la coopération française en Angola et l'association UNIDA.

34). Grande Conférence de Droit des Affaires ACCRA est organisée sur fonds publics d'aide par les grands bailleurs de fonds internationaux à ACCRA du 5 au 7 Novembre 2005.

35). Journée OHADA organisée par l'Université de Macao le 27 novembre 2007 (voir lettre d'information OHADA.com du 09/11/2007) a rencontré un très grand succès. Cette Journée a enregistré la participation de nombreux diplomates des pays OHADA venus de Pékin et d'éminents juristes venus tant de la Chine que de l'Europe et de l'Afrique et des étudiants de l'Université de Macao. On a pu relever un intérêt croissant des représentants chinois pour le nouveau droit africain des affaires ; à cet égard, les Professeurs chinois de Xiangtiang ont déclaré leur souhait de créer un club OHADA et leur volonté de traduire en chinois les Actes Uniformes OHADA et de publier un ouvrage de présentation de l'OHADA en langue chinoise.

36). Portant révision du traité relatif à l'harmonisation du droit des affaires en Afrique, ce traité a été adopté le 17/10/2008 à Québec (CANADA). En effet, selon l'origine de l'OHADA, l'Organisation pour l'Harmonisation en Afrique du Droit des Affaires (OHADA) a été créée par le Traité relatif à l'Harmonisation du Droit des Affaires en Afrique signé le 17 octobre 1993 à Port-Louis et révisé à Québec au Canada, le 17 Octobre 2008.

37). Réunis à Québec le **17 octobre 2008**, les Chefs d'États et de Gouvernement de l'OHADA ont adopté la déclaration dont la teneur suit : « les ministres chargés des finances des États membres de l'OHADA ont mandat de prendre toutes les dispositions utiles pour l'application effective du mécanisme de financement autonome de l'OHADA découlant du règlement n° 002/2003/CM du 18 octobre 2003 relatif au mécanisme de financement autonome de l'OHADA et ce, à compter du 1er janvier 2009 ».

38). Principales décisions du Conseil des Ministres de l'OHADA et de la Première Conférence des Chefs d'État et de gouvernement des pays membres de l'OHADA, tenus à N'Djamena (Tchad) du 17-20 décembre 2009.

39). Séminaire sur l'importance de l'adhésion de la République Démocratique du Congo au système OHADA à Kinshasa les 22 et 23 janvier 2009.

40). La Commission Nationale OHADA du Niger (CNO-OHADA) est créée par le décret n°2009-323/PRN/MJ du 22 septembre 2009 portant création, attributions, composition et modalités de fonctionnement de la Commission Nationale pour l'Harmonisation en Afrique du Droit des Affaires (CNO-OHADA). Ce décret qui vient abroger et remplacer un arrêté créant un comité chargé du suivi au niveau national des activités de l'OHADA est pris conformément au texte d'orientation relatif à la création, aux attributions et au fonctionnement des CNO adopté à Brazzaville et aux recommandations de la réunion de Dakar de 2008.

41). Principales décisions du Conseil des Ministres de l'OHADA et de la Première Conférence des Chefs d'État et de gouvernement des pays membres de l'OHADA, tenus à N'Djamena Tchad) du 17-20 décembre 2009. Les principales décisions rendues au terme de ce conseil furent :

1). Projet évaluation et d'amélioration des Actes uniformes ;
2). Informatisation du RCCM Le Conseil a décidé la poursuite de la procédure régulière de l'Appel d'offres international pour le choix du logiciel devant équiper le fichier régional du RCCM à la CCJA (Abidjan-RCI) ;
3). Point sur le projet d'Acte uniforme relatif au droit du travail ;
4). Point sur le projet d'acte uniforme sur le droit des sociétés coopératives ;
5). Mise en place de la Commission de Normalisation comptable de l'OHADA ;

6). Normalisation des relations entre l'OHADA et les Banques Centrales ;
7). Projet de règlement portant statut de l'ERSUMA et nomination du Directeur général ;
8). Election du juge à la CCJA.

42). Acte uniforme révisé portant sur le droit commercial général, Adopté le 15/12/2010 à Lomé (TOGO), Date d'entrée en vigueur : 16/05/2011.

43). Compte rendu de la journée d'études OHADA du 14 mai 2011 à Fès (Maroc).

44). Le 25 janvier 2012, Les progrès dans les réformes réglementaires accroissent les opportunités de faire des affaires dans les États membres de l'OHADA

45). Le 12 septembre 2012 : Un grand jour pour la République Démocratique du Congo (RDC) d'adhérer à l'OHADA, un grand jour pour l'OHADA, un grand jour pour l'Afrique. La RDC est le dernier pays à avoir rejoint l'OHADA en 2012.

46). Dépôt des instruments d'adhésion de la RDC à l'OHADA / Dakar / 13 juillet 2012

47). L'OHADA célèbre son 20e anniversaire à Ouagadougou du 10 au 17 octobre 2013, autrement, l'OHADA fête 20 ans de bouleversement de l'environnement des affaires.

48). Session ordinaire du Conseil des Ministres de l'Organisation pour l'Harmonisation en Afrique du Droit des Affaires (OHADA) Ouagadougou (Burkina Faso), 13 - 14 juin 2013.

49). Entrée en vigueur de l'Acte uniforme OHADA révisé relatif au droit des sociétés commerciales et du GIE / Conférence ouverte du Barreau de Lubumbashi le 9 mai 2014 à Lubumbashi.

50). Acte uniforme révisé relatif au droit des sociétés commerciales et du groupement d'intérêt économique, Adopté le 30/01/2014 à Ouagadougou (BURKINA FASO), Date d'entrée en vigueur : 05/05/2014.

51). Acte uniforme portant organisation des procédures collectives d'apurement du passif, adopté le 10 avril 1998 (JO-OHADA n°7 du 1er juillet 1998) Révisé le 10 septembre 2015 (JO OHADA spécial du 25 septembre 2015)].

52). Les 09, 10 et 11 septembre 2015, s'est tenue à Grand-Bassam (Côte d'Ivoire), une réunion du conseil des ministres de l'OHADA.

53). Parution de l'Edition 2016 du Code vert OHADA, Traité et Actes uniformes commentés et annotés. À cet effet, il y a eu la première participation du Sénégal au Concours International de Génies en Herbe OHADA du 23 au 27 août 2016 à Tahoua au Niger.

54). Après l'adoption de l'Acte uniforme du 26 janvier 2017 relatif au droit comptable et à l'information financière, le Conseil des Ministres a pris en date du 08 juin 2017 le Règlement (n° 01/CM/2017) portant harmonisation des pratiques des professionnels de la comptabilité et de l'audit dans les pays membres de l'OHADA.

55). Le 26 janvier 2017, l'OHADA et du Dispositif comptable relatif aux comptes consolidés et aux comptes combinés, l'importance des événements, opérations et situations liés à l'acte uniforme relatif au droit comptable et à l'information financière (AUDCIF), dont la date d'adoption est le 26 janvier 2017, la date de publication au Journal Officiel est le 15 février 2017, la date d'entrée en vigueur : 1er janvier 2018 pour les comptes personnels des entités, et 1er janvier 2019 pour les comptes consolidés, les comptes combinés et les états financiers produits en normes IFRS.

56). Adopté par le Conseil des Ministres de l'OHADA le 26 janvier 2017 à Brazzaville (Congo), l'Acte uniforme relatif au droit comptable et à l'information financière (AUDCIF) a été publié au Journal Officiel de l'Organisation le 15 février 2017.

57). L'Acte uniforme relatif au droit de l'arbitrage (AUA) et le Règlement d'arbitrage ont été révisés le 23 novembre 2017 lors de la 45ème session du Conseil des Ministres. Mieux alignés sur les standards internationaux et respectueux du contexte spécifique de l'espace OHADA, les textes révisés tendent à renforcer la transparence, la célérité et l'efficacité des procédures arbitrales, mais aussi à améliorer l'attractivité du système d'arbitrage de la CCJA.

58). Séminaire d'imprégnation des innovations apportées par le Système comptable OHADA révisé à Brazzaville du 9 au 12 octobre 2017 et Pointe-Noire du 16 au 19 octobre 2017.

59). Date d'entrée en vigueur : 01/01/2018 de l'Acte uniforme relatif au droit comptable et à l'information financière Adopté le 26/01/2017 à Brazzaville (CONGO).

60). La 44e session du Conseil des Ministres de l'OHADA, Conakry (Guinée), 08 et 09 juin 2017.

61). Règlement n° 01/CM/2017 portant harmonisation des pratiques des professionnels de la comptabilité et de l'audit dans les pays membres de l'OHADA. Premières Journées juridiques Maroco-Maliennes OHADA/MAROC les 12 et 13 juillet 2017 à Rabat sur le thème : « Le rapprochement des législations d'affaires ».

62). Conférence OHADA/MAROC sous le thème : « Pour une meilleure intégration du Maroc dans l'OHADA », le 7 avril 2018 à Agadir.

63). Conférence-débat sous le thème : « Vers un code européen des affaires », le Jeudi 17 mai 2018 à la Délégation générale Wallonie-Bruxelles.

64). Colloque international : « L'Afrique s'engage pour la planète », le 4 mai 2018 à Dakar.

65). Conférence sur « la sécurité juridique des investissements en Afrique », les 3 et 4 mai 2018 à Paris.

66). Conférence de la Commission Afrique OHADA à l'occasion de son vingtième anniversaire le 23 mai 2018 à Paris.

67). 46e session du Conseil des Ministres de l'OHADA, Libreville, 11 juin 2018.

68). L'Acte Uniforme relatif au Droit Comptable et à 'Information Financière (AUDCIF) entre en vigueur le 1er janvier 2018 pour les comptes personnels des entités, et le 1er janvier 2019 pour les comptes consolidés, les comptes combinés et les états financiers produits en normes internationales d'information financières, dites normes IFRS.

69). Evènement OHADAC (Organisation pour l'Harmonisation du Droit des Affaires dans la Caraïbe) actuellement en cours de mise en œuvre dans cette partie du monde), dont la formation à l'arbitrage international a eu lieu le 17 au 23 octobre 2019 à Pointe-à-Pitre, Guadeloupe.

70). Colloque sur les vingt ans d'arbitrage OHADA bilan & perspectives 17 & 18 octobre 2019, Maison de l'entreprise – Abidjan Plateau, First Text Abidjan, les 17 & 18 octobre 2019, Second Text colloque sur les vingt ans d'arbitrage OHADA.

71). Juin 2020, sessions de formation de l'ERSUMA en union des Comores du 01 &u 12 juin 2020, Golden Tulip Ressort & Spa Moroni (Union des Comores).

72). Octobre 2020, Colloque international sur le thème « L'économie informelle dans l'espace OHADA : approches économiques, juridique, politique et socio-anthropologique », Porto-Novo (Bénin).

73). Sessions de formation de l'ERSUMA à Kinshasa (RDC) DU 03 AU 08 février 2020, L'école Régionale Supérieure de la Magistrature (ERSUMA) de l'Organisation pour l'Harmonisation en Afrique du Droit des Affaires (OHADA), organise une série de quatre (04) formations du 03 au 08 Février 2020.

Par ailleurs, le tableau suivant fait état de la chronologie des différentes dates de ratification et d'entrée en vigueur du traité pour les États-membres de l'OHADA, communiquées par le secrétariat Permanent.

Annexe 8. Ratification et entrée en vigueur au traité d'États membres OHADA

N°	États membres	Ratification / adhésion	Dépôt de l'instrument de ratification	Entrée en vigueur
1	Bénin *	08 mars 1995	10 mars 1995	18 septembre 1995
2	Burkina Faso	06 mars 1995	16 avril 1995	18septembre 1995
3	Cameroun ***	20 octobre 1995	04 octobre 1996	03 décembre 1996
4	Centrafrique	13 janvier 1995	13 janvier 1995	18 septembre 1995
5	Comores	20 février 1995	10 avril 1995	18 septembre 1995
6	Congo	28 mai 1997	18 mai 1999	17 juillet 1999
7	Côte d'Ivoire **	29 septembre 1995	13 décembre 1995	11 février 1996
8	Gabon	02 février 1998	04 février 1998	05 avril 1998
9	Guinée	05 mai 2000	22 septembre 2000	21 novembre 2000
10	Guinée-Bissau	15 janvier 1994	26 octobre 1995	24 février 1996
11	Guinée équatoriale	16 avril 1999	15 juin 1999	14 août 1999
12	Mali	07 février 1995	23 mars 1995	18 septembre 1995
13	Niger	05 juin 1995	18 juillet 1995	18 septembre 1995
14	RDC	27 juin 2012	13 juillet 2012	13 septembre 2012
15	Sénégal	14 juin 1995	14 juin 1995	18 septembre 1995
16	Tchad	13 avril 1996	03 mai 1996	02 juillet 1996
17	Togo	27 octobre 1995	20 novembre 1995	19 janvier 1996

* Le siège de l'Ecole Régionale Supérieure de Magistrature (organisme de formation) est à Porto-Novo, au Bénin ;

** Le siège de la Cour Commune de Justice et d'Arbitrage (pouvoir de contrôle) est à Abidjan, en Côte d'Ivoire ;

*** Le siège du Secrétariat Permanent (bras séculier du conseil des ministres, qui prépare en concertation avec les gouvernements des États parties les Actes Uniformes) est à Yaoundé, au Cameroun.

Le tableau suivant présente l'état des actes uniformes (lois supranationales) en vigueur pris pour l'élaboration des règles communes dans le cadre de l'Harmonisation, objet du traité OHADA.

Annexe 9. Actes uniformes (lois supranationales) en vigueur pris pour élaborer des règles communes dans le cadre de l'Harmonisation, objet du traité OHADA.

DOMAINES UNIFORMISES	ACTES UNIFORMES			
	Dates d'adoption par le Conseil des Ministres	État Partie	Entrée en vigueur	Publication au Journal Officiel
Règlement de procédure de la CCJA*	18 avril 1996	/	1er novembre 1997	/
Droit commercial général	17 avril 1997	Bénin	1er janvier 1998	N° 1 du 01/10/97 P. 1 et Suivants
Droit des sociétés commerciales et G.I.E	17 avril 1997	Bénin	1er janvier 1998 (sursis de 2 ans accordé aux entités pour s'y conformer)	N° 2 du 01/01/97, p. 1 et suivants
Droit des Sûretés	17 avril 1997	Bénin	1er août 1998	N° 3 du 01/07/97, p. 1 et suivants
Droit des Procédures Simplifiées de Recouvrement et les Voies d'Exécution	10 avril 1998	Gabon	10 juillet 1998	N° 6 du 01/06/98, p. 1 et suivants
Procédures collectives d'apurement du passif	10 mars 1999	Gabon	1er janvier 1999	N° 7 du 01/08/98, p.1 et suivants
Droit de l'Arbitrage	11 mars 1999	Burkina Faso	11 juin 1999	N° 8 du 15/05/99, p. 1 et suivants
Droit Comptable	24 mars 2000	Cameroun	1er janvier 2001 (Comptes Personnels) et 1er janvier 2002 (Comptes Consolidés et Comptes Combinés)	N° 10 du 20/11/00, p.1 et suivants
Contrats de transport de Marchandises par route	22 mars 2003	Cameroun	1er janvier 2004	N° 13 du 31/07/03, p. 1 et suivants

**Cour Commune de Justice et d'Arbitrage*

Lors de la refonte de l'Organisation Commune Africaine et Malgache (OCAM) en Organisation Commune Africaine Malgache et Mauricienne (OCAMM) en 1972, presque tous les Chefs d'États et de Gouvernement en exercice intéressés étaient présents, excepté le président de la République Fédérale du Cameroun, Monsieur El Hadj AHMADOU AHIDJO.

Annexe 10. États membres de l'OCAM lors de sa refonte en OCAMM 1972

N°	Chef d'État / Chef de Gouvernement	PAYS
1	Marien NGOUABI	Congo
2	Félix HOUPHOUET-BOIGNY	Côte d'Ivoire
3	Hubert MAGA	Dahomey
4	Albert-Bernard BONGO	Gabon
5	SANGOULÉ LAMIZANA	Haute-Volta
6	SEEWOOSAGUR RAMGOOLAM	Île Maurice
7	Philibert TSIRANANA	Madagascar
8	Diori HAMANI	Niger
9	Jean BEDEL BOKASSA	République Centrafricaine
10	Grégoire KAYIBANDA	Rwanda
11	Léopold-SEDAR SENGHOR	Sénégal
12	François NGARTA TOMBALBAYE	Tchad
13	Étienne EYADÉMA	Togo
14	MOBUTU-SESE SEKO	Zaïre

Le tableau suivant ressort la nomenclature des comptes de l'ancien Plan selon le SYSCOHADA éditée le 24 mars 2000, puis rééditée le 20 novembre 2000. C'est 17 ans plus tard que le normalisateur a jugé nécessaire de la réviser le 15 février 2017.

Annexe 11. Tableau de correspondance entre l'ancien et le nouveau Plan de comptes du SYSCOHADA (avant et après révision de 2017).

Ancien Plan SYSCOHADA - 2000	*nouveau Plan SYSCOHADA - 2017*
CLASSE 1. COMPTES DE RESSOURCESDURABLES	**CLASSE 1. COMPTES DE RESSOURCES DURABLES**
10 CAPITAL	**10 CAPITAL**
101 CAPITAL SOCIAL	101 CAPITAL SOCIAL
1011 Capital souscrit, non appelé	1011 Capital souscrit, non appelé
1012 Capital souscrit, appelé, non versé	1012 Capital souscrit, appelé, non versé
1013 Capital souscrit, appelé, versé, non amorti	1013 Capital souscrit, appelé, versé, non amorti
1014 Capital souscrit, appelé, versé, amorti	1014 Capital souscrit, appelé, versé, amorti
1018 Capital souscrit soumis à des conditions particulières	1018 Capital souscrit soumis à des conditions particulières
102 CAPITAL PAR DOTATION	102 CAPITAL PAR DOTATION
1021 Dotation initiale	1021 Dotation initiale
1022 Dotations complémentaires	1022 Dotations complémentaires
1028 Autres dotations	1028 Autres dotations
103 CAPITAL PERSONNEL	103 CAPITAL PERSONNEL
104 COMPTE DE L'EXPLOITANT	104 COMPTE DE L'EXPLOITANT
1041 Apports temporaires	1041 Apports temporaires
1042 Opérations courantes	1042 Opérations courantes
1043 Rémunérations, impôts et autres charges personnelles	1043 Rémunérations, impôts et autres charges personnelles
1047 Prélèvements d'autoconsommation	1047 Prélèvements d'autoconsommation
1048 Autres prélèvements	1048 Autres prélèvements
105 PRIMES LIÉES AUX CAPITAUX PROPRES	105 PRIMES LIEES AU CAPITAL SOCIAL ++
1051 Primes d'émission	1051 Primes d'émission
1052 Primes d'apport	1052 Primes d'apport
1053 Primes de fusion	1053 Primes de fusion
1054 Primes de conversion	1054 Primes de conversion
1058 Autres primes	1058 Autres primes
106 ÉCARTS DE RÉÉVALUATION	106 ECARTS DE REEVALUATION
1061 Écarts de réévaluation légale	1061 Ecarts de réévaluation légale
1062 Écarts de réévaluation libre	1062 Ecarts de réévaluation libre
109 ACTIONNAIRES, CAPITAL SOUSCRIT, NON APPELÉ	109 APPORTEURS, CAPITAL SOUSCRIT, NON APPELE ++
11 RÉSERVES	**11 RESERVES**
111 RÉSERVE LÉGALE	111 RESERVE LEGALE
112 RÉSERVES STATUTAIRES OU CONTRACTUELLES	112 RESERVES STATUTAIRES OU CONTRACTUELLES
113 RÉSERVES RÉGLEMENTÉES	113 RESERVES REGLEMENTEES
1131 Réserves de plus-values nettes à long terme	1131 Réserves de plus-values nettes à long terme
	1132 Réserves d'attribution gratuite d'actions au personnel salarié et aux dirigeants +++
1133 Réserves consécutives à l'octroi de subventions d'investissement	1133 Réserves consécutives à l'octroi de subventions d'investissement
	1134 Réserves des valeurs mobilières donnant accès au capital +++
1138 Autres réserves réglementées	1138 Autres réserves réglementées
118 AUTRES RÉSERVES	118 AUTRES RESERVES
1181 Réserves facultatives	1181 Réserves facultatives
1188 Réserves diverses	1188 Réserves diverses

12 REPORT À NOUVEAU	**12 REPORT A NOUVEAU**
121 REPORT À NOUVEAU CRÉDITEUR	121 REPORT A NOUVEAU CREDITEUR
129 REPORT À NOUVEAU DÉBITEUR	129 REPORT A NOUVEAU DEBITEUR
1291 Perte nette à reporter	1291 Perte nette à reporter
1292 Perte - Amortissements réputés différés	1292 Perte - Amortissements réputés différés
13 RÉSULTAT NET DE L'EXERCICE	**13 RESULTAT NET DE L'EXERCICE**
130 RÉSULTAT EN INSTANCE D'AFFECTATION	130 RESULTAT EN INSTANCE D'AFFECTATION
1301 Résultat en instance d'affectation : Bénéfice	1301 Résultat en instance d'affectation : Bénéfice
1309 Résultat en instance d'affectation : Perte	1309 Résultat en instance d'affectation : Perte
131 RÉSULTAT NET : BÉNÉFICE	131 RESULTAT NET : BENEFICE
132 MARGE BRUTE (M.B.)	132 MARGE COMMERCIALE (MC) ++
~~1321 Marge brute sur marchandises~~ (SUPPRIME)	
~~1322 Marge brute sur matières~~	
133 VALEUR AJOUTÉE (V.A.)	133 VALEUR AJOUTEE (V.A.)
134 EXCÉDENT BRUT D'EXPLOITATION (E.B.E.)	134 EXCEDENT BRUT D'EXPLOITATION (E.B.E.)
135 RÉSULTAT D'EXPLOITATION (R.E.)	135 RESULTAT D'EXPLOITATION (R.E.)
136 RÉSULTAT FINANCIER (R.F.)	136 RESULTAT FINANCIER (R.F.)
137 RÉSULTAT DES ACTIVITÉS ORDINAIRES (R.A.O.)	137 RESULTAT DES ACTIVITES ORDINAIRES (R.A.O.)
138 RÉSULTAT HORS ACTIVITÉS ORDINAIRES (R.H.A.O.)	138 RESULTAT HORS ACTIVITES ORDINAIRES (R.H.A.O.)
	1381 Résultat de fusion +++
	1382 Résultat d'apport partiel d'actif +++
	1383 Résultat de scission +++
	1384 Résultat de liquidation +++
139 RÉSULTAT NET : PERTE	139 RESULTAT NET : PERTE
14 SUBVENTIONS D'INVESTISSEMENT	**14 SUBVENTIONS D'INVESTISSEMENT**
141 SUBVENTIONS D'ÉQUIPEMENT A	141 SUBVENTIONS D'EQUIPEMENT ++
1411 État	1411 État
1412 Régions	1412 Régions
1413 Départements	1413 Départements
1414 Communes et collectivités publiques décentralisées	1414 Communes et collectivités publiques décentralisées
1415 Entreprises publiques ou mixtes	1415 Entités publiques ou mixtes ++
1416 Entreprises et organismes privés	1416 Entités et organismes privés ++
1417 Organismes internationaux	1417 Organismes internationaux
1418 Autres	1418 Autres
~~142 SUBVENTIONS D'ÉQUIPEMENT B~~	
148 AUTRES SUBVENTIONS D'INVESTISSEMENT	148 AUTRES SUBVENTIONS D'INVESTISSEMENT
15 PROVISIONS RÉGLEMENTÉES ET FONDS ASSIMILÉS	**15 PROVISIONS REGLEMENTEES ET FONDS ASSIMILES**
151 AMORTISSEMENTS DÉROGATOIRES	151 AMORTISSEMENTS DEROGATOIRES
152 PLUS-VALUES DE CESSION À RÉINVESTIR	152 PLUS-VALUES DE CESSION A REINVESTIR
153 FONDS RÉGLEMENTÉS	153 FONDS REGLEMENTES

1531 Fonds National	1531 Fonds National
1532 Prélèvement pour le Budget	1532 Prélèvement pour le Budget
154 PROVISION SPÉCIALE DE RÉÉVALUATION	154 PROVISIONS SPECIALES DE REEVALUATION
155 PROVISIONS RÉGLEMENTÉES RELATIVES AUX IMMOBILISATIONS	155 PROVISIONS REGLEMENTEES RELATIVES AUX IMMOBILISATIONS
1551 Reconstitution des gisements miniers et pétroliers	1551 Reconstitution des gisements miniers et pétroliers
156 PROVISIONS RÉGLEMENTÉES RELATIVES AUX STOCKS	156 PROVISIONS REGLEMENTEES RELATIVES AUX STOCKS
1561 Hausse de prix	1561 Hausse de prix
1562 Fluctuation des cours	1562 Fluctuation des cours
157 PROVISIONS POUR INVESTISSEMENT	157 PROVISIONS POUR INVESTISSEMENT
158 AUTRES PROVISIONS ET FONDS RÉGLEMENTES	158 AUTRES PROVISIONS ET FONDS REGLEMENTES
16 EMPRUNTS ET DETTES ASSIMILÉES	**16 EMPRUNTS ET DETTES ASSIMILEES**
161 EMPRUNTS OBLIGATAIRES	161 EMPRUNTS OBLIGATAIRES
1611 Emprunts obligataires ordinaires	1611 Emprunts obligataires ordinaires
1612 Emprunts obligataires convertibles	1612 Emprunts obligataires convertibles en actions ++
	1613 Emprunts obligataires remboursables en actions +++
1618 Autres emprunts obligataires	1618 Autres emprunts obligataires
162 EMPRUNTS ET DETTES AUPRÈS DES ÉTABLISSEMENTS DE CRÉDIT	162 EMPRUNTS ET DETTES AUPRES DES ETABLISSEMENTS DE CREDIT
163 AVANCES REÇUES DE L'ÉTAT	163 AVANCES RECUES DE L'ÉTAT
164 AVANCES REÇUES ET COMPTES COURANTS BLOQUÉS	164 AVANCES RECUES ET COMPTES COURANTS BLOQUES
165 DÉPÔTS ET CAUTIONNEMENTS RECUS	165 DEPOTS ET CAUTIONNEMENTS RECUES
1651 Dépôts	1651 Dépôts
1652 Cautionnements	1652 Cautionnements
166 INTÉRÊTS COURUS	166 INTERETS COURUS
1661 sur emprunts obligataires	1661 sur emprunts obligataires
1662 sur emprunts et dettes auprès des établissements de crédit	1662 sur emprunts et dettes auprès des établissements de crédit
1663 sur avances reçues de l'État	1663 sur avances reçues de l'État
1664 sur avances reçues et comptes courants bloqués	1664 sur avances reçues et comptes courants bloqués
1665 sur dépôts et cautionnements reçus	1665 sur dépôts et cautionnements reçus
1667 sur avances assorties de conditions particulières	1667 sur avances assorties de conditions particulières
1668 sur autres emprunts et dettes	1668 sur autres emprunts et dettes
167 AVANCES ASSORTIES DE CONDITIONS PARTICULIÈRES	167 AVANCES ASSORTIES DE CONDITIONS PARTICULIERES
1671 Avances bloquées pour augmentation du capital	1671 Avances bloquées pour augmentation du capital
1672 Avances conditionnées par l'État	1672 Avances conditionnées par l'État
1673 Avances conditionnées par les autres organismes africains	1673 Avances conditionnées par les autres organismes africains
1674 Avances conditionnées par les organismes internationaux	1674 Avances conditionnées par les organismes internationaux
~~1676 Droits du concédant exigibles en nature~~	
168 AUTRES EMPRUNTS ET DETTES	168 AUTRES EMPRUNTS ET DETTES

1681 Rentes viagères capitalisées	1681 Rentes viagères capitalisées
1682 Billets de fonds	1682 Billets de fonds
1683 Dettes consécutives à des titres empruntés	1683 Dettes consécutives à des titres empruntés
1684 Dettes du concédant exigibles en nature	1684 Emprunts participatifs ++
1685 Emprunts participatifs	1685 Participation des travailleurs aux bénéfices ++
1686 Participation des travailleurs aux bénéfices	1686 Emprunts et dettes contractés auprès des autres tiers ++
17 DETTES DE CRÉDIT - BAIL ET CONTRATS ASSIMILÉS	**17 DETTES DE LOCATION-ACQUISITION ++**
172 EMPRUNTS ÉQUIVALENTS DE CRÉDIT - BAIL IMMOBILIER	172 DETTES DE LOCATION-ACQUISITION / CREDIT-BAIL IMMOBILIER ++
173 EMPRUNTS ÉQUIVALENTS DE CRÉDIT - BAIL MOBILIER	173 DETTES DE LOCATION-ACQUISITION / CREDIT-BAIL MOBILIER ++
	174 DETTES DE LOCATION-ACQUISITION / LOCATION-VENTE +++
176 INTÉRÊTS COURUS	176 INTERETS COURUS
1762 sur emprunts équivalents de crédit – bail immobilier	1762 sur dettes de location-acquisition / crédit-bail immobilier ++
1763 sur emprunts équivalents de crédit – bail mobilier	1763 sur dettes de location-acquisition / crédit-bail mobilier ++
	1764 sur dettes de location-acquisition / location-vente +++
1768 sur emprunts équivalents d'autres contrats	1768 sur autres dettes de location-acquisition ++
178 EMPRUNTS ÉQUIVALENTS D'AUTRES CONTRATS	178 AUTRES DETTES DE LOCATION-ACQUISITION ++
18 DETTES LIÉES À DES PARTICIPATIONS ET COMPTES DE LIAISON DES ÉTABLISSEMENTS ET SOCIÉTÉS EN PARTICIPATION	**18 DETTES LIEES A DES PARTICIPATIONS ET COMPTES DE LIAISON DES ETABLISSEMENTS ET SOCIETES EN PARTICIPATION**
181 DETTES LIÉES À DES PARTICIPATIONS	181 DETTES LIEES A DES PARTICIPATIONS
1811 Dettes liées à des participations (groupe)	1811 Dettes liées à des participations (groupe)
1812 Dettes liées à des participations (hors groupe)	1812 Dettes liées à des participations (hors groupe)
182 DETTES LIÉES À DES SOCIÉTÉS EN PARTICIPATION	182 DETTES LIEES A DES SOCIETES EN PARTICIPATION
183 INTÉRÊTS COURUS SUR DETTES LIÉES À DES PARTICIPATIONS	183 INTERETS COURUS SUR DETTES LIEES A DES PARTICIPATIONS
184 COMPTES PERMANENTS BLOQUÉS DES ÉTABLISSEMENTS ET SUCCURSALES	184 COMPTES PERMANENTS BLOQUES DES ETABLISSEMENTS ET SUCCURSALES
185 COMPTES PERMANENTS NON BLOQUÉS DES ÉTABLISSEMENTS ET SUCCURSALES	185 COMPTES PERMANENTS NON BLOQUES DES ETABLISSEMENTS ET SUCCURSALES
186 COMPTES DE LIAISON CHARGES	186 COMPTES DE LIAISON CHARGES
187 COMPTES DE LIAISON PRODUITS	187 COMPTES DE LIAISON PRODUITS
188 COMPTES DE LIAISON DES SOCIÉTÉS EN PARTICIPATION	188 COMPTES DE LIAISON DES SOCIETES EN PARTICIPATION

19 PROVISIONS FINANCIERES POUR RISQUES ET CHARGES	**19 PROVISIONS POUR RISQUES ET CHARGES ++**
191 PROVISIONS POUR LITIGES	191 PROVISIONS POUR LITIGES
192 PROVISIONS POUR GARANTIES DONNÉES AUX CLIENTS	192 PROVISIONS POUR GARANTIES DONNEES AUX CLIENTS
193 PROVISIONS POUR PERTES SUR MARCHÉS À ACHÈVEMENT FUTUR	193 PROVISIONS POUR PERTES SUR MARCHES A ACHEVEMENT FUTUR
194 PROVISIONS POUR PERTES DE CHANGE	194 PROVISIONS POUR PERTES DE CHANGE
195 PROVISIONS POUR IMPÔTS	195 PROVISIONS POUR IMPOTS
196 PROVISIONS POUR PENSIONS ET OBLIGATIONS SIMILAIRES	196 PROVISIONS POUR PENSIONS ET OBLIGATIONS SIMILAIRES
	1961 Provisions pour pensions et obligations similaires-engagement de retraite +++
	1962 Actif du régime de retraite +++
197 ~~PROVISIONS POUR CHARGES À REPARTIR SUR PLUSIEURS EXERCICES~~	197 PROVISIONS POUR RESTRUCTURATION ++
~~1971 Provisions pour grosses réparations~~	
198 AUTRES PROVISIONS FINANCIÈRES POUR RISQUES ET CHARGES	198 AUTRES PROVISIONS POUR RISQUES ET CHARGES ++
1981 Provisions pour amendes et pénalités	1981 Provisions pour amendes et pénalités
~~1982 Provisions pour renouvellement des immobilisations (entreprises concessionnaires)~~	
1983 Provisions de propre assureur	1983 Provisions de propre assureur
	1984 Provisions pour démantèlement et remise en état +++
	1985 Provisions pour droits à réduction ou avantage en nature (Chèques cadeaux, cartes de fidélité...) +++
1988 Autres provisions financières pour risques et charges	1988 Provisions pour divers risques et charges ++
CLASSE 2 : COMPTES D'ACTIF IMMOBILISÉ	**CLASSE 2 : COMPTES D'ACTIF IMMOBILISE**
20 ~~CHARGES IMMOBILISÉES~~ (Supprimé)	
- ~~201 FRAIS D'ÉTABLISSEMENT~~	
- ~~2011 Frais de constitution~~	
- ~~2012 Frais de prospection~~	
- ~~2013 Frais de publicité et de lancement~~	
- ~~2014 Frais de fonctionnement antérieurs au démarrage~~	
- ~~2015 Frais de modification du capital (fusions, scissions, transformations)~~	
- ~~2016 Frais d'entrée à la Bourse~~	
- ~~2017 Frais de restructuration~~	
- ~~2018 Frais divers d'établissement~~	
- ~~202 CHARGES À RÉPARTIR SUR PLUSIEURS EXERCICES~~	
- ~~2021 Charges différées~~	
- ~~2022 Frais d'acquisition d'immobilisations~~	
- ~~2026 Frais d'émission des emprunts~~	
- ~~2028 Charges à étaler~~	
- ~~206 PRIMES DE REMBOURSEMENT DES OBLIGATIONS~~	

- ~~2061 Obligations ordinaires~~
- ~~2062 Obligations convertibles~~
- ~~2068 Autres emprunts obligataires~~

21 IMMOBILISATIONS INCORPORELLES

211 FRAIS DE RECHERCHE ET DE DÉVELOPPEMENT

212 BREVETS, LICENCES, CONCESSIONS ET DROITS SIMILAIRES

213 LOGICIELS

214 MARQUES

215 FONDS COMMERCIAL

216 DROIT AU BAIL

217 INVESTISSEMENTS DE CRÉATION

218 AUTRES DROITS ET VALEURS INCORPORELS

219 IMMOBILISATIONS INCORPORELLES EN COURS

2191 Frais de recherche et de développement

2193 Logiciels

2198 Autres droits et valeurs incorporels

22 TERRAINS

221 TERRAINS AGRICOLES ET FORESTIERS

2211 Terrains d'exploitation agricole

2212 Terrains d'exploitation forestière

2218 Autres terrains

222 TERRAINS NUS

2221 Terrains à bâtir

2228 Autres terrains nus

223 TERRAINS BÂTIS

2231 pour bâtiments industriels et agricoles

2232 pour bâtiments administratifs et commerciaux

2234 pour bâtiments affectés aux autres opérations professionnelles

21 IMMOBILISATIONS INCORPORELLES

211 FRAIS DE DEVELOPPEMENT ++

212 BREVETS, LICENCES, CONCESSIONS ET DROITS SIMILAIRES

2121 Brevets +++

2122 Licences +++

2123 Concessions de service public +++

2128 Autres concessions et droits similaires +++

213 LOGICIELS ET SITES INTERNET ++

2131 Logiciels +++

2132 Sites internet +++

214 MARQUES

215 FONDS COMMERCIAL

216 DROIT AU BAIL

217 INVESTISSEMENTS DE CREATION

218 AUTRES DROITS ET VALEURS INCORPORELS

2181 Frais de prospection et d'évaluation de ressources minérales +++

2182 Coûts d'obtention du contrat +++

2183 Fichiers clients, notices, titres de journaux et magazines +++

2184 Coûts des franchises +++

2188 Divers droits et valeurs incorporels +++

219 IMMOBILISATIONS INCORPORELLES EN COURS

2191 Frais de développement ++

2193 Logiciels et sites internet ++

2198 Autres droits et valeurs incorporels

22 TERRAINS

221 TERRAINS AGRICOLES ET FORESTIERS

2211 Terrains d'exploitation agricole

2212 Terrains d'exploitation forestière

2218 Autres terrains

222 TERRAINS NUS

2221 Terrains à bâtir

2228 Autres terrains nus

223 TERRAINS BATIS

2231 pour bâtiments industriels et agricoles

2232 pour bâtiments administratifs et commerciaux

2234 pour bâtiments affectés aux autres opérations professionnelles

2235 pour bâtiments affectés aux autres opérations non professionnelles
2238 Autres terrains bâtis
224 TRAVAUX DE MISE EN VALEUR DES TERRAINS
2241 Plantation d'arbres et d'arbustes

2248 Autres travaux
225 TERRAINS DE GISEMENT

2251 Carrières
226 TERRAINS AMÉNAGÉS
2261 Parkings
227 TERRAINS MIS EN CONCESSION

228 AUTRES TERRAINS
2281 Terrains des immeubles de rapport
2285 Terrains des logements affectés au personnel

2288 Autres terrains
229 AMÉNAGEMENTS DE TERRAINS EN COURS
2291 Terrains agricoles et forestiers
2292 Terrains nus
2295 Terrains de gisement

2298 Autres terrains

23 BÂTIMENTS, INSTALLATIONS TECHNIQUES ET AGENCEMENTS

231 BÂTIMENTS INDUSTRIELS, AGRICOLES, ADMINISTRATIFS ET COMMERCIAUX SUR SOL PROPRE

2311 Bâtiments industriels
2312 Bâtiments agricoles
2313 Bâtiments administratifs et commerciaux
2314 Bâtiments affectés au logement du personnel
2315 Immeubles de rapport

232 BÂTIMENTS INDUSTRIELS, AGRICOLES, ADMINISTRATIFS ET COMMERCIAUX SUR SOL D'AUTRUI
2321 Bâtiments industriels
2322 Bâtiments agricoles
2323 Bâtiments administratifs et commerciaux
2324 Bâtiments affectés au logement du personnel
2325 Immeubles de rapport

2235 pour bâtiments affectés aux autres opérations non professionnelles
2238 Autres terrains bâtis
224 TRAVAUX DE MISE EN VALEUR DES TERRAINS
2241 Plantation d'arbres et d'arbustes

2245 Améliorations du fonds +++
2248 Autres travaux
225 TERRAINS DE CARRIERES – TREFONDS ++
2251 Carrières
226 TERRAINS AMENAGES
2261 Parkings
227 TERRAINS MIS EN CONCESSION
228 AUTRES TERRAINS
2281 Terrains - immeubles de placement ++
2285 Terrains des logements affectés au personnel
2286 Terrains de location-acquisition +++
2288 Divers terrains ++
229 AMENAGEMENTS DE TERRAINS EN COURS
2291 Terrains agricoles et forestiers
2292 Terrains nus
2295 Terrains de carrières-tréfonds ++
2298 Autres terrains

23 BATIMENTS, INSTALLATIONS TECHNIQUES ET AGENCEMENTS

231 BATIMENTS INDUSTRIELS, AGRICOLES, ADMINISTRATIFS ET COMMERCIAUX SUR SOL PROPRE
2311 Bâtiments industriels
2312 Bâtiments agricoles
2313 Bâtiments administratifs et commerciaux
2314 Bâtiments affectés au logement du personnel
2315 Bâtiments - immeubles de placement ++
2316 Bâtiments de location – acquisition +++
232 BATIMENTS INDUSTRIELS, AGRICOLES, ADMINISTRATIFS ET COMMERCIAUX SUR SOL D'AUTRUI
2321 Bâtiments industriels
2322 Bâtiments agricoles
2323 Bâtiments administratifs et commerciaux
2324 Bâtiments affectés au logement du personnel
2325 Bâtiments - immeubles de placement ++

	2326 Bâtiments de location – acquisition +++
233 OUVRAGES D'INFRASTRUCTURE	233 OUVRAGES D'INFRASTRUCTURE
2331 Voies de terre	2331 Voies de terre
2332 Voies de fer	2332 Voies de fer
2333 Voies d'eau	2333 Voies d'eau
2334 Barrages, Digues	2334 Barrages, Digues
2335 Pistes d'aérodrome	2335 Pistes d'aérodrome
2338 Autres	2338 Autres ouvrages d'infrastructures ++
234 INSTALLATIONS TECHNIQUES	234 AMENAGEMENTS, AGENCEMENTS ET INSTALLATIONS TECHNIQUES ++
2341 Installations complexes spécialisées sur sol propre	2341 Installations complexes spécialisées sur sol propre
2342 Installations complexes spécialisées sur sol d'autrui	2342 Installations complexes spécialisées sur sol d'autrui
2343 Installations à caractère spécifique sur sol propre	2343 Installations à caractère spécifique sur sol propre
2344 Installations à caractère spécifique sur sol d'autrui	2344 Installations à caractère spécifique sur sol d'autrui
	2345 Aménagements et agencements des bâtiments +++
235 AMENAGEMENTS DE BUREAUX	235 AMENAGEMENTS DE BUREAUX
2351 Installations générales	2351 Installations générales
2358 Autres	2358 Autres aménagements de bureaux ++
237 BÂTIMENTS INDUSTRIELS, AGRICOLES ET COMMERCIAUX MIS EN CONCESSION	237 BATIMENTS INDUSTRIELS, AGRICOLES ET COMMERCIAUX MIS EN CONCESSION
238 AUTRES INSTALLATIONS ET AGENCEMENTS	238 AUTRES INSTALLATIONS ET AGENCEMENTS
239 BÂTIMENTS ET INSTALLATIONS EN COURS	239 BATIMENTS AMENAGEMENTS, AGENCEMENTS ET INSTALLATIONS EN COURS ++
	2391 Bâtiments en cours +++
	2392 Installations en cours +++
	2393 Ouvrages d'infrastructure en cours +++
	2394 Aménagements, agencements et installations techniques en cours +++
	2395 Aménagements de bureaux en cours +++
	2398 Autres installations et agencements en cours +++
24 MATÉRIEL	**24 MATERIEL, MOBILIER ET ACTIFS BIOLOGIQUES ++**
241 MATÉRIEL ET OUTILLAGE INDUSTRIEL ET COMMERCIAL	241 MATERIEL ET OUTILLAGE INDUSTRIEL ET COMMERCIAL
2411 Matériel industriel	2411 Matériel industriel
2412 Outillage industriel	2412 Outillage industriel
2413 Matériel commercial	2413 Matériel commercial
2414 Outillage commercial	2414 Outillage commercial
	2416 Matériel et outillage industriel et commercial de location-acquisition +++
242 MATÉRIEL ET OUTILLAGE AGRICOLE	242 MATERIEL ET OUTILLAGE AGRICOLE

2421	Matériel agricole	2421	Matériel agricole
2422	Outillage agricole	2422	Outillage agricole
		2426	Matériel et outillage agricole de location-acquisition +++
243	MATÉRIEL D'EMBALLAGE RÉCUPÉRABLE ET IDENTIFIABLE	243	MATERIEL D'EMBALLAGE RECUPERABLE ET IDENTIFIABLE
244	MATÉRIEL ET MOBILIER	244	MATERIEL ET MOBILIER
2441	Matériel de bureau	2441	Matériel de bureau
2442	Matériel informatique	2442	Matériel informatique
2443	Matériel bureautique	2443	Matériel bureautique
2444	Mobilier de bureau	2444	Mobilier de bureau
		2445	Matériel et mobilier - immeubles de placement +++
2446	Matériel et mobilier des immeubles de rapport	2446	Matériel et mobilier de location-acquisition ++
2447	Matériel et mobilier des logements du personnel	2447	Matériel et mobilier des logements du personnel
245	MATÉRIEL DE TRANSPORT	245	MATERIEL DE TRANSPORT
2451	Matériel automobile	2451	Matériel automobile
2452	Matériel ferroviaire	2452	Matériel ferroviaire
2453	Matériel fluvial, lagunaire	2453	Matériel fluvial, lagunaire
2454	Matériel naval	2454	Matériel naval
2455	Matériel aérien	2455	Matériel aérien
2456	Matériel hippomobile	2456	Matériel de transport de location-acquisition ++
		2457	Matériel hippomobile ++
2458	Autres (vélo, mobylette, moto)	2458	Autres matériels de transport ++
246	IMMOBILISATIONS ANIMALES ET AGRICOLES	246	ACTIFS BIOLOGIQUES ++
2461	Cheptel, animaux de trait	2461	Cheptel, animaux de trait
2462	Cheptel, animaux reproducteurs	2462	Cheptel, animaux reproducteurs
2463	Animaux de garde	2463	Animaux de garde
2465	Plantations agricoles	2465	Plantations agricoles
2468	Autres	2468	Autres actifs biologiques ++
247	AGENCEMENTS ET AMÉNAGEMENTS DU MATÉRIEL	247	AGENCEMENTS, AMENAGEMENTS DU MATERIEL ET DES ACTIFS BIOLOGIQUES ++
		2471	Agencements et aménagements du matériel +++
		2472	Agencements et aménagements des actifs biologiques +++
		2478	Autres agencements, aménagements du matériel et actifs biologiques +++
248	AUTRES MATÉRIELS	248	AUTRES MATERIELS ET MOBILIERS ++
2481	Collections et œuvres d'art	2481	Collections et œuvres d'art
		2488	Divers matériels et mobiliers +++
249	MATÉRIEL EN COURS	249	MATERIELS ET ACTIFS BIOLOGIQUES EN COURS ++
2491	Matériel et outillage industriel et commercial	2491	Matériel et outillage industriel et commercial
2492	Matériel et outillage agricole	2492	Matériel et outillage agricole
2493	Matériel d'emballage récupérable et identifiable	2493	Matériel d'emballage récupérable et identifiable
2494	Matériel et mobilier de bureau	2494	Matériel et mobilier de bureau

2495 Matériel de transport
2496 Immobilisations animales et agricoles
2497 Agencements et aménagements du matériel
2498 Autres matériels

25 AVANCES ET ACOMPTES VERSÉS SUR IMMOBILISATIONS

251 AVANCES ET ACOMPTES VERSÉS SUR IMMOBILISATIONS INCORPORELLES
252 AVANCES ET ACOMPTES VERSÉS SUR IMMOBILISATIONS CORPORELLES

26 TITRES DE PARTICIPATION

261 TITRES DE PARTICIPATION DANS DES SOCIÉTÉS SOUS CONTRÔLE EXCLUSIF
262 TITRES DE PARTICIPATION DANS DES SOCIÉTÉS SOUS CONTRÔLE CONJOINT
263 TITRES DE PARTICIPATION DANS DES SOCIÉTÉS CONFÉRANT UNE INFLUENCE NOTABLE
265 PARTICIPATIONS DANS DES ORGANISMES PROFESSIONNELS
266 PARTS DANS DES GROUPEMENTS D'INTÉRÊT ÉCONOMIQUE (G.I.E.)
268 AUTRES TITRES DE PARTICIPATION

27 AUTRES IMMOBLISATIONS FINANCIÈRES

271 PRÊTS ET CRÉANCES NON COMMERCIALES
2711 Prêts participatifs
2712 Prêts aux associés
2713 Billets de fonds
2714 Titres prêtés
272 PRÊTS AU PERSONNEL
2721 Prêts immobiliers
2722 Prêts mobiliers et d'installation
2728 Autres prêts (frais d'études…)
273 CRÉANCES SUR L'ÉTAT
2731 Retenues de garantie
2733 Fonds réglementé
2738 Autres
274 TITRES IMMOBILISÉS
2741 Titres immobilisés de l'activité de portefeuille (T.I.A.P.)
2742 Titres participatifs
2743 Certificats d'investissement
2744 Parts de fonds commun de placement (F.C.P.)

2495 Matériel de transport
2496 Actifs biologiques ++
2497 Agencements et aménagements du matériel et des actifs biologiques ++
2498 Autres matériels et actifs biologiques ++

25 AVANCES ET ACOMPTES VERSES SUR IMMOBILISATIONS

251 AVANCES ET ACOMPTES VERSES SUR IMMOBILISATIONS INCORPORELLES
252 AVANCES ET ACOMPTES VERSES SUR IMMOBILISATIONS CORPORELLES

26 TITRES DE PARTICIPATION

261 TITRES DE PARTICIPATION DANS DES ENTITES SOUS CONTROLE EXCLUSIF ++
262 TITRES DE PARTICIPATION DANS DES ENTITES SOUS CONTROLE CONJOINT ++
263 TITRES DE PARTICIPATION DANS DES ENTITESCONFERANT UNE INFLUENCE NOTABLE ++
265 PARTICIPATIONS DANS DES ORGANISMES PROFESSIONNELS
266 PARTS DANS DES GROUPEMENTS D'INTERET ECONOMIQUE (G.I.E.)
268 AUTRES TITRES DE PARTICIPATION

27 AUTRES IMMOBLISATIONS FINANCIERES

271 PRETS ET CREANCES ++
2711 Prêts participatifs
2712 Prêts aux associés
2713 Billets de fonds
2714 Créances de location-financement ++
2715 Titres prêtés ++
2718 Autres prêts et créances +++
272 PRETS AU PERSONNEL
2721 Prêts immobiliers
2722 Prêts mobiliers et d'installation
2728 Autres prêts au personnel ++
273 CREANCES SUR L'ÉTAT
2731 Retenues de garantie
2733 Fonds réglementé
2734 Créances sur le concédant +++
2738 Autres créances sur l'État ++
274 TITRES IMMOBILISES
2741 Titres immobilisés de l'activité de portefeuille (T.I.A.P.)
2742 Titres participatifs
2743 Certificats d'investissement
2744 Parts de fonds commun de placement (F.C.P.)

2748 Autres titres immobilisés

275 DÉPÔTS ET CAUTIONNEMENTS VERSÉS

2751 Dépôts pour loyers d'avance
2752 Dépôts pour l'électricité
2753 Dépôts pour l'eau
2754 Dépôts pour le gaz
2755 Dépôts pour le téléphone, le télex, la télécopie
2756 Cautionnements sur marchés publics
2757 Cautionnements sur autres opérations
2758 Autres dépôts et cautionnements

276 INTÉRÊTS COURUS

2761 Prêts et créances non commerciales
2762 Prêts au personnel
2763 Créances sur l'État
2764 Titres immobilisés
2765 Dépôts et cautionnements versés
2767 Créances rattachées à des participations
2768 Immobilisations financières diverses

277 CRÉANCES RATTACHÉES À DES PARTICIPATIONS ET AVANCES À DES G.I.E.

2771 Créances rattachées à des participations (groupe)
2772 Créances rattachées à des participations (hors groupe)
2773 Créances rattachées à des sociétés en participation
2774 Avances à des Groupements d'intérêt économique (G.I.E.)

278 IMMOBILISATIONS FINANCIÈRES DIVERSES

2781 Créances diverses groupe
2782 Créances divers hors groupe
2785 Or et métaux précieux ([1])

28 AMORTISSEMENTS

281 AMORTISSEMENTS DES IMMOBILISATIONS INCORPORELLES

2811 Amortissements des frais de recherche et de développement
2812 Amortissements des brevets, licences, concessions et droits similaires
2813 Amortissements des logiciels

2745 Obligations +++
2746 Actions ou parts propres +++
2748 Autres titres immobilisés

275 DEPOTS ET CAUTIONNEMENTS VERSES

2751 Dépôts pour loyers d'avance
2752 Dépôts pour l'électricité
2753 Dépôts pour l'eau
2754 Dépôts pour le gaz
2755 Dépôts pour le téléphone, le télex, la télécopie
2756 Cautionnements sur marchés publics
2757 Cautionnements sur autres opérations
2758 Autres dépôts et cautionnements

276 INTERETS COURUS

2761 Prêts et créances non commerciales
2762 Prêts au personnel
2763 Créances sur l'État
2764 Titres immobilisés
2765 Dépôts et cautionnements versés
2766 Créances de location-financement +++
2767 Créances rattachées à des participations
2768 Immobilisations financières diverses

277 CREANCES RATTACHEES A DES PARTICIPATIONS ET AVANCES A DES G.I.E.

2771 Créances rattachées à des participations (groupe)
2772 Créances rattachées à des participations (hors groupe)
2773 Créances rattachées à des sociétés en participation
2774 Avances à des Groupements d'intérêt économique (G.I.E.)

278 IMMOBILISATIONS FINANCIERES DIVERSES

2781 Créances diverses groupe
2782 Créances diverses hors groupe ++
2784 Banques dépôts à terme +++
2785 Or et métaux précieux ([1])
2788 Autres immobilisations financières +++

28 AMORTISSEMENTS

281 AMORTISSEMENTS DES IMMOBILISATIONS INCORPORELLES

2811 Amortissements des frais de développement ++
2812 Amortissements des brevets, licences, concessions et droits similaires
2813 Amortissements des logiciels et sites internet ++

2814	Amortissements des marques	2814	Amortissements des marques
2815	Amortissements du fonds commercial	2815	Amortissements du fonds commercial
2816	Amortissements du droit au bail	2816	Amortissements du droit au bail
2817	Amortissements des investissements de création	2817	Amortissements des investissements de création
2818	Amortissements des autres droits et valeurs incorporels	2818	Amortissements des autres droits et valeurs incorporels
282	AMORTISSEMENTS DES TERRAINS	282	AMORTISSEMENTS DES TERRAINS
~~2821~~	~~Amortissements des terrains agricoles et forestiers~~		
2824	Amortissements des travaux de mise en valeur des terrains	2824	Amortissements des travaux de mise en valeur des terrains
~~2825~~	~~Amortissements des terrains de gisement~~		
283	AMORTISSEMENTS DES BÂTIMENTS, INSTALLATIONS TECHNIQUES ET AGENCEMENTS	283	AMORTISSEMENTS DES BATIMENTS, INSTALLATIONS TECHNIQUES ET AGENCEMENTS
2831	Amortissements des bâtiments industriels, agricoles, administratifs et commerciaux sur sol propre	2831	Amortissements des bâtiments industriels, agricoles, administratifs et commerciaux sur sol propre
2832	Amortissements des bâtiments industriels, agricoles, administratifs et commerciaux sur sol d'autrui	2832	Amortissements des bâtiments industriels, agricoles, administratifs et commerciaux sur sol d'autrui
2833	Amortissements des ouvrages d'infrastructure	2833	Amortissements des ouvrages d'infrastructure
2834	Amortissements des installations techniques	2834	Amortissements des aménagements, agencements et installations techniques ++
2835	Amortissements des aménagements de bureaux	2835	Amortissements des aménagements de bureaux
2837	Amortissements des bâtiments industriels, agricoles et commerciaux mis en concession	2837	Amortissements des bâtiments industriels, agricoles et commerciaux mis en concession
2838	Amortissements des autres installations et agencements	2838	Amortissements des autres installations et agencements
284	AMORTISSEMENTS DU MATÉRIEL	284	AMORTISSEMENTS DU MATERIEL
2841	Amortissements du matériel et outillage industriel et commercial	2841	Amortissements du matériel et outillage industriel et commercial
2842	Amortissements du matériel et outillage agricole	2842	Amortissements du matériel et outillage agricole
2843	Amortissements du matériel d'emballage récupérable et identifiable	2843	Amortissements du matériel d'emballage récupérable et identifiable
2844	Amortissements du matériel et mobilier	2844	Amortissements du matériel et mobilier
2845	Amortissements du matériel de transport	2845	Amortissements du matériel de transport
2846	Amortissements des immobilisations animales et agricoles	2846	Amortissements des actifs biologiques ++
2847	Amortissements des agencements et aménagements du matériel	2847	Amortissements des agencements, aménagements du matériel et des actifs biologiques ++
2848	Amortissements des autres matériels	2848	Amortissements des autres matériels

29 PROVISIONS POUR DEPRECIATION

291 PROVISIONS POUR DÉPRÉCIATION DES IMMOBILISATIONS INCORPORELLES

2912 Provisions pour dépréciation des brevets, licences, concessions et droits similaires
2913 Provisions pour dépréciation des logiciels
2914 Provisions pour dépréciation des marques
2915 Provisions pour dépréciation du fonds commercial
2916 Provisions pour dépréciation du droit au bail
2917 Provisions pour dépréciation des investissements de création
2918 Provisions pour dépréciation des autres droits et valeurs incorporels
2919 Provisions pour dépréciation des immobilisations incorporelles en cours

292 PROVISIONS POUR DÉPRÉCIATION DES TERRAINS

2921 Provisions pour dépréciation des terrains agricoles et forestiers

29 DEPRECIATIONS DES IMMOBILISATIONS ++

291 DEPRECIATIONS DES IMMOBILISATIONS INCORPORELLES ++

2911 Dépréciations des frais de développement +++
2912 Dépréciations des brevets, licences, concessions et droits similaires ++
2913 Dépréciations des logiciels et sites internet ++
2914 Dépréciations des marques ++
2915 Dépréciations du fonds commercial ++
2916 Dépréciations du droit au bail ++
2917 Dépréciations des investissements de création ++
2918 Dépréciations des autres droits et valeurs incorporels ++
2919 Dépréciations des immobilisations incorporelles en cours ++

292 DEPRECIATIONS DES TERRAINS ++

2921 Dépréciations des terrains agricoles et forestiers ++
Dépréciations des terrains nus ++
Dépréciations des terrains bâtis ++
Dépréciations des travaux de mise en valeur des terrains ++
Dépréciations des terrains de gisement ++
Dépréciations des terrains aménagés ++
Dépréciations des terrains mis en concession ++
Dépréciations des autres terrains ++
Dépréciations des aménagements de terrains en cours ++
Dépréciations des terrains agricoles et forestiers ++
Dépréciations des terrains nus ++
Dépréciations des terrains bâtis ++
Dépréciations des travaux de mise en valeur des terrains ++
Dépréciations des terrains de gisement ++
Dépréciations des terrains aménagés ++
Dépréciations des terrains mis en concession ++
Dépréciations des autres terrains ++

			Dépréciations des aménagements de terrains en cours ++
2922	Provisions pour dépréciation des terrains nus	2922	Dépréciations des terrains nus ++
2923	Provisions pour dépréciation des terrains bâtis	2923	Dépréciations des terrains bâtis ++
2924	Provisions pour dépréciation des travaux de mise en valeur des terrains	2924	Dépréciations des travaux de mise en valeur des terrains ++
2925	Provisions pour dépréciation des terrains de gisement	2925	Dépréciations des terrains de carrières-tréfonds ++
2926	Provisions pour dépréciation des terrains aménagés	2926	Dépréciations des terrains aménagés ++
2927	Provisions pour dépréciation des terrains mis en concession	2927	Dépréciations des terrains mis en concession ++
2928	Provisions pour dépréciation des autres terrains	2928	Dépréciations des autres terrains ++
2929	Provisions pour dépréciation des aménagements de terrains en cours	2929	Dépréciations des aménagements de terrains en cours ++
293	PROVISIONS POUR DÉPRÉCIATION DES BÂTIMENTS, INSTALLATIONS TECHNIQUES ET AGENCEMENTS	293	DEPRECIATIONS DES BATIMENTS, INSTALLATIONS TECHNIQUES ET AGENCEMENTS ++
2931	Provisions pour dépréciation des bâtiments industriels, agricoles, administratifs et commerciaux sur sol propre	2931	Dépréciations des bâtiments industriels, agricoles, administratifs et commerciaux sur sol propre ++
2932	Provisions pour dépréciation des bâtiments industriels, agricoles, administratifs et commerciaux sur sol d'autrui	2932	Dépréciations des bâtiments industriels, agricoles, administratifs et commerciaux sur sol d'autrui ++
2933	Provisions pour dépréciation des ouvrages d'infrastructures	2933	Dépréciations des ouvrages d'infrastructures ++
2934	Provisions pour dépréciation des installations techniques	2934	Dépréciations des aménagements, agencements et installations techniques ++
2935	Provisions pour dépréciation des aménagements de bureaux	2935	Dépréciations des aménagements de bureaux ++
2937	Provisions pour dépréciation des bâtiments industriels, agricoles et commerciaux mis en concession	2937	Dépréciations des bâtiments industriels, agricoles et commerciaux mis en concession ++
2938	Provisions pour dépréciation des autres installations et agencements	2938	Dépréciations des autres installations et agencements ++
2939	Provisions pour dépréciation des bâtiments et installations en cours	2939	Dépréciations des bâtiments et installations en cours ++
294	PROVISIONS POUR DÉPRÉCIATION DE MATÉRIEL	294	DEPRECIATIONS DE MATERIEL, DU MOBILIER ET DE L'ACTIF BIOLOGIQUE ++
2941	Provisions pour dépréciation du matériel et outillage industriel et commercial	2941	Dépréciations du matériel et outillage industriel et commercial ++
2942	Provisions pour dépréciation du matériel et outillage agricole	2942	Dépréciations du matériel et outillage agricole ++

2943 Provisions pour dépréciation du matériel d'emballage récupérable et identifiable

2944 Provisions pour dépréciation du matériel et mobilier

2945 Provisions pour dépréciation du matériel de transport

2946 Provisions pour dépréciation des immobilisations animales et agricoles

2947 Provisions pour dépréciation des agencements et aménagements du matériel

2948 Provisions pour dépréciation des autres matériels

2949 Provisions pour dépréciation de matériel en cours

295 PROVISIONS POUR DÉPRÉCIATION DES AVANCES ET ACOMPTES VERSÉS SUR IMMOBILISATIONS

2951 Provisions pour dépréciation des avances et acomptes versés sur immobilisations incorporelles

2952 Provisions pour dépréciation des avances et acomptes versés sur immobilisations corporelles

296 PROVISIONS POUR DÉPRÉCIATION DES TITRES DE PARTICIPATION

2961 Provisions pour dépréciation des titres de participation dans des sociétés sous contrôle exclusif

2962 Provisions pour dépréciation des titres de participation dans les sociétés sous contrôle conjoint

2963 Provisions pour dépréciation des titres de participation dans les sociétés conférant une influence notable

2965 Provisions pour dépréciation des participations dans des organismes professionnels

2966 Provisions pour dépréciation des parts dans des GIE

2968 Provisions pour dépréciation des autres titres de participation

297 PROVISIONS POUR DÉPRÉCIATION DES AUTRES IMMOBILISATIONS FINANCIÈRES

2971 Provisions pour dépréciation des prêts et créances non commerciales

2972 Provisions pour dépréciation des prêts au personnel

2973 Provisions pour dépréciation des créances sur l'État

2974 Provisions pour dépréciation des titres immobilisés

2975 Provisions pour dépréciation des dépôts et cautionnements versés

2977 Provisions pour dépréciation des créances rattachées à des participations et avances à des GIE

2943 Dépréciations du matériel d'emballage récupérable et identifiable ++

2944 Dépréciations du matériel et mobilier ++

2945 Dépréciations du matériel de transport ++

2946 Dépréciations des actifs biologiques ++

2947 Dépréciations des agencements, aménagements du matériel et des actifs biologiques ++

2948 Dépréciations des autres matériels ++

2949 Dépréciations de matériel en cours ++

295 DEPRECIATIONS DES AVANCES ET ACOMPTES VERSES SUR IMMOBILISATIONS ++

2951 Dépréciations des avances et acomptes versés sur immobilisations incorporelles ++

2952 Dépréciations des avances et acomptes versés sur immobilisations corporelles ++

296 DEPRECIATIONS DES TITRES DE PARTICIPATION ++

2961 Dépréciations des titres de participation dans des entités sous contrôle exclusif ++

2962 Dépréciations des titres de participation dans des entités sous contrôle conjoint ++

2963 Dépréciations des titres de participation dans des entités conférant une influence notable ++

2965 Dépréciations des participations dans des organismes professionnels ++

2966 Dépréciations des parts dans des GIE ++

2968 Dépréciations des autres titres de participation ++

297 DEPRECIATIONS DES AUTRES IMMOBILISATIONS FINANCIERES ++

2971 Dépréciations des prêts et créances ++

2972 Dépréciations des prêts au personnel ++

2973 Dépréciations des créances sur l'État ++

2974 Dépréciations des titres immobilisés ++

2975 Dépréciations des dépôts et cautionnements versés ++

2977 Dépréciations des créances rattachées à des participations et avances à des GIE ++

2978 Provisions pour dépréciation des créances financières diverses	2978 Dépréciations des créances financières diverses ++
CLASSE 3 : COMPTES DE STOCKS	**CLASSE 3 : COMPTES DE STOCKS**
31 MARCHANDISES	**31 MARCHANDISES**
311 MARCHANDISES A	311 MARCHANDISES A
3111 Marchandises A1	3111 Marchandises A1
3112 Marchandises A2	3112 Marchandises A2
312 MARCHANDISES B	312 MARCHANDISES B
3121 Marchandises B1	3121 Marchandises B1
3122 Marchandises B2	3122 Marchandises B2
	313 ACTIFS BIOLOGIQUES +++
	3131 Animaux +++
	3132 Végétaux +++
318 MARCHANDISES HORS ACTIVITÉS ORDINAIRES (H.A.O.)	318 MARCHANDISES HORS ACTIVITES ORDINAIRES (H.A.O.)
32 MATIÈRES PREMIÈRES ET FOURNITURES LIÉES	**32 MATIERES PREMIERES ET FOURNITURES LIEES**
321 MATIÈRES A	321 MATIERES A
322 MATIÈRES B	322 MATIERES B
323 FOURNITURES (A, B)	323 FOURNITURES (A, B)
33 AUTRES APPROVISIONNEMENTS	**33 AUTRES APPROVISIONNEMENTS**
331 MATIÈRES CONSOMMABLES	331 MATIERES CONSOMMABLES
332 FOURNITURES D'ATELIER ET D'USINE	332 FOURNITURES D'ATELIER ET D'USINE
333 FOURNITURES DE MAGASIN	333 FOURNITURES DE MAGASIN
334 FOURNITURES DE BUREAU	334 FOURNITURES DE BUREAU
335 EMBALLAGES	335 EMBALLAGES
3351 Emballages perdus	3351 Emballages perdus
3352 Emballages récupérables non identifiables	3352 Emballages récupérables non identifiables
3353 Emballages à usage mixte	3353 Emballages à usage mixte
3358 Autres emballages	3358 Autres emballages
338 AUTRES MATIÈRES	338 AUTRES MATIERES
34 PRODUITS EN COURS	**34 PRODUITS EN COURS**
341 PRODUITS EN COURS	341 PRODUITS EN COURS
3411 Produits en cours P1	3411 Produits en cours P1
3412 Produits en cours P2	3412 Produits en cours P2
342 TRAVAUX EN COURS	342 TRAVAUX EN COURS
3421 Travaux en cours T1	3421 Travaux en cours T1
3422 Travaux en cours T2	3422 Travaux en cours T2
343 PRODUITS INTERMÉDIAIRES EN COURS	343 PRODUITS INTERMEDIAIRES EN COURS
3431 Produits intermédiaires A	3431 Produits intermédiaires A
3432 Produits intermédiaires B	3432 Produits intermédiaires B
344 PRODUITS RÉSIDUELS EN COURS	344 PRODUITS RESIDUELS EN COURS
3441 Produits résiduels A	3441 Produits résiduels A
3442 Produits résiduels B	3442 Produits résiduels B
	345 ACTIFS BIOLOGIQUES +++
	3451 Animaux +++
	3452 Végétaux +++
35 SERVICES EN COURS	**35 SERVICES EN COURS**
351 ÉTUDES EN COURS	351 ETUDES EN COURS
3511 Études en cours E1	3511 Etudes en cours E1
3512 Études en cours E2	3512 Etudes en cours E2
352 PRESTATIONS DE SERVICES EN COURS	352 PRESTATIONS DE SERVICES EN COURS
3521 Prestations de services S1	3521 Prestations de services S1
3522 Prestations de services S2	3522 Prestations de services S2
36 PRODUITS FINIS	**36 PRODUITS FINIS**

361 PRODUITS FINIS A
362 PRODUITS FINIS B

37 PRODUITS INTERMÉDIAIRES ET RÉSIDUELS

371 PRODUITS INTERMÉDIAIRES
3711 Produits intermédiaires A
3712 Produits intermédiaires B
372 PRODUITS RÉSIDUELS
3721 Déchets
3722 Rebuts
3723 Matières de Récupération

38 STOCKS EN COURS DE ROUTE, EN CONSIGNATION OU EN DÉPÔT

381 MARCHANDISES EN COURS DE ROUTE
382 MATIÈRES PREMIÈRES ET FOURNITURES LIÉES EN COURS DE ROUTE
383 AUTRES APPROVISIONNEMENTS EN COURS DE ROUTE
386 PRODUITS FINIS EN COURS DE ROUTE
387 STOCK EN CONSIGNATION OU EN DÉPÔT
3871 Stock en consignation
3872 Stock en dépôt
388 STOCK PROVENANT D'IMMOBILISATIONS MISES HORS SERVICE OU AU REBUT

39 DÉPRÉCIATIONS DES STOCKS

391 DÉPRÉCIATIONS DES STOCKS DE MARCHANDISES
392 DÉPRÉCIATIONS DES STOCKS DE MATIÈRES PREMIÈRES ET FOURNITURES LIÉES
393 DÉPRÉCIATIONS DES STOCKS D'AUTRES APPOVISIONNEMENTS
394 DÉPRÉCIATIONS DES PRODUCTIONS EN COURS
395 DÉPRÉCIATIONS DES SERVICES EN COURS
396 DÉPRÉCIATIONS DES STOCKS DE PRODUITS FINIS
397 DÉPRÉCIATIONS DES STOCKS DE PRODUITS INTERMÉDIAIRES ET RÉSIDUELS

361 PRODUITS FINIS A
362 PRODUITS FINIS B
363 ACTIFS BIOLOGIQUES +++
3631 Animaux +++
3632 Végétaux +++
3638 Autres stocks (activités annexes) +++

37 PRODUITS INTERMEDIAIRES ET RESIDUELS

371 PRODUITS INTERMEDIAIRES
3711 Produits intermédiaires A
3712 Produits intermédiaires B
372 PRODUITS RESIDUELS
3721 Déchets
3722 Rebuts
3723 Matières de récupération
373 ACTIFS BIOLOGIQUES +++
3731 Animaux +++
3732 Végétaux +++
3738 Autres stocks (activités annexes) +++

38 STOCKS EN COURS DE ROUTE, EN CONSIGNATION OU EN DEPOT

381 MARCHANDISES EN COURS DE ROUTE
382 MATIERES PREMIERES ET FOURNITURES LIEES EN COURS DE ROUTE
383 AUTRES APPROVISIONNEMENTS EN COURS DE ROUTE
386 PRODUITS FINIS EN COURS DE ROUTE
387 STOCK EN CONSIGNATION OU EN DEPOT
3871 Stock en consignation
3872 Stock en dépôt
388 STOCK PROVENANT D'IMMOBILISATIONS MISES HORS SERVICE OU AU REBUT

39 DEPRECIATIONS DES STOCKS ET ENCOURS DE PRODUCTION ++

391 DEPRECIATIONS DES STOCKS DE MARCHANDISES
392 DEPRECIATIONS DES STOCKS DE MATIERES PREMIERES ET FOURNITURES LIEES
393 DEPRECIATIONS DES STOCKS D'AUTRES APPROVISIONNEMENTS ++
394 DEPRECIATIONS DES PRODUCTIONS EN COURS
395 DEPRECIATIONS DES SERVICES EN COURS
396 DEPRECIATIONS DES STOCKS DE PRODUITS FINIS
397 DEPRECIATIONS DES STOCKS DE PRODUITS INTERMEDIAIRES ET RESIDUELS

398 DÉPRÉCIATIONS DES STOCKS EN COURS DE ROUTE, EN CONSIGNATION OU EN DÉPÔT	398 DEPRECIATIONS DES STOCKS EN COURS DE ROUTE, EN CONSIGNATION OU EN DEPOT
CLASSE 4 : COMPTES DE TIERS	**CLASSE 4 : COMPTES DE TIERS**
40 FOURNISSEURS ET COMPTES RATTACHÉS	**40 FOURNISSEURS ET COMPTES RATTACHES**
401 FOURNISSEURS, DETTES EN COMPTE	401 FOURNISSEURS, DETTES EN COMPTE
4011 Fournisseurs	4011 Fournisseurs
4012 Fournisseurs Groupe	4012 Fournisseurs Groupe
4013 Fournisseurs sous-traitants	4013 Fournisseurs sous-traitants
	4016 Fournisseurs, réserve de propriété +++
4017 Fournisseur, retenues de garantie	4017 Fournisseurs, retenues de garantie
402 FOURNISSEURS, EFFETS À PAYER	402 FOURNISSEURS, EFFETS A PAYER
4021 Fournisseurs, Effets à payer	4021 Fournisseurs, Effets à payer
4022 Fournisseurs - Groupe, Effets à payer	4022 Fournisseurs - Groupe, Effets à payer
4023 Fournisseurs sous-traitants, Effets à payer	4023 Fournisseurs sous-traitants, Effets à payer
	404 FOURNISSEURS, ACQUISITIONS COURANTES D'IMMOBILISATIONS +++
	4041 Fournisseurs dettes en compte, immobilisations incorporelles +++
	4042 Fournisseurs dettes en compte, immobilisations corporelles +++
	4046 Fournisseurs effets à payer, immobilisations incorporelles +++
	4047 Fournisseurs effets à payer, immobilisations corporelles +++
408 FOURNISSEURS, FACTURES NON PARVENUES	408 FOURNISSEURS, FACTURES NON PARVENUES
4081 Fournisseurs	4081 Fournisseurs
4082 Fournisseurs - Groupe	4082 Fournisseurs - Groupe
4083 Fournisseurs sous-traitants	4083 Fournisseurs sous-traitants
4086 Fournisseurs, intérêts courus	4086 Fournisseurs, intérêts courus
409 FOURNISSEURS DÉBITEURS	409 FOURNISSEURS DEBITEURS
4091 Fournisseurs avances et acomptes versés	4091 Fournisseurs avances et acomptes versés
4092 Fournisseurs - Groupe avances et acomptes versés	4092 Fournisseurs - Groupe avances et acomptes versés
4093 Fournisseurs sous-traitants avances et acomptes versés	4093 Fournisseurs sous-traitants avances et acomptes versés
4094 Fournisseurs créances pour emballages et matériels à rendre	4094 Fournisseurs créances pour emballages et matériels à rendre

4098 Rabais, Remises, Ristournes et autres avoirs à obtenir	4098 Fournisseurs, rabais, remises, ristournes et autres avoirs à obtenir ++
41 CLIENTS ET COMPTES RATTACHÉS	**41 CLIENTS ET COMPTES RATTACHES**
411 CLIENTS	411 CLIENTS
4111 Clients	4111 Clients
4112 Clients - Groupe	4112 Clients - Groupe
4114 Clients, État et Collectivités publiques	4114 Clients, État et Collectivités publiques
4115 Clients, organismes internationaux	4115 Clients, organismes internationaux
	4116 Clients, réserve de propriété +++
4117 Client, retenues de garantie	4117 Clients, retenues de garantie
4118 Clients, dégrèvement de Taxes sur la Valeur Ajoutée (T.V.A.)	4118 Clients, dégrèvement de Taxes sur la Valeur Ajoutée (T.V.A.)
412 CLIENTS, ÉFFETS À RECEVOIR EN PORTEFEUILLE	412 CLIENTS, EFFETS A RECEVOIR EN PORTEFEUILLE
4121 Clients, Effets à recevoir	4121 Clients, Effets à recevoir
4122 Clients - Groupe, Effets à recevoir	4122 Clients - Groupe, Effets à recevoir
4124 État et Collectivités publiques, Effets à recevoir	4124 État et Collectivités publiques, Effets à recevoir
4125 Organismes Internationaux, Effets à recevoir	4125 Organismes Internationaux, Effets à recevoir
	413 CLIENTS, CHEQUES, EFFETS ET AUTRES VALEURS IMPAYES +++
	4131 Clients, chèques impayés +++
	4132 Clients, Effets impayés +++
	4133 Clients, cartes de crédit impayées +++
	4138 Clients, autres valeurs impayées +++
414 CRÉANCES SUR CESSIONS D'IMMOBILISATIONS	414 CREANCES SUR CESSIONS COURANTES D'IMMOBILISATIONS ++
4141 Créances en compte	4141 Créances en compte, immobilisations incorporelles ++
4142 Effets à recevoir	4142 Créances en compte, immobilisations corporelles ++
	4146 Effets à recevoir, immobilisations incorporelles +++
	4147 Effets à recevoir, immobilisations corporelles +++
415 CLIENTS, ÉFFETS ESCOMPTÉS NON ÉCHUS	415 CLIENTS, EFFETS ESCOMPTES NON ECHUS
416 CRÉANCES CLIENTS LITIGIEUSES OU DOUTEUSES	416 CREANCES CLIENTS LITIGIEUSES OU DOUTEUSES
4161 Créances litigieuses	4161 Créances litigieuses
4162 Créances douteuses	4162 Créances douteuses
418 CLIENTS, PRODUITS À RECEVOIR	418 CLIENTS, PRODUITS A RECEVOIR
4181 Clients, factures à établir	4181 Clients, factures à établir
4186 Clients, intérêts courus	4186 Clients, intérêts courus
419 CLIENTS CRÉDITEURS	419 CLIENTS CREDITEURS
4191 Clients, avances et acomptes reçus	4191 Clients, avances et acomptes reçus

4192 Clients - Groupe, avances et acomptes reçus	4192 Clients - Groupe, avances et acomptes reçus
4194 Clients, dettes pour emballages et matériels consignés	4194 Clients, dettes pour emballages et matériels consignés
4198 Rabais, Remises, Ristournes et autres avoirs à accorder	4198 Clients, rabais, remises, ristournes et autres avoirs à accorder ++
42 PERSONNEL	**42 PERSONNEL**
421 PERSONNEL, AVANCES ET ACOMPTES	421 PERSONNEL, AVANCES ET ACOMPTES
4211 Personnel, avances	4211 Personnel, avances
4212 Personnel, acomptes	4212 Personnel, acomptes
4213 Frais avancés et fournitures au personnel	4213 Frais avancés et fournitures au personnel
422 PERSONNEL, RÉMUNÉRATIONS DUES	422 PERSONNEL, REMUNERATIONS DUES
423 PERSONNEL, OPPOSITIONS, SAISIES-ARRÊTS	423 PERSONNEL, OPPOSITIONS, SAISIES-ARRETS
4231 Personnel, oppositions	4231 Personnel, oppositions
4232 Personnel, saisies arrêts	4232 Personnel, saisies arrêts
4233 Personnel, avis à tiers détenteur	4233 Personnel, avis à tiers détenteur
424 PERSONNEL, OEUVRES SOCIALES INTERNES	424 PERSONNEL, OEUVRES SOCIALES INTERNES
4241 Assistance médicale	4241 Assistance médicale
4242 Allocations familiales	4242 Allocations familiales
4245 Organismes sociaux rattachés à l'entreprise	4245 Organismes sociaux rattachés à l'entité ++
4248 Autres œuvres sociales internes	4248 Autres œuvres sociales internes
425 REPRÉSENTANTS DU PERSONNEL	425 REPRESENTANTS DU PERSONNEL
4251 Délégués du personnel	4251 Délégués du personnel
4252 Syndicats et Comités d'entreprises, d'Établissement	4252 Syndicats et Comités d'entreprises, d'Etablissement
4258 Autres représentants du personnel	4258 Autres représentants du personnel
426 PERSONNEL, PARTICIPATION AUX BÉNÉFICES	426 PERSONNEL, PARTICIPATION AUX BENEFICES ET AU CAPITAL ++
	4261 Participation aux bénéfices +++
	4264 Participation au capital +++
427 PERSONNEL – DÉPÔTS	427 PERSONNEL – DEPOTS
428 PERSONNEL, CHARGES À PAYER ET PRODUITS À RECEVOIR	428 PERSONNEL, CHARGES A PAYER ET PRODUITS A RECEVOIR
4281 Dettes provisionnées pour congés à payer	4281 Dettes provisionnées pour congés à payer
4286 Autres Charges à payer	4286 Autres charges à payer
4287 Produits à recevoir	4287 Produits à recevoir
43 ORGANISMES SOCIAUX	**43 ORGANISMES SOCIAUX**
431 SÉCURITÉ SOCIALE	431 SECURITE SOCIALE
4311 Prestations familiales	4311 Prestations familiales
4312 Accidents de travail	4312 Accidents de travail
4313 Caisse de retraite obligatoire	4313 Caisse de retraite obligatoire
4314 Caisse de retraite facultative	4314 Caisse de retraite facultative
4318 Autres cotisations sociales	4318 Autres cotisations sociales
432 CAISSES DE RETRAITE COMPLÉMENTAIRE	432 CAISSES DE RETRAITE COMPLEMENTAIRE

433 AUTRES ORGANISMES SOCIAUX	433 AUTRES ORGANISMES SOCIAUX
4331 Mutuelle	4331 Mutuelle
	4332 Assurances Retraite +++
	4333 Assurances et organismes de santé +++
438 ORGANISMES SOCIAUX, CHARGES À PAYER ET PRODUITS À RECEVOIR	438 ORGANISMES SOCIAUX, CHARGES À PAYER ET PRODUITS À RECEVOIR
4381 Charges sociales sur gratifications à payer	4381 Charges sociales sur gratifications à payer
4382 Charges sociales sur congés à payer	4382 Charges sociales sur congés à payer
4386 Autres charges à payer	4386 Autres charges à payer
4387 Produits à recevoir	4387 Produits à recevoir
44 ÉTAT ET COLLECTIVITÉS PUBLIQUES	**44 ÉTAT ET COLLECTIVITES PUBLIQUES**
441 ÉTAT, IMPÔT SUR LES BÉNÉFICES	441 ÉTAT, IMPOT SUR LES BENEFICES
442 ÉTAT, AUTRES IMPÔTS ET TAXES	442 ÉTAT, AUTRES IMPOTS ET TAXES
4421 Impôts et taxes d'État	4421 Impôts et taxes d'État
4422 Impôts et taxes pour les collectivités publiques	4422 Impôts et taxes pour les collectivités publiques
4423 Impôts et taxes recouvrables sur des obligataires	4423 Impôts et taxes recouvrables sur des obligataires
4424 Impôts et taxes recouvrables sur des associés	4424 Impôts et taxes recouvrables sur des associés
4426 Droits de douane	4426 Droits de douane
4428 Autres impôts et taxes	4428 Autres impôts et taxes
443 ÉTAT, T.V.A. FACTURÉE	443 ÉTAT, T.V.A. FACTUREE
4431 T.V.A. facturée sur ventes	4431 T.V.A. facturée sur ventes
4432 T.V.A. facturée sur prestations de services	4432 T.V.A. facturée sur prestations de services
4433 T.V.A. facturée sur travaux	4433 T.V.A. facturée sur travaux
4334 T.V.A. facturée sur production livrée à soi-même	4334 T.V.A. facturée sur production livrée à soi-même
4335 T.V.A. sur factures à établir	4335 T.V.A. sur factures à établir
444 ÉTAT, T.V.A. DUE OU CRÉDIT DE T.V.A.	444 ÉTAT, T.V.A. DUE OU CREDIT DE T.V.A.
4441 État, T.V.A. due	4441 État, T.V.A. due
	4445 État, dégrèvement T.V.A.+++
4449 État, crédit de T.V.A. à reporter	4449 État, crédit de T.V.A. à reporter
445 ÉTAT, T.V.A. RÉCUPÉRABLE	445 ÉTAT, T.V.A. RECUPERABLE
4451 T.V.A. récupérable sur immobilisations	4451 T.V.A. récupérable sur immobilisations
4452 T.V.A. récupérable sur achats	4452 T.V.A. récupérable sur achats
4453 T.V.A. récupérable sur transport	4453 T.V.A. récupérable sur transport
4454 T.V.A. récupérable sur services extérieurs et autres charges	4454 T.V.A. récupérable sur services extérieurs et autres charges
4455 T.V.A. récupérable sur factures non parvenues	4455 T.V.A. récupérable sur factures non parvenues
4456 T.V.A. transférée par d'autres entreprises	4456 T.V.A. transférée par d'autres entités ++
446 ÉTAT, AUTRES TAXES SUR LE CHIFFRE D'AFFAIRES	446 ÉTAT, AUTRES TAXES SUR LE CHIFFRE D'AFFAIRES
447 ÉTAT, IMPÔTS RETENUS À LA SOURCE	447 ÉTAT, IMPOTS RETENUS A LA SOURCE

4471 Impôt Général sur le revenu
4472 Impôts sur salaires
4473 Contribution nationale
4474 Contribution nationale de solidarité
4478 Autres impôts et contributions

448 ÉTAT, CHARGES À PAYER ET PRODUITS À RECEVOIR
4486 Charges à payer
4487 Produits à recevoir

449 ÉTAT, CRÉANCES ET DETTES DIVERSES
4491 État, obligations cautionnées
4492 État, avances et acomptes versés sur impôts
4493 État, fonds de dotation à recevoir
4494 État, subventions d'équipement à recevoir
4495 État, subventions d'exploitation à recevoir
4496 État, subventions d'équilibre à recevoir
4499 État, fonds réglementé provisionné

45 ORGANISMES INTERNATIONAUX

451 OPÉRATIONS AVEC LES ORGANISMES AFRICAINS
452 OPÉRATIONS AVEC LES AUTRES ORGANISMES INTERNATIONAUX
458 ORGANISMES INTERNATIONAUX, FONDS DE DOTATION ET SUBVENTIONS À RECEVOIR
4581 Organismes internationaux, fonds de dotation à recevoir
4582 Organismes internationaux, subventions à recevoir

46 ASSOCIÉS ET GROUPE

461 ASSOCIÉS, OPÉRATIONS SUR LE CAPITAL
4611 Associés apports en nature
4612 Associés apports en numéraire
4613 Actionnaires, capital souscrit appelé non versé
4614 Associés, capital appelé non versé
4615 Associés, versements reçus sur augmentation de capital
4616 Associés, versements anticipés
4617 Actionnaires défaillants
4618 Associés, autres apports

4471 Impôt Général sur le revenu
4472 Impôts sur salaires
4473 Contribution nationale
4474 Contribution nationale de solidarité
4478 Autres impôts et contributions

448 ÉTAT, CHARGES A PAYER ET PRODUITS A RECEVOIR
4486 Charges à payer
4487 Produits à recevoir

449 ÉTAT, CREANCES ET DETTES DIVERSES
4491 État, obligations cautionnées
4492 État, avances et acomptes versés sur impôts
4493 État, fonds de dotation à recevoir
4494 État, subventions d'investissement à recevoir ++
4495 État, subventions d'exploitation à recevoir
4496 État, subventions d'équilibre à recevoir
4497 État, avances sur subventions +++
4499 État, fonds réglementé provisionné

45 ORGANISMES INTERNATIONAUX

451 OPERATIONS AVEC LES ORGANISMES AFRICAINS
452 OPERATIONS AVEC LES AUTRES ORGANISMES INTERNATIONAUX
458 ORGANISMES INTERNATIONAUX, FONDS DE DOTATION ET SUBVENTIONS A RECEVOIR
4581 Organismes internationaux, fonds de dotation à recevoir
4582 Organismes internationaux, subventions à recevoir

46 APPORTEURS, ASSOCIES ET GROUPE ++

461 APPORTEURS, OPERATIONS SUR LE CAPITAL ++
4611 Apporteurs, apports en nature ++
4612 Apporteurs, apports en numéraire ++
4613 Apporteurs, capital appelé, non versé ++
4614 Apporteurs, compte d'apport, opérations de restructuration (fusion…) ++
4615 Apporteurs, versements reçus sur augmentation de capital ++
4616 Apporteurs, versements anticipés ++
4617 Apporteurs défaillants ++
4618 Apporteurs, titres à échanger ++

4619 Associés, capital à rembourser	4619 Apporteurs, capital à rembourser ++
462 ASSOCIÉS, COMPTES COURANTS	462 ASSOCIES (2), COMPTES COURANTS
4621 Principal	4621 Principal
4626 Intérêts courus	4626 Intérêts courus
463 ASSOCIÉS, OPÉRATIONS FAITES EN COMMUN	463 ASSOCIES (2), OPERATIONS FAITES EN COMMUN ET GIE ++
	4631 Opérations courantes +++
	4636 Intérêts courus +++
465 ASSOCIÉS, DIVIDENDES À PAYER	465 ASSOCIES (2), DIVIDENDES A PAYER ++
466 GROUPE, COMPTES COURANTS	466 GROUPE, COMPTES COURANTS
467 ACTIONNAIRES, RESTANT DÛ SUR CAPITAL APPELÉ	467 APPORTEURS RESTANT DÛ SUR CAPITAL APPELE ++
	469 ENTITE, DIVIDENDES A RECEVOIR +++
47 DÉBITEURS ET CRÉDITEURS DIVERS	**47 DEBITEURS ET CREDITEURS DIVERS**
471 COMPTES D'ATTENTE	471 DEBITEURS ET CREDITEURS DIVERS ++
4711 Débiteurs divers	4711 Débiteurs divers
4712 Créditeurs divers	4712 Créditeurs divers
	4713 Obligataires +++
	4715 Rémunérations d'administrateurs non associés +++
	4716 Compte d'affacturage et de titrisation +++
	4717 Débiteurs divers - retenues de garantie +++
	4718 Apport, compte de fusion et opérations assimilées +++
	4719 Bons de souscription d'actions et d'obligations +++
472 VERSEMENTS RESTANT À EFFECTUER SUR TITRES NON LIBÉRÉS	472 CREANCES ET DETTES SUR TITRES DE PLACEMENT ++
	4721 Créances sur cessions de titres de placement +++
4726 Titres de participation	4726 Versements restant à effectuer sur titres de placement non libérés ++
~~4727 Titres immobilisés~~	
~~4728 Titres de placement~~	
	473 INTERMEDIAIRES - OPERATIONS FAITES POUR COMPTE DE TIERS +++
	4731 Mandants +++
	4732 Mandataires +++
	4733 Commettants +++
	4734 Commissionnaires +++
	4739 État, Collectivités publiques, fonds global d'allocation +++
474 RÉPARTITION PÉRIODIQUE DES CHARGES ET DES PRODUITS	474 COMPTE DE REPARTITION PERIODIQUE DES CHARGES ET DES PRODUITS ++
4746 Charges	4746 Compte de répartition périodique des charges ++
4747 Produits	4747 Compte de répartition périodique des produits ++

475 CRÉANCES SUR TRAVAUX NON ENCORE FACTURABLES	475 COMPTE TRANSITOIRE, AJUSTEMENT SPECIAL LIE A LA REVISION DU SYSCOHADA ++
	4751 Compte-actif +++
	4752 Compte-passif +++
476 CHARGES CONSTATÉES D'AVANCE	476 CHARGES CONSTATEES D'AVANCE
477 PRODUITS CONSTATÉS D'AVANCE	477 PRODUITS CONSTATES D'AVANCE
478 ÉCARTS DE CONVERSION - ACTIF	478 ECARTS DE CONVERSION - ACTIF
4781 Diminution des créances	4781 Diminution des créances d'exploitation et HAO ++
	47811 Diminution des créances d'exploitation ++++
	47818 Diminution des créances HAO ++++
4782 Augmentation des dettes	4782 Diminution des créances financières ++
	4783 Augmentation des dettes d'exploitation et HAO +++
	47831 Augmentation des dettes d'exploitation ++++
	47838 Augmentation des dettes HAO ++++
	4784 Augmentation des dettes financières +++
	4786 Différences d'évaluation sur instruments de trésorerie +++
4788 Différences compensées par couverture de change	4788 Différences compensées par couverture de change
479 ÉCARTS DE CONVERSION - PASSIF	479 ECARTS DE CONVERSION - PASSIF
4791 Augmentation des créances	4791. Augmentation des créances d'exploitation et HAO ++
	47911 Augmentation des créances d'exploitation ++++
	47918 Augmentation des créances HAO ++++
4792 Diminution des dettes	4792 Augmentation des créances financières +++
	4793 Diminution des dettes d'exploitation et HAO +++
	47931 Diminution des dettes d'exploitation ++++
	47938 Diminution des dettes HAO ++++
	4794 Diminution des dettes financières +++
	4797 Différences d'évaluation sur instruments de trésorerie +++
4798 Différences compensées par couverture de change	4798 Différences compensées par couverture de change
48 CRÉANCES ET DETTES HORS ACTIVITÉS ORDINAIRES (HAO)	**48 CREANCES ET DETTES HORS ACTIVITES ORDINAIRES (HAO)**
481 FOURNISSEURS D'INVESTISSEMENTS	481 FOURNISSEURS D'INVESTISSEMENTS
4811 Immobilisations incorporelles	4811 Immobilisations incorporelles
4812 Immobilisations corporelles	4812 Immobilisations corporelles

	4813 Versements restant à effectuer sur titres de participation et titres immobilisés non libérés +++
	4816 Réserve de propriété ([3]) +++
	48161 Réserve de propriété - immobilisations incorporelles ++++
	48162 Réserve de propriété - immobilisations corporelles ++++
4817 Retenues de garantie	4817 Retenues de garantie ([3])
	48171 Retenues de garantie - immobilisations incorporelles ++++
	48172 Retenues de garantie - immobilisations incorporelles ++++
4818 Factures non parvenues	4818 Factures non parvenues ([3])
	48181 Factures non parvenues - immobilisations incorporelles ++++
	48182 Factures non parvenues - immobilisations corporelles ++++
482 FOURNISSEURS D'INVESTISSEMENTS, EFFETS À PAYER	482 FOURNISSEURS D'INVESTISSEMENTS, EFFETS A PAYER
	4821 Immobilisations incorporelles +++
	4822 Immobilisations corporelles +++
~~483 DETTES SUR ACQUISITION DE TITRES DE PLACEMENT~~	
484 AUTRES DETTES HORS ACTIVITES ORDINAIRES (H.A.O.)	484 AUTRES DETTES HORS ACTIVITES ORDINAIRES (H.A.O.)
485 CRÉANCES SUR CESSIONS D'IMMOBILISATIONS	485 CREANCES SUR CESSIONS D'IMMOBILISATIONS
4851 En compte	4851 En compte, immobilisations incorporelles ++
4852 Effets à recevoir	4852 En compte, immobilisations corporelles ++
	4853 Effets à recevoir, immobilisations incorporelles +++
	4854 Effets à recevoir, immobilisations corporelles +++
	4855 Effets escomptés non échus +++
	4856 Immobilisations financières +++
4857 Retenues de garantie	4857 Retenues de garantie
4858 Factures à établir	4858 Factures à établir
~~486 CRÉANCES SUR CESSIONS DE TITRES DE PLACEMENT~~	
488 AUTRES CRÉANCES HORS ACTIVITÉS ORDINAIRES (H.A.O.)	488 AUTRES CREANCES HORS ACTIVITES ORDINAIRES (H.A.O.)
49 DÉPRÉCIATIONS ET RISQUES PROVISIONNÉS (TIERS)	**49** DEPRECIATIONS ET PROVISIONS POUR RISQUES A COURT TERME (TIERS) ++
490 DÉPRÉCIATIONS DES COMPTES FOURNISSEURS	490 DEPRECIATIONS DES COMPTES FOURNISSEURS
491 DÉPRÉCIATIONS DES COMPTES CLIENTS	491 DEPRECIATIONS DES COMPTES CLIENTS
4911 Créances litigieuses	4911 Créances litigieuses
4912 Créances douteuses	4912 Créances douteuses

492 DÉPRÉCIATIONS DES COMPTES PERSONNEL	492 DEPRECIATIONS DES COMPTES PERSONNEL
493 DÉPRÉCIATIONS DES COMPTES ORGANISMES SOCIAUX	493 DEPRECIATIONS DES COMPTES ORGANISMES SOCIAUX
494 DÉPRÉCIATIONS DES COMPTES ÉTAT ET COLLECTIVITÉS PUBLIQUES	494 DEPRECIATIONS DES COMPTES ÉTAT ET COLLECTIVITES PUBLIQUES
495 DÉPRÉCIATIONS DES COMPTES ORGANISMES INTERNATIONAUX	495 DEPRECIATIONS DES COMPTES ORGANISMES INTERNATIONAUX
496 DÉPRÉCIATIONS DES COMPTES ASSOCIÉS ET GROUPE	496 DEPRECIATIONS DES COMPTES ASSOCIES ET GROUPE
4962 Associés, comptes courants	4962 Associés, comptes courants
4963 Associés, opérations faites en commun	4963 Associés, opérations faites en commun et GIE ++
4966 Groupe, comptes courants	4966 Groupe, comptes courants
497 DÉPRÉCIATIONS DES COMPTES DÉBITEURS DIVERS	497 DEPRECIATIONS DES COMPTES DEBITEURS DIVERS
498 DÉPRÉCIATIONS DES COMPTES DE CRÉANCES H.A.O.	498 DEPRECIATIONS DES COMPTES DE CREANCES H.A.O.
4981 Créances sur cessions d'immobilisations	4985 Créances sur cessions d'immobilisations ++
4982 Créances sur cessions de titres de placement	4986 Créances sur cessions de titres de placement ++
4983 Autres créances H.A.O.	4988 Autres créances H.A.O. ++
499 RISQUES PROVISIONNÉS	499 PROVISIONS POUR RISQUES A COURT TERME ++
4991 Sur opérations d'exploitation	4991 Sur opérations d'exploitation
4998 Sur opérations H.A.O.	4998 Sur opérations H.A.O.
CLASSE 5 : COMPTES DE TRÉSORERIE	**CLASSE 5 : COMPTES DE TRESORERIE**
50 TITRES DE PLACEMENT	**50 TITRES DE PLACEMENT**
501 TITRES DU TRÉSOR ET BONS DE CAISSE À COURT TERME	501 TITRES DU TRESOR ET BONS DE CAISSE A COURT TERME
5011 Titres du Trésor à court terme	5011 Titres du Trésor à court terme
5012 Titres d'organismes financiers	5012 Titres d'organismes financiers
5013 Bons de caisse à court terme	5013 Bons de caisse à court terme
	5016 Frais d'acquisition des titres de Trésor et bons de caisse +++
502 ACTIONS	502 ACTIONS
5021 Actions propres	5021 Actions ou parts propres ++
5022 Actions cotées	5022 Actions cotées
5023 Actions non cotées	5023 Actions non cotées
5024 Actions démembrées (certificats d'investissement ; droits de vote)	5024 Actions démembrées (certificats d'investissement ; droits de vote)
5025 Autres titres conférant un droit de propriété	5025 Autres actions ++
	5026 Frais d'acquisition des actions +++
503 OBLIGATIONS	503 OBLIGATIONS
5031 Obligations émises par la société et rachetées par elle	5031 Obligations émises par l'entité et rachetées par elle ++
5032 Obligations cotées	5032 Obligations cotées
5033 Obligations non cotées	5033 Obligations non cotées
5035 Autres titres conférant un droit de créance	5035 Autres obligations ++

504 BONS DE SOUSCRIPTION
- 5042 Bons de souscription d'actions
- 5043 Bons de souscription d'obligations

505 TITRES NÉGOCIABLES HORS REGION

506 INTÉRÊTS COURUS
- 5061 Titres du Trésor et bons de caisse à court terme
- 5062 Actions
- 5063 Obligations

508 AUTRES VALEURS ASSIMILÉES

51 VALEURS À ENCAISSER

511 EFFETS À ENCAISSER

512 EFFETS À L'ENCAISSEMENT

513 CHÈQUES À ENCAISSER

514 CHÈQUES À L'ENCAISSEMENT

515 CARTES DE CRÉDIT À ENCAISSER

518 AUTRES VALEURS À L'ENCAISSEMENT
- 5181 Warrants
- 5182 Billets de fonds
- 5185 Chèques de voyage
- 5186 Coupons échus
- 5187 Intérêts échus des obligations

52 BANQUES

521 BANQUES LOCALES
- 5211 BANQUES X
- 5212 BANQUES-Y

522 BANQUES AUTRES ÉTATS REGION

523 BANQUES AUTRES ÉTATS ZONE MONETAIRE

524 BANQUES HORS ZONE MONETAIRE

526 BANQUES, INTERETS COURUS

53 ÉTABLISSEMENTS FINANCIERS ET ASSIMILÉS

531 CHÈQUES POSTAUX

532 TRÉSOR

533 SOCIÉTÉS DE GESTION ET D'INTERMÉDIATION (S.G.I.)

536 ETABLISSEMENTS FINANCIERS, INTERETS COURUS

538 AUTRES ORGANISMES FINANCIERS

54 INSTRUMENTS DE TRÉSORERIE

541 OPTIONS DE TAUX D'INTÉRÊT

542 OPTIONS DE TAUX DE CHANGE

- 5036 Frais d'acquisition des obligations +++

504 BONS DE SOUSCRIPTION
- 5042 Bons de souscription d'actions
- 5043 Bons de souscription d'obligations

505 TITRES NEGOCIABLES HORS REGION

506 INTERETS COURUS
- 5061 Titres du Trésor et bons de caisse à court terme
- 5062 Actions
- 5063 Obligations

508 AUTRES TITRES DE PLACEMENT ET CREANCES ASSIMILEES ++

51 VALEURS A ENCAISSER

511 EFFETS A ENCAISSER

512 EFFETS A L'ENCAISSEMENT

513 CHEQUES A ENCAISSER

514 CHEQUES A L'ENCAISSEMENT

515 CARTES DE CREDIT A ENCAISSER

518 AUTRES VALEURS A L'ENCAISSEMENT
- 5181 Warrants
- 5182 Billets de fonds
- 5185 Chèques de voyage
- 5186 Coupons échus
- 5187 Intérêts échus des obligations

52 BANQUES

521 BANQUES LOCALES
- 5211 Banques en monnaie nationale ++
- 5215 Banques en devises +++

522 BANQUES AUTRES ÉTATS REGION

523 BANQUES AUTRES ÉTATS ZONE MONETAIRE

524 BANQUES HORS ZONE MONETAIRE

525 BANQUES DEPOT A TERME +++

526 BANQUES, INTERETS COURUS
- 5261 Banque, intérêts courus charges à payer +++
- 5267 Banque, intérêts courus produits à recevoir +++

53 ETABLISSEMENTS FINANCIERS ET ASSIMILES

531 CHEQUES POSTAUX

532 TRESOR

533 SOCIETES DE GESTION ET D'INTERMEDIATION (S.G.I.)

536 ETABLISSEMENTS FINANCIERS, INTERETS COURUS

538 AUTRES ORGANISMES FINANCIERS

54 INSTRUMENTS DE TRESORERIE

541 OPTIONS DE TAUX D'INTERET

542 OPTIONS DE TAUX DE CHANGE

543 OPTIONS DE TAUX BOURSIERS

544 INSTRUMENTS DE MARCHÉS À TERME

545 AVOIRS D'OR ET AUTRES MÉTAUX PRÉCIEUX [1]

56 BANQUES, CRÉDITS DE TRÉSORERIE ET D'ESCOMPTE

561 CRÉDITS DE TRÉSORERIE

564 ESCOMPTE DE CRÉDITS DE CAMPAGNE

565 ESCOMPTE DE CRÉDITS ORDINAIRES

566 BANQUES, CREDITS DE TRESORERIE, INTERETS COURUS

57 CAISSE

571 CAISSE SIÈGE SOCIAL

5711 en unités monétaires légales

5712 en devises

572 CAISSE SUCCURSALE A

5721 en unités monétaires légales

5722 en devises

573 CAISSE SUCCURSALE B

5731 en unités monétaires légales

5732 en devises

58 RÉGIES D'AVANCES, ACCRÉDITIFS ET VIREMENTS INTERNES

581 RÉGIES D'AVANCE

582 ACCRÉDITIFS

585 VIREMENTS DE FONDS

588 AUTRES VIREMENTS INTERNES

59 DÉPRÉCIATIONS ET RISQUES PROVISIONNÉS

590 DÉPRÉCIATIONS DES TITRES DE PLACEMENT

591 DÉPRÉCIATIONS DES TITRES ET VALEURS À ENCAISSER

592 DÉPRÉCIATIONS DES COMPTES BANQUES

593 DÉPRÉCIATIONS DES COMPTES ÉTABLISSEMENTS FINANCIERS ET ASSIMILÉS

594 DÉPRÉCIATIONS DES COMPTES D'INSTRUMENTS DE TRÉSORERIE

543 OPTIONS DE TAUX BOURSIERS

544 INSTRUMENTS DE MARCHES A TERME

545 AVOIRS D'OR ET AUTRES METAUX PRECIEUX [4]

55 INSTRUMENTS DE MONNAIE ELECTRONIQUE +++

551 MONNAIE ELECTRONIQUE - CARTE CARBURANT +++

552 MONNAIE ELECTRONIQUE - TELEPHONE PORTABLE +++

553 MONNAIE ELECTRONIQUE- CARTE PEAGE +++

554 PORTE -MONNAIE ELECTRONIQUE +++

558 AUTRES INSTRUMENTS DE MONNAIES ELECTRONIQUES +++

56 BANQUES, CREDITS DE TRESORERIE ET D'ESCOMPTE

561 CREDITS DE TRESORERIE

564 ESCOMPTE DE CREDITS DE CAMPAGNE

565 ESCOMPTE DE CREDITS ORDINAIRES

566 BANQUES, CREDITS DE TRESORERIE, INTERETS COURUS

57 CAISSE

571 CAISSE SIEGE SOCIAL

5711 Caisse en monnaie nationale

5712 Caisse en devises ++

572 CAISSE SUCCURSALE A

5721 en monnaie nationale ++

5722 en devises

573 CAISSE SUCCURSALE B

5731 en monnaie nationale ++

5732 en devises

58 REGIES D'AVANCES, ACCREDITIFS ET VIREMENTS INTERNES

581 REGIES D'AVANCE

582 ACCREDITIFS

585 VIREMENTS DE FONDS

588 AUTRES VIREMENTS INTERNES

59 DEPRECIATIONS ET PROVISIONS POUR RISQUE A COURT TERME ++

590 DEPRECIATIONS DES TITRES DE PLACEMENT

591 DEPRECIATIONS DES TITRES ET VALEURS A ENCAISSER

592 DEPRECIATIONS DES COMPTES BANQUES

593 DEPRECIATIONS DES COMPTES ETABLISSEMENTS FINANCIERS ET ASSIMILES

594 DEPRECIATIONS DES COMPTES D'INSTRUMENTS DE TRESORERIE

599 RISQUES PROVISIONNÉS À CARACTÈRE FINANCIER	599 PROVISIONS POUR RISQUE A COURT TERME A CARACTERE FINANCIER ++
CLASSE 6 : COMPTES DE CHARGES DES ACTIVITÉS ORDINAIRES	**CLASSE 6 : COMPTES DE CHARGES DES ACTIVITES ORDINAIRES**
60 ACHATS ET VARIATIONS DE STOCKS	**60 ACHATS ET VARIATIONS DE STOCKS**
601 ACHATS DE MARCHANDISES	601 ACHATS DE MARCHANDISES
6011 dans la Région (1)	6011 dans la Région (5)
6012 hors Région (1)	6012 hors Région (5)
6013 aux entreprises du groupe dans la Région	6013 aux entités du groupe dans la Région ++
6014 aux entreprises du groupe hors Région	6014 aux entités du groupe hors Région ++
	6015 frais sur achats (6) +++
6019 Rabais, Remises et Ristournes obtenus (non ventilés)	6019 Rabais, Remises et Ristournes obtenus (non ventilés)
602 ACHATS DE MATIÈRES PREMIÈRES ET FOURNITURES LIÉES	602 ACHATS DE MATIERES PREMIERES ET FOURNITURES LIEES
6021 dans la Région (1)	6021 dans la Région (5)
6022 hors Région (1)	6022 hors Région (5)
6023 aux entreprises du groupe dans la Région	6023 aux entités du groupe dans la Région ++
6024 aux entreprises du groupe hors Région	6024 aux entités du groupe hors Région ++
	6025 frais sur achats (6) +++
6029 Rabais, Remises et Ristournes obtenus (non ventilés)	6029 Rabais, Remises et Ristournes obtenus (non ventilés)
603 VARIATIONS DES STOCKS DE BIENS ACHETÉS	603 VARIATIONS DES STOCKS DE BIENS ACHETES
6031 Variations des stocks de marchandises	6031 Variations des stocks de marchandises
6032 Variations des stocks de matières premières et fournitures liées	6032 Variations des stocks de matières premières et fournitures liées
6033 Variations des stocks d'autres approvisionnements	6033 Variations des stocks d'autres approvisionnements
604 ACHATS STOCKÉS DE MATIÈRES ET FOURNITURES CONSOMMABLES	604 ACHATS STOCKES DE MATIERES ET FOURNITURES CONSOMMABLES
6041 Matières consommables	6041 Matières consommables
6042 Matières combustibles	6042 Matières combustibles
6043 Produits d'entretien	6043 Produits d'entretien
6044 Fournitures d'atelier et d'usine	6044 Fournitures d'atelier et d'usine
	6045 frais sur achats (6) +++
6046 Fournitures de magasin	6046 Fournitures de magasin
6047 Fournitures de bureau	6047 Fournitures de bureau
6049 Rabais, Remises et Ristournes obtenus (non ventilés)	6049 Rabais, Remises et Ristournes obtenus (non ventilés)
605 AUTRES ACHATS	605 AUTRES ACHATS
6051 Fournitures non stockables - Eau	6051 Fournitures non stockables - Eau
6052 Fournitures non stockables - Electricité	6052 Fournitures non stockables - Electricité
6053 Fournitures non stockables – Autres énergies	6053 Fournitures non stockables – Autres énergies
6054 Fournitures d'entretien non stockables	6054 Fournitures d'entretien non stockables

6055	Fournitures de bureau non stockables	6055	Fournitures de bureau non stockables
6056	Achats de petit matériel et outillage	6056	Achats de petit matériel et outillage
6057	Achats d'études et prestations de services	6057	Achats d'études et prestations de services
6058	Achats de travaux, matériels et équipements	6058	Achats de travaux, matériels et équipements
6059	Rabais, Remises et Ristournes obtenus (non ventilés)	6059	Rabais, Remises et Ristournes obtenus (non ventilés)
608	ACHATS D'EMBALLAGES	608	ACHATS D'EMBALLAGES
6081	Emballages perdus	6081	Emballages perdus
6082	Emballages récupérables non identifiables	6082	Emballages récupérables non identifiables
6083	Emballages à usage mixte	6083	Emballages à usage mixte
		6085	frais sur achats (6) +++
6089	Rabais, Remises et Ristournes obtenus (non ventilés)	6089	Rabais, Remises et Ristournes obtenus (non ventilés)
61	**TRANSPORTS**	**61**	**TRANSPORTS**
~~611~~	~~TRANSPORTS SUR ACHATS~~ (Supprimé)		
612	TRANSPORTS SUR VENTES	612	TRANSPORTS SUR VENTES
613	TRANSPORTS POUR LE COMPTE DE TIERS	613	TRANSPORTS POUR LE COMPTE DE TIERS
614	TRANSPORTS DU PERSONNEL	614	TRANSPORTS DU PERSONNEL
616	TRANSPORTS DE PLIS	616	TRANSPORTS DE PLIS
618	AUTRES FRAIS DE TRANSPORT	618	AUTRES FRAIS DE TRANSPORT
6181	Voyages et déplacements	6181	Voyages et déplacements
6182	Transports entre établissements ou chantiers	6182	Transports entre établissements ou chantiers
6183	Transports administratifs	6183	Transports administratifs
62	**SERVICES EXTÉRIEURS A**	**62**	**SERVICES EXTERIEURS ++**
621	SOUS-TRAITANCE GÉNÉRALE	621	SOUS-TRAITANCE GENERALE
622	LOCATIONS ET CHARGES LOCATIVES	622	LOCATIONS, CHARGES LOCATIVES ++
6221	Locations de terrains	6221	Locations de terrains
6222	Locations de bâtiments	6222	Locations de bâtiments
6223	Locations de matériels et outillages	6223	Locations de matériels et outillages
6224	Malis sur emballages	6224	Malis sur emballages
6225	Locations d'emballages	6225	Locations d'emballages
		6226	Fermages et loyers du foncier +++
6228	Locations et charges locatives diverses	6228	Locations et charges locatives diverses
623	REDEVANCES DE CRÉDIT-BAIL ET CONTRATS ASSIMILÉS	623	REDEVANCES DE LOCATION-ACQUISITION ++
6232	Crédit-bail immobilier	6232	Crédit-bail immobilier
6233	Crédit-bail mobilier	6233	Crédit-bail mobilier
		6234	Location-vente +++
6235	Contrats assimilés	6238	Autres contrats de location-acquisition ++
624	ENTRETIEN, RÉPARATIONS ET MAINTENANCE	624	ENTRETIEN, REPARATIONS, REMISE EN ÉTAT ET MAINTENANCE ++
6241	Entretien et réparations des biens immobiliers	6241	Entretien et réparations des biens immobiliers
6242	Entretien et réparations des biens mobiliers	6242	Entretien et réparations des biens mobiliers
6243	Maintenance	6243	Maintenance

6248 Autres entretiens et réparations

625 PRIMES D'ASSURANCE
6251 Assurances multirisques
6252 Assurances matériel de transport
6253 Assurances risques d'exploitation
6254 Assurances responsabilité du producteur
6255 Assurances insolvabilité clients

~~6256 Assurances transport sur achats~~
6257 Assurances transport sur ventes
6258 Autres primes d'assurances
626 ÉTUDES, RECHERCHES ET DOCUMENTATION
6261 Études et recherches
6265 Documentation générale
6266 Documentation technique
627 PUBLICITÉ, PUBLICATIONS, RELATIONS PUBLIQUES
6271 Annonces, insertions
6272 Catalogues, imprimés publicitaires
6273 Échantillons
6274 Foires et expositions
6275 Publications
6276 Cadeaux à la clientèle
6277 Frais de colloques, séminaires, conférences
6278 Autres charges de publicité et relations publiques
628 FRAIS DE TÉLÉCOMMUNICATIONS
6281 Frais de téléphone
6282 Frais de télex
6283 Frais de télécopie
6288 Autres frais de télécommunications

63 SERVICES EXTÉRIEURS B

631 FRAIS BANCAIRES
6311 Frais sur titres (~~achat~~, vente, garde)
6312 Frais sur effets
6313 Location de coffres

6315 Commissions sur cartes de crédit
6316 Frais d'émission d'emprunts

6318 Autres frais bancaires
632 RÉMUNÉRATIONS D'INTERMÉDIAIRES ET DE CONSEILS

~~6321 Commissions et courtages sur achats~~

6244 Charges de démantèlement et remise en état +++
6248 Autres entretiens et réparations

625 PRIMES D'ASSURANCE
6251 Assurances multirisques
6252 Assurances matériel de transport
6253 Assurances risques d'exploitation
6254 Assurances responsabilité du producteur
6255 Assurances insolvabilité clients

6257 Assurances transport sur ventes

6258 Autres primes d'assurances
626 ETUDES, RECHERCHES ET DOCUMENTATION
6261 Etudes et recherches
6265 Documentation générale
6266 Documentation technique
627 PUBLICITE, PUBLICATIONS, RELATIONS PUBLIQUES
6271 Annonces, insertions
6272 Catalogues, imprimés publicitaires
6273 Echantillons
6274 Foires et expositions
6275 Publications
6276 Cadeaux à la clientèle
6277 Frais de colloques, séminaires, conférences
6278 Autres charges de publicité et relations publiques
628 FRAIS DE TELECOMMUNICATIONS
6281 Frais de téléphone
6282 Frais de télex
6283 Frais de télécopie
6288 Autres frais de télécommunications

63 AUTRES SERVICES EXTERIEURS ++

631 FRAIS BANCAIRES
6311 Frais sur titres (vente, garde) ++

6312 Frais sur effets
6313 Location de coffres
6314 Commissions d'affacturage et de titrisation +++
6315 Commissions sur cartes de crédit
6316 Frais d'émission d'emprunts
6317 Frais sur instruments monnaie électronique +++
6318 Autres frais bancaires
632 REMUNERATIONS D'INTERMEDIAIRES ET DE CONSEILS

6322 Commissions et courtages sur ventes	6322 Commissions et courtages sur ventes
~~6323 Rémunérations des transitaires~~	
6324 Honoraires	6324 Honoraires des professions règlementées ++
6325 Frais d'actes et de contentieux	6325 Frais d'actes et de contentieux
	6326 Rémunérations d'affacturage et de titrisation +++
	6327 Rémunérations des autres prestataires de services +++
6328 Divers frais	6328 Divers frais
633 FRAIS DE FORMATION DU PERSONNEL	633 FRAIS DE FORMATION DU PERSONNEL
634 REDEVANCES POUR BREVETS, LICENCES, LOGICIELS ET DROITS SIMILAIRES	634 REDEVANCES POUR BREVETS, LICENCES, LOGICIELS, CONCESSIONS, DROITS ET VALEURS SIMILAIRES ++
6342 Redevances pour brevets, licences, concessions et droits similaires	6342 Redevances pour brevets, licences ++
6343 Redevances pour logiciels	6343 Redevances pour logiciels
6344 Redevances pour marques	6344 Redevances pour marques
	6345 Redevances pour sites internet +++
	6346 Redevances pour concessions, droits et valeurs similaires +++
635 COTISATIONS	635 COTISATIONS
6351 Cotisations	6351 Cotisations
6358 Concours divers	6358 Concours divers
637 RÉMUNÉRATIONS DE PERSONNEL EXTÉRIEUR À L'ENTREPRISE	637 REMUNERATIONS DE PERSONNEL EXTERIEUR A L'ENTITE ++
6371 Personnel intérimaire	6371 Personnel intérimaire
6372 Personnel détaché ou prêté à l'entreprise	6372 Personnel détaché ou prêté à l'entité ++
638 AUTRES CHARGES EXTERNES	638 AUTRES CHARGES EXTERNES
6381 Frais de recrutement du personnel	6381 Frais de recrutement du personnel
6382 Frais de déménagement	6382 Frais de déménagement
6383 Réceptions	6383 Réceptions
6384 Missions	6384 Missions
	6385 Charges de copropriété +++
	6388 Charges externes diverses +++
64 IMPÔTS ET TAXES	**64 IMPOTS ET TAXES**
641 IMPÔTS ET TAXES DIRECTS	641 IMPOTS ET TAXES DIRECTS
6411 Impôts fonciers et taxes annexes	6411 Impôts fonciers et taxes annexes
6412 Patentes, licences et taxes annexes	6412 Patentes, licences et taxes annexes
6413 Taxes sur appointements et salaires	6413 Taxes sur appointements et salaires
6414 Taxes d'apprentissage	6414 Taxes d'apprentissage
6415 Formation professionnelle continue	6415 Formation professionnelle continue
6418 Autres impôts et taxes directs	6418 Autres impôts et taxes directs
645 IMPÔTS ET TAXES INDIRECTS	645 IMPOTS ET TAXES INDIRECTS
646 DROITS D'ENREGISTREMENT	646 DROITS D'ENREGISTREMENT
6461 Droits de mutation	6461 Droits de mutation
6462 Droits de timbre	6462 Droits de timbre
6463 Taxes sur les véhicules de société	6463 Taxes sur les véhicules de société
6464 Vignettes	6464 Vignettes

6468 Autres droits	6468 Autres droits d'enregistrement ++
647 PÉNALITÉS ET AMENDES FISCALES	647 PENALITES, AMENDES FISCALES ++
6471 Pénalités d'assiette, impôts directs	6471 Pénalités d'assiette, impôts directs
6472 Pénalités d'assiette, impôts indirects	6472 Pénalités d'assiette, impôts indirects
6473 Pénalités de recouvrement, impôts directs	6473 Pénalités de recouvrement, impôts directs
6474 Pénalités de recouvrement, impôts indirects	6474 Pénalités de recouvrement, impôts indirects
6478 Autres amendes pénales et fiscales	6478 Autres pénalités et amendes fiscales ++
648 AUTRES IMPÔTS ET TAXES	648 AUTRES IMPOTS ET TAXES
65 AUTRES CHARGES	**65 AUTRES CHARGES**
651 PERTES SUR CRÉANCES CLIENTS ET AUTRES DÉBITEURS	651 PERTES SUR CREANCES CLIENTS ET AUTRES DEBITEURS
6511 Clients	6511 Clients
6515 Autres débiteurs	6515 Autres débiteurs
652 QUOTE-PART DE RÉSULTAT SUR OPÉRATIONS FAITES EN COMMUN	652 QUOTE-PART DE RESULTAT SUR OPERATIONS FAITES EN COMMUN
6521 Quote-part transférée de bénéfices (comptabilité du gérant)	6521 Quote-part transférée de bénéfices (comptabilité du gérant)
6525 Pertes imputées par transfert (comptabilité des associés non gérants)	6525 Pertes imputées par transfert (comptabilité des associés non gérants)
~~653 QUOTE-PART DE RÉSULTAT ANNULÉE SUR EXÉCUTION PARTIELLE DE CONTRATS PLURI-EXERCICES~~	
654 VALEUR COMPTABLE DES CESSIONS COURANTES D'IMMOBILISATIONS	654 VALEURS COMPTABLES DES CESSIONS COURANTES D'IMMOBILISATIONS
	6541 Immobilisations incorporelles +++
	6542 Immobilisations corporelles +++
	656 PERTE DE CHANGE SUR CREANCES ET DETTES COMMERCIALE +++
	657 PENALITES ET AMENDES PENALES +++
658 CHARGES DIVERSES	658 CHARGES DIVERSES
6581 Jetons de présence et autres rémunérations d'administrateurs	6581 Indemnités de fonction et autres rémunérations d'administrateurs ++
6582 Dons	6582 Dons
6583 Mécénat	6583 Mécénat
	6588 Autres charges diverses +++
659 CHARGES PROVISIONNÉES D'EXPLOITATION	659 CHARGES POUR DEPRECIATIONS ET PROVISIONS POUR RISQUES A COURT TERME D'EXPLOITATION ++
6591 sur risques à court terme	6591 sur risques à court terme
6593 sur stocks	6593 sur stocks
6594 sur créances	6594 sur créances

6598 Autres charges provisionnées

66 CHARGES DE PERSONNEL

661 RÉMUNÉRATIONS DIRECTES VERSÉES AU PERSONNEL NATIONAL

6611 Appointements salaires et commissions
6612 Primes et gratifications
6613 Congés payés
6614 Indemnités de préavis, de licenciement et de recherche d'embauche
6615 Indemnités de maladie versées aux travailleurs
6616 Supplément familial
6617 Avantages en nature
6618 Autres rémunérations directes

662 RÉMUNÉRATIONS DIRECTES VERSÉES AU PERSONNEL NON NATIONAL

6621 Appointements salaires et commissions
6622 Primes et gratifications
6623 Congés payés
6624 Indemnités de préavis, de licenciement et de recherche d'embauche
6625 Indemnités de maladie versées aux travailleurs
6626 Supplément familial
6627 Avantages en nature
6628 Autres rémunérations directes

663 INDEMNITÉS FORFAITAIRES VERSÉES AU PERSONNEL

6631 Indemnités de logement
6632 Indemnités de représentation
6633 Indemnités d'expatriation

6638 Autres indemnités et avantages divers

664 CHARGES SOCIALES

6641 Charges sociales sur rémunération du personnel national
6642 Charges sociales sur rémunération du personnel non national

666 RÉMUNÉRATIONS ET CHARGES SOCIALES DE L'EXPLOITANT INDIVIDUEL

6661 Rémunération du travail de l'exploitant
6662 Charges sociales

667 RÉMUNÉRATION TRANSFÉRÉE DE PERSONNEL EXTÉRIEUR

6671 Personnel intérimaire
6672 Personnel détaché ou prêté à l'entreprise

668 AUTRES CHARGES SOCIALES

6598 Autres charges pour dépréciations et provisions pour risques à court terme ++

66 CHARGES DE PERSONNEL

661 REMUNERATIONS DIRECTES VERSEES AU PERSONNEL NATIONAL

6611 Appointements salaires et commissions
6612 Primes et gratifications
6613 Congés payés
6614 Indemnités de préavis, de licenciement et de recherche d'embauche
6615 Indemnités de maladie versées aux travailleurs
6616 Supplément familial
6617 Avantages en nature
6618 Autres rémunérations directes

662 REMUNERATIONS DIRECTES VERSEES AU PERSONNEL NON NATIONAL

6621 Appointements salaires et commissions
6622 Primes et gratifications
6623 Congés payés
6624 Indemnités de préavis, de licenciement et de recherche d'embauche
6625 Indemnités de maladie versées aux travailleurs
6626 Supplément familial
6627 Avantages en nature
6628 Autres rémunérations directes

663 INDEMNITES FORFAITAIRES VERSEES AU PERSONNEL

6631 Indemnités de logement
6632 Indemnités de représentation
6633 Indemnités d'expatriation
6634 Indemnités de transport +++
6638 Autres indemnités et avantages divers

664 CHARGES SOCIALES

6641 Charges sociales sur rémunération du personnel national
6642 Charges sociales sur rémunération du personnel non national

666 REMUNERATIONS ET CHARGES SOCIALES DE L'EXPLOITANT INDIVIDUEL

6661 Rémunération du travail de l'exploitant
6662 Charges sociales

667 REMUNERATION TRANSFEREE DE PERSONNEL EXTERIEUR

6671 Personnel intérimaire
6672 Personnel détaché ou prêté à l'entité ++

668 AUTRES CHARGES SOCIALES

6681 Versements aux Syndicats et Comités d'entreprise, d'établissement
6682 Versements aux Comités d'hygiène et de sécurité
6683 Versements aux autres œuvres sociales
6684 Médecine du travail et pharmacie

67 FRAIS FINANCIERS ET CHARGES ASSIMILÉES

671 INTÉRÊTS DES EMPRUNTS
6711 Emprunts obligataires
6712 Emprunts auprès des établissements de crédit
6713 Dettes liées à des participations

672 INTÉRÊTS DANS LOYERS DE CRÉDIT-BAIL ET CONTRATS ASSIMILÉS
6721 Intérêts dans loyers de crédit-bail immobilier
6722 Intérêts dans loyers de crédit-bail mobilier
6723 Intérêts dans loyers des autres contrats

673 ESCOMPTES ACCORDÉS

674 AUTRES INTÉRÊTS
6741 Avances reçues et dépôts créditeurs
6742 Comptes courants bloqués
6743 Intérêts sur obligations cautionnées
6744 Intérêts sur dettes commerciales
6745 Intérêts bancaires et sur opérations de trésorerie et d'escompte
6748 Intérêts sur dettes diverses

675 ESCOMPTES DES EFFETS DE COMMERCE

676 PERTES DE CHANGE

677 PERTES SUR CESSIONS DE TITRES DE PLACEMENT

6681 Versements aux Syndicats et Comités d'entreprise, d'établissement
6682 Versements aux Comités d'hygiène et de sécurité
6683 Versements et contributions aux autres œuvres sociales ++
6684 Médecine du travail et pharmacie
6685 Assurances et organismes de santé +++
6686 Assurances retraite et fonds de pensions +++
6687 Majorations et pénalités sociales +++
6688 Charges sociales diverses +++

67 FRAIS FINANCIERS ET CHARGES ASSIMILEES

671 INTERETS DES EMPRUNTS
6711 Emprunts obligataires
6712 Emprunts auprès des établissements de crédit
6713 Dettes liées à des participations
6714 Primes de remboursement des obligations +++

672 INTERETS DANS LOYERS DE LOCATION ACQUISITION ++
6722 Intérêts dans loyers de location-acquisition/crédit-bail immobilier ++
6723 Intérêts dans loyers de location-acquisition/crédit-bail mobilier ++
6724 Intérêts dans loyers de location-acquisition/location-vente +++
6728 Intérêts dans loyers des autres locations-acquisition ++

673 ESCOMPTES ACCORDES

674 AUTRES INTERETS
6741 Avances reçues et dépôts créditeurs
6742 Comptes courants bloqués
6743 Intérêts sur obligations cautionnées
6744 Intérêts sur dettes commerciales
6745 Intérêts bancaires et sur opérations de financement (escompte…) ++
6748 Intérêts sur dettes diverses

675 ESCOMPTES DES EFFETS DE COMMERCE

676 PERTES DE CHANGE FINANCIERES ++

677 PERTES SUR TITRES DE PLACEMENT ++
6771 Pertes sur cessions de titres de placement +++

	6772 Malis provenant d'attribution gratuite d'actions au personnel salarié et aux dirigeants +++
678 PERTES SUR RISQUES FINANCIERS	678 PERTES ET CHARGES SUR RISQUES FINANCIERS ++
6781 sur rentes viagères	6781 sur rentes viagères
6782 sur opérations financières	6782 sur opérations financières
6784 sur instruments de trésorerie	6784 sur instruments de trésorerie
679 CHARGES PROVISIONNÉES FINANCIÈRES	679 CHARGES POUR DEPRECIATIONS ET PROVISIONS POUR RISQUES A COURT TERME FINANCIERES ++
6791 sur risques financiers	6791 sur risques financiers
6795 sur titres de placement	6795 sur titres de placement
6798 Autres charges provisionnées financières	6798 Autres charges pour dépréciations et provisions pour risques à court terme financières ++
68 DOTATIONS AUX AMORTISSEMENTS	**68 DOTATIONS AUX AMORTISSEMENTS**
681 DOTATIONS AUX AMORTISSEMENTS D'EXPLOITATION	681 DOTATIONS AUX AMORTISSEMENTS D'EXPLOITATION
~~6811 Dotations aux amortissements des charges immobilisées~~	
6812 Dotations aux amortissements des immobilisations incorporelles	6812 Dotations aux amortissements des immobilisations incorporelles
6813 Dotations aux amortissements des immobilisations corporelles	6813 Dotations aux amortissements des immobilisations corporelles
~~687 DOTATIONS AUX AMORTISSEMENTS À CARACTÈRE FINANCIER~~	
~~6872 Dotations aux amortissements des primes de remboursement des obligations~~	
~~6878 Autres dotations aux amortissements à caractère financier~~	
69 DOTATIONS AUX PROVISIONS	**69 DOTATIONS AUX PROVISIONS ET AUX DEPRECIATIONS ++**
691 DOTATIONS AUX PROVISIONS D'EXPLOITATION	691 DOTATIONS AUX PROVISIONS ET AUX DEPRECIATIONS D'EXPLOITATION ++
6911 pour risques et charges	6911 Dotations aux provisions pour risques et charges ++
~~6912 pour grosses réparations~~	
6913 pour dépréciation des immobilisations incorporelles	6913 Dotations aux dépréciations des immobilisations incorporelles ++
6914 pour dépréciation des immobilisations corporelles	6914 Dotations aux dépréciations des immobilisations corporelles ++
697 DOTATIONS AUX PROVISIONS FINANCIÈRES	697 DOTATIONS AUX PROVISIONS ET AUX DEPRECIATIONS FINANCIERES ++
6971 pour risques et charges	6971 Dotations aux provisions pour risques et charges ++
6972 pour dépréciation des immobilisations financières	6972 Dotations aux dépréciations des immobilisations financières ++
CLASSE 7 : COMPTES DE PRODUITS DES ACTIVITÉS ORDINAIRES	**CLASSE 7 : COMPTES DE PRODUITS DES ACTIVITES ORDINAIRES**

70 VENTES	**70 VENTES**
701 VENTES DE MARCHANDISES	701 VENTES DE MARCHANDISES
7011 dans la Région ([1])	7011 dans la Région ([7])
7012 hors Région ([1])	7012 hors Région ([7])
7013 aux entreprises du groupe dans la Région	7013 aux entités du groupe dans la Région ++
7014 aux entreprises du groupe hors Région	7014 aux entités du groupe hors Région ++
	7015 sur internet +++
	7019 Rabais, remises, ristournes accordés (non ventilés) +++
702 VENTES DE PRODUITS FINIS	702 VENTES DE PRODUITS FINIS
7021 dans la Région ([1])	7021 dans la Région ([7])
7022 hors Région ([1])	7022 hors Région ([7])
7023 aux entreprises du groupe dans la Région	7023 aux entités du groupe dans la Région ++
7024 aux entreprises du groupe hors Région	7024 aux entités du groupe hors Région ++
	7025 sur internet +++
	7029 Rabais, remises, ristournes accordés (non ventilés) +++
703 VENTES DE PRODUITS INTERMÉDIAIRES	703 VENTES DE PRODUITS INTERMEDIAIRES
7031 dans la Région ([1])	7031 dans la Région ([7])
7032 hors Région ([1])	7032 hors Région ([7])
7033 aux entreprises du groupe dans la Région	7033 aux entités du groupe dans la Région ++
7034 aux entreprises du groupe hors Région	7034 aux entités du groupe hors Région ++
	7035 sur internet +++
	7039 Rabais, remises, ristournes accordés (non ventilés) +++
704 VENTES DE PRODUITS RÉSIDUELS	704 VENTES DE PRODUITS RESIDUELS
7041 dans la Région ([1])	7041 dans la Région ([7])
7042 hors Région ([1])	7042 hors Région ([7])
7043 aux entreprises du groupe dans la Région	7043 aux entités du groupe dans la Région ++
7044 aux entreprises du groupe hors Région	7044 aux entités du groupe hors Région ++
	7045 sur internet +++
	7049 Rabais, remises, ristournes accordés (non ventilés) +++
705 TRAVAUX FACTURÉS	705 TRAVAUX FACTURES
7051 dans la Région (1)	7051 dans la Région ([7])
7052 hors Région ([1])	7052 hors Région ([7])
7053 aux entreprises du groupe dans la Région	7053 aux entités du groupe dans la Région ++
7054 aux entreprises du groupe hors Région	7054 aux entités du groupe hors Région ++
	7055 sur internet +++
	7059 Rabais, remises, ristournes accordés (non ventilés) +++
706 SERVICES VENDUS	706 SERVICES VENDUS
7061 dans la Région ([1])	7061 dans la Région ([7])
7062 hors Région ([1])	7062 hors Région ([7]
7063 aux entreprises du groupe dans la Région	7063 aux entités du groupe dans la Région ++
7064 aux entreprises du groupe hors Région	7064 aux entités du groupe hors Région ++

	7065 sur internet +++
	7069 Rabais, remises, ristournes accordés (non ventilés) +++
707 PRODUITS ACCESSOIRES	707 PRODUITS ACCESSOIRES
7071 Ports, emballages perdus et autres frais facturés	7071 Ports, emballages perdus et autres frais facturés
7072 Commissions et courtages(2)	7072 Commissions et courtages(8)
7073 Locations (2)	7073 Locations et redevances de location - financement (8) ++
7074 Bonis sur reprises et cessions d'emballages	7074 Bonis sur reprises et cessions d'emballages
7075 Mise à disposition de personnel (2)	7075 Mise à disposition de personnel (8)
7076 Redevances pour brevets, logiciels, marques et droits similaires (2)	7076 Redevances pour brevets, logiciels, marques et droits similaires (8)
7077 Services exploités dans l'intérêt du personnel	7077 Services exploités dans l'intérêt du personnel
7078 Autres produits accessoires	7078 Autres produits accessoires
71 SUBVENTIONS D'EXPLOITATION	**71 SUBVENTIONS D'EXPLOITATION**
711 SUR PRODUITS À L'EXPORTATION	711 SUR PRODUITS A L'EXPORTATION
712 SUR PRODUITS À L'IMPORTATION	712 SUR PRODUITS A L'IMPORTATION
713 SUR PRODUITS DE PÉRÉQUATION	713 SUR PRODUITS DE PEREQUATION
	714 INDEMNITES ET SUBVENTIONS D'EXPLOITATION (entité agricole) +++
718 AUTRES SUBVENTIONS D'EXPLOITATION	718 AUTRES SUBVENTIONS D'EXPLOITATION
7181 Versées par l'État et les collectivités publiques	7181 Versées par l'État et les collectivités publiques
7182 Versées par les organismes internationaux	7182 Versées par les organismes internationaux
7183 Versées par des tiers	7183 Versées par des tiers
72 PRODUCTION IMMOBILISÉE	**72 PRODUCTION IMMOBILISEE**
721 IMMOBILISATIONS INCORPORELLES	721 IMMOBILISATIONS INCORPORELLES
722 IMMOBILISATIONS CORPORELLES	722 IMMOBILISATIONS CORPORELLES
	7221 immobilisations corporelles (hors actifs biologiques) +++
	7222 immobilisations corporelles (actifs biologiques) +++
	724 PRODUCTION AUTO-CONSOMMEE +++
726 IMMOBILISATIONS FINANCIÈRES (1)	726 IMMOBILISATIONS FINANCIERES (9)
73 VARIATIONS DES STOCKS DE BIENS ET DE SERVICES PRODUITS	**73 VARIATIONS DES STOCKS DE BIENS ET DE SERVICES PRODUITS**
734 VARIATIONS DES STOCKS DE PRODUITS EN COURS	734 VARIATIONS DES STOCKS DE PRODUITS EN COURS
7341 Produits en cours	7341 Produits en cours
7342 Travaux en cours	7342 Travaux en cours
735 VARIATIONS DES EN-COURS DE SERVICES	735 VARIATIONS DES SERVICES EN COURS ++

7351 Études en cours	7351 Etudes en cours
7352 Prestations de services en cours	7352 Prestations de services en cours
736 VARIATIONS DES STOCKS DE PRODUITS FINIS	736 VARIATIONS DES STOCKS DE PRODUITS FINIS
737 VARIATIONS DES STOCKS DE PRODUITS INTERMÉDIAIRES ET RÉSIDUELS	737 VARIATIONS DES STOCKS DE PRODUITS INTERMEDIAIRES ET RESIDUELS
7371 Produits intermédiaires	7371 Produits intermédiaires
7372 Produits résiduels	7372 Produits résiduels
75 AUTRES PRODUITS	**75 AUTRES PRODUITS**
	751 PROFITS SUR CREANCES CLIENTS ET AUTRES DEBITEURS +++
752 QUOTE-PART DE RÉSULTAT SUR OPÉRATIONS FAITES EN COMMUN	752 QUOTE-PART DE RESULTAT SUR OPERATIONS FAITES EN COMMUN
7521 Quote-part transférée de pertes (comptabilité du gérant)	7521 Quote-part transférée de pertes (comptabilité du gérant)
7525 Bénéfices attribués par transfert (comptabilité des associés non gérants)	7525 Bénéfices attribués par transfert (comptabilité des associés non gérants)
~~753 QUOTE-PART DE RÉSULTAT SUR EXÉCUTION PARTIELLE DE CONTRATS PLURI-EXERCICES (Supprimé)~~	
754 PRODUITS DES CESSIONS COURANTES D'IMMOBILISATIONS	754 PRODUITS DES CESSIONS COURANTES D'IMMOBILISATIONS
	7541 Immobilisations incorporelles +++
	7542 Immobilisations corporelles +++
	756 GAINS DE CHANGE SUR CREANCES ET DETTES COMMERCIALES +++
758 PRODUITS DIVERS	758 PRODUITS DIVERS
7581 Jetons de présence et autres rémunérations d'administrateurs	7581 Indemnités de fonction et autres rémunérations d'administrateurs ++
7582 Indemnités d'assurances reçues	7582 Indemnités d'assurances reçues
	7588 Autres produits divers +++
759 REPRISES DE CHARGES PROVISIONNÉES D'EXPLOITATION	759 REPRISES DE CHARGES POUR DEPRECIATIONS ET PROVISIONS POUR RISQUES A COURT TERME D'EXPLOITATION ++
7591 sur risques à court terme	7591 sur risques à court terme
7593 sur stocks	7593 sur stocks
7594 sur créances	7594 sur créances
7598 sur autres charges provisionnées	7598 sur autres charges pour dépréciations et provisions pour risques à court terme d'exploitation ++
77 REVENUS FINANCIERS ET PRODUITS ASSIMILÉS	**77 REVENUS FINANCIERS ET PRODUITS ASSIMILES**
771 INTÉRÊTS DE PRÊTS	771 INTERETS DE PRETS ET CREANCES DIVERSES ++
	7712 Intérêts de prêts+++
	7713 Intérêts sur créances diverses +++

772 REVENUS DE PARTICIPATIONS	772 REVENUS DE PARTICIPATIONS ET AUTRES TITRES IMMOBILISES ++
	7721 Revenus des titres de participation +++
	7722 Revenus autres titres immobilisés +++
773 ESCOMPTES OBTENUS	773 ESCOMPTES OBTENUS
774 REVENUS DE TITRES DE PLACEMENT	774 REVENUS DE PLACEMENT ++
	7746 Revenus des titres de placement +++
	775 INTERETS DANS LOYERS DE LOCATION-FINANCEMENT +++
776 GAINS DE CHANGE	776 GAINS DE CHANGE FINANCIERS ++
777 GAINS SUR CESSIONS DE TITRES DE PLACEMENT	777 GAINS SUR CESSIONS DE TITRES DE PLACEMENT
778 GAINS SUR RISQUES FINANCIERS	778 GAINS SUR RISQUES FINANCIERS
7781 sur rentes viagères	7781 sur rentes viagères
7782 sur opérations financières	7782 sur opérations financières
7784 sur instruments de trésorerie	7784 sur instruments de trésorerie
779 REPRISES DE CHARGES PROVISIONNÉES FINANCIÈRES	779 REPRISES DE CHARGES POUR DEPRECIATIONS ET PROVISIONS POUR RISQUES A COURT TERME FINANCIERES ++
7791 sur risques financiers	7791 sur risques financiers
7795 sur titres de placement	7795 sur titres de placement
7798 autres charges provisionnées financières	7798 sur autres charges pour dépréciations et provisions pour risques à court terme financières ++
78 TRANSFERTS DE CHARGES	**78 TRANSFERTS DE CHARGES**
781 TRANSFERTS DE CHARGES D'EXPLOITATION	781 TRANSFERTS DE CHARGES D'EXPLOITATION
787 TRANSFERTS DE CHARGES FINANCIERES	787 TRANSFERTS DE CHARGES FINANCIERES
79 REPRISES DE PROVISIONS	**79 REPRISES DE PROVISIONS, DE DEPRECIATIONS ET AUTRES ++**
791 REPRISES DE PROVISIONS D'EXPLOITATION	791 REPRISES DE PROVISIONS ET DEPRECIATIONS D'EXPLOITATION ++
7911 pour risques et charges	7911 pour risques et charges
~~7912 pour grosses réparations~~	
7913 pour dépréciation des immobilisations incorporelles	7913 des immobilisations incorporelles ++
7914 pour dépréciation des immobilisations corporelles	7914 des immobilisations corporelles ++
797 REPRISES DE PROVISIONS FINANCIÈRES	797 REPRISES DE PROVISIONS ET DEPRECIATIONS FINANCIERES ++
7971 pour risques et charges	7971 pour risques et charges
7972 pour dépréciation des immobilisations financières	7972 des immobilisations financières++
798 REPRISES D'AMORTISSEMENTS [1]	798 REPRISES D'AMORTISSEMENTS [10]
	799 REPRISES DE SUBVENTIONS D'INVESTISSEMENT +++

CLASSE 8 : COMPTES DES AUTRES CHARGES ET DES AUTRES PRODUITS	CLASSE 8 : COMPTES DES AUTRES CHARGES ET DES AUTRES PRODUITS
81 VALEURS COMPTABLES DES CESSIONS D'IMMOBILISATIONS	**81 VALEURS COMPTABLES DES CESSIONS D'IMMOBILISATIONS**
811 IMMOBILISATIONS INCORPORELLES	811 IMMOBILISATIONS INCORPORELLES
812 IMMOBILISATIONS CORPORELLES	812 IMMOBILISATIONS CORPORELLES
816 IMMOBILISATIONS FINANCIÈRES	816 IMMOBILISATIONS FINANCIERES
82 PRODUITS DES CESSIONS D'IMMOBILISATIONS	**82 PRODUITS DES CESSIONS D'IMMOBILISATIONS**
821 IMMOBILISATIONS INCORPORELLES	821 IMMOBILISATIONS INCORPORELLES
822 IMMOBILISATIONS CORPORELLES	822 IMMOBILISATIONS CORPORELLES
826 IMMOBILISATIONS FINANCIÈRES	826 IMMOBILISATIONS FINANCIERES
83 CHARGES HORS ACTIVITÉS ORDINAIRES	**83 CHARGES HORS ACTIVITES ORDINAIRES**
831 CHARGES H.A.O. CONSTATÉES	831 CHARGES H.A.O. CONSTATEES
	833 CHARGES LIEES AUX OPERATIONS DE RESTRUCTURATION +++
834 PERTES SUR CRÉANCES H.A.O.	834 PERTES SUR CREANCES H.A.O.
835 DONS ET LIBÉRALITÉS ACCORDÉS	835 DONS ET LIBERALITES ACCORDES
836 ABANDONS DE CRÉANCES CONSENTIS	836 ABANDONS DE CREANCES CONSENTIS
	837 CHARGES LIEES AUX OPERATIONS DE LIQUIDATION +++
839 CHARGES PROVISIONNÉES H.A.O.	839 CHARGES POUR DEPRECIATIONS ET PROVISIONS POUR RISQUES A COURT TERME H.A.O. ++
84 PRODUITS HORS ACTIVITÉS ORDINAIRES	**84 PRODUITS HORS ACTIVITES ORDINAIRES**
841 PRODUITS H.A.O CONSTATÉS	841 PRODUITS H.A.O CONSTATES
	843 PRODUITS LIES AUX OPERATIONS DE RESTRUCTURATION +++
	844 INDEMNITES ET SUBVENTIONS H.A.O. (entité agricole) +++
845 DONS ET LIBÉRALITÉS OBTENUS	845 DONS ET LIBERALITES OBTENUS
846 ABANDONS DE CRÉANCES OBTENUS	846 ABANDONS DE CREANCES OBTENUS
	847 PRODUITS LIES AUX OPERATIONS DE LIQUIDATION +++
848 TRANSFERTS DE CHARGES H.A.O	848 TRANSFERTS DE CHARGES H.A.O
849 REPRISES DES CHARGES PROVISIONNÉES H.A.O.	849 REPRISES DE CHARGES POUR DEPRECIATIONS ET PROVISIONS POUR RISQUES A COURT TERME H.A.O. ++
85 DOTATIONS HORS ACTIVITÉS ORDINAIRES	**85 DOTATIONS HORS ACTIVITES ORDINAIRES**
851 DOTATIONS AUX PROVISIONS RÉGLEMENTÉES	851 DOTATIONS AUX PROVISIONS REGLEMENTEES

852 DOTATIONS AUX AMORTISSEMENTS H.A.O.	852 DOTATIONS AUX AMORTISSEMENTS H.A.O.
853 DOTATIONS AUX PROVISIONS POUR DÉPRÉCIATION H.A.O.	853 DOTATIONS AUX DEPRECIATIONS H.A.O. ++
854 DOTATIONS AUX PROVISIONS POUR RISQUES ET CHARGES H.A.O.	854 DOTATIONS AUX PROVISIONS POUR RISQUES ET CHARGES H.A.O.
858 AUTRES DOTATIONS H.A.O.	858 AUTRES DOTATIONS H.A.O.
86 REPRISES HORS ACTIVITÉS ORDINAIRES	**86 REPRISES DE CHARGES, PROVISIONS ET DEPRECIATIONS HAO. ++**
861 REPRISESDE PROVISIONS RÉGLEMENTÉES	861 REPRISESDE PROVISIONS REGLEMENTEES
862 REPRISESD'AMORTISSEMENTS	862 REPRISESD'AMORTISSEMENTS H.A.O. ++
863 REPRISESDE PROVISIONS POUR DÉPRÉCIATION H.A.O.	863 REPRISESDE DEPRECIATIONS H.A.O. ++
864 REPRISES DE PROVISIONS POUR RISQUES ET CHARGES H.A.O.	864 REPRISES DE PROVISIONS POUR RISQUES ET CHARGES H.A.O.
~~865 REPRISES DE SUBVENTIONS D'INVESTISSEMENT (Supprimé)~~	
868 AUTRES REPRISES H.A.O.	868 AUTRES REPRISES H.A.O.
87 PARTICIPATION DES TRAVAILLEURS	**87 PARTICIPATION DES TRAVAILLEURS**
871 PARTICIPATION LÉGALE AUX BÉNÉFICES	871 PARTICIPATION LEGALE AUX BENEFICES
874 PARTICIPATION CONTRACTUELLE AUX BÉNÉFICES	874 PARTICIPATION CONTRACTUELLE AUX BENEFICES
878 AUTRES PARTICIPATIONS	878 AUTRES PARTICIPATIONS
88 SUBVENTIONS D'ÉQUILIBRE	**88 SUBVENTIONS D'EQUILIBRE**
881 ÉTAT	881 ÉTAT
884 COLLECTIVITÉS PUBLIQUES	884 COLLECTIVITES PUBLIQUES
886 GROUPE	886 GROUPE
888 AUTRES	888 AUTRES
89 IMPÔTS SUR LE RÉSULTAT	**89 IMPOTS SUR LE RESULTAT**
891 IMPÔTS SUR LES BÉNÉFICES DE L'EXERCICE	891 IMPOTS SUR LES BENEFICES DE L'EXERCICE
8911 Activités exercées dans l'État	8911 Activités exercées dans l'État
8912 Activités exercées dans les autres États de la Région	8912 Activités exercées dans les autres États de la Région
8913 Activités exercées hors Région	8913 Activités exercées hors Région
892 RAPPEL D'IMPÔTS SUR RÉSULTATS ANTÉRIEURS	892 RAPPEL D'IMPOTS SUR RESULTATS ANTERIEURS
895 IMPÔT MINIMUM FORFAITAIRE (I.M.F.)	895 IMPOT MINIMUM FORFAITAIRE (I.M.F.)
899 DÉGRÈVEMENTS ET ANNULATIONS D'IMPÔTS SUR RÉSULTATS ANTÉRIEURS	899 DEGREVEMENTS ET ANNULATIONS D'IMPOTS SUR RESULTATS ANTERIEURS
8991 Dégrèvements	8991 Dégrèvements
8994 Annulations pour pertes rétroactives	8994 Annulations pour pertes rétroactives
CLASSE 9 : COMPTES DES ENGAGEMENTS HORS BILAN ET COMPTES DE LA COMPTABILITE ANALYTIQUE DE GESTION	**CLASSE 9 : COMPTES DES ENGAGEMENTS HORS BILAN ET COMPTES DE LA COMPTABILITE ANALYTIQUE DE GESTION**
COMPTES DES ENGAGEMENTS HORS BILAN	**COMPTES DES ENGAGEMENTS HORS BILAN**

90 ENGAGEMENTS OBTENUS ET ENGAGEMENTS ACCORDÉS

91 CONTREPARTIES DES ENGAGEMENTS

ENGAGEMENTS OBTENUS 901à904

901 ENGAGEMENTS DE FINANCEMENT OBTENUS
- 9011 Crédits confirmés obtenus
- 9012 Emprunts restant à encaisser
- 9013 Facilités de financement renouvelables
- 9014 Facilités d'émission
- 9018 Autres engagements de financement obtenus

902 ENGAGEMENTS DE GARANTIE OBTENUS
- 9021 Avals obtenus
- 9022 Cautions, garanties obtenues
- 9023 Hypothèques obtenues
- 9024 Effets endossés par des tiers
- 9028 Autres garanties obtenues

903 ENGAGEMENTS RÉCIPROQUES
- 9031 Achats de marchandises à terme
- 9032 Achats à terme de devises
- 9033 Commandes fermes des clients
- 9038 Autres engagements réciproques

904 AUTRES ENGAGEMENTS OBTENUS
- 9041 Abandons de créances conditionnels
- 9043 Ventes avec clause de réserve de propriété
- 9048 Divers engagements obtenus

ENGAGEMENTS ACCORDÉS 905à908

905 ENGAGEMENTS DE FINANCEMENT ACCORDÉS
- 9051 Crédits accordés non décaissés
- 9058 Autres engagements de financement accordés

906 ENGAGEMENTS DE GARANTIE ACCORDÉS
- 9061 Avals accordés
- 9062 Cautions, garanties accordées
- 9063 Hypothèques accordées
- 9064 Effets endossés par l'entité
- 9068 Autres garanties accordées

907 ENGAGEMENTS RÉCIPROQUES
- 9071 Ventes de marchandises à terme
- 9072 Ventes à terme de devises
- 9073 Commandes fermes aux fournisseurs
- 9078 Autres engagements réciproques

908 AUTRES ENGAGEMENTS ACCORDÉS
- 9081 Annulations conditionnelles de dettes
- 9082 Engagements de retraite
- 9083 Achats avec clause de réserve de propriété
- 9088 Divers engagements accordés

91 CONTREPARTIES DES ENGAGEMENTS

911 à 914 CONTREPARTIE DES ENGAGEMENTS OBTENUS, 901 à 904

90 ENGAGEMENTS OBTENUS ET ENGAGEMENTS ACCORDES

91 CONTREPARTIES DES ENGAGEMENTS

ENGAGEMENTS OBTENUS 901à904

901 ENGAGEMENTS DE FINANCEMENT OBTENUS
- 9011 Crédits confirmés obtenus
- 9012 Emprunts restant à encaisser
- 9013 Facilités de financement renouvelables
- 9014 Facilités d'émission
- 9018 Autres engagements de financement obtenus

902 ENGAGEMENTS DE GARANTIE OBTENUS
- 9021 Avals obtenus
- 9022 Cautions, garanties obtenues
- 9023 Hypothèques obtenues
- 9024 Effets endossés par des tiers
- 9028 Autres garanties obtenues

903 ENGAGEMENTS RECIPROQUES
- 9031 Achats de marchandises à terme
- 9032 Achats à terme de devises
- 9033 Commandes fermes des clients
- 9038 Autres engagements réciproques

904 AUTRES ENGAGEMENTS OBTENUS
- 9041 Abandons de créances conditionnels
- 9043 Ventes avec clause de réserve de propriété
- 9048 Divers engagements obtenus

ENGAGEMENTS ACCORDÉS 905à908

905 ENGAGEMENTS DE FINANCEMENT ACCORDES
- 9051 Crédits accordés non décaissés
- 9058 Autres engagements de financement accordés

906 ENGAGEMENTS DE GARANTIE ACCORDES
- 9061 Avals accordés
- 9062 Cautions, garanties accordées
- 9063 Hypothèques accordées
- 9064 Effets endossés par l'entité
- 9068 Autres garanties accordées

907 ENGAGEMENTS RECIPROQUES
- 9071 Ventes de marchandises à terme
- 9072 Ventes à terme de devises
- 9073 Commandes fermes aux fournisseurs
- 9078 Autres engagements réciproques

908 AUTRES ENGAGEMENTS ACCORDES
- 9081 Annulations conditionnelles de dettes
- 9082 Engagements de retraite
- 9083 Achats avec clause de réserve de propriété
- 9088 Divers engagements accordés

91 CONTREPARTIES DES ENGAGEMENTS

911 à 914 CONTREPARTIE DES ENGAGEMENTS OBTENUS, 901 à 904

915 à 918 CONTREPARTIE DES ENGAGEMENTS ACCORDÉS, 905 à 908	*915 à 918 CONTREPARTIE DES ENGAGEMENTS ACCORDES, 905 à 908*
COMPTES DE LA COMPTABILITE ANALYTIQUE DE GESTION (CAGE)	**COMPTES DE LA COMPTABILITE ANALYTIQUE DE GESTION (CAGE)**
92 COMPTES REFLECHIS **93** COMPTES DE RECLASSEMENTS **94** COMPTES DE COÛTS **95** COMPTES DE STOCKS **96** COMPTES D'ECARTS SUR COUTS PREETABLIS **97** COMPTES DE DIFFERENCES DE TRAITEMENT COMPTABLE **98** COMPTES DE RESULTATS **99** COMPTES DE LIAISONS INTERNES	**92** COMPTES REFLECHIS **93** COMPTES DE RECLASSEMENTS **94** COMPTES DE COUTS **95** COMPTES DE STOCKS **96** COMPTES D'ECARTS SUR COUTS PREETABLIS **97** COMPTES DE DIFFERENCES DE TRAITEMENT COMPTABLE **98** COMPTES DE RESULTATS **99** COMPTES DE LIAISONS INTERNES
(1) Pièces, barres, lingots, louis d'or et autres métaux précieux (argent, diamant...) acquis et que l'entité a l'intention de conserver de manière durable.	(2) Le terme "associés" englobe les "actionnaires" et les "membres"
(2) Pièces, barres, louis d'or et autres métaux précieux (argent, diamant...) acquis en vue d'une cession à court terme. Ils jouent donc le rôle d'instruments de trésorerie.	(3) Créer des sous comptes distinguant les immobilisations corporelles des incorporelles
(3) À l' exception des achats effectués avec les entreprises du groupe	(4) Pièces, barres, louis d'or et autres métaux précieux (argent, diamant...) acquis en vue d'une cession à court terme. Ils jouent donc le rôle d'instruments de trésorerie.
~~(4) Les frais de transport raisonnablement rattachables à une immobilisation en sont exclus.~~	(5) À l' exception des achats effectués avec les entités du groupe
(5) À l'exclusion des ventes faites à des entreprises du groupe	(6) l'entité peut créer des sous comptes pour les frais accessoires : douane, fret, assurance sur achats, commissions, courtages sur achats, frais de transit et autres frais accessoires
(6) À inscrire au compte 706 si ces produits correspondent à une activité principale de l'entreprise	(7) À l'exclusion des ventes faites à des entités du groupe
(7) En cas d'offre publique d'échange (O.P.E.) ou d'achat (O.P.A.) notamment.	(8) À inscrire au compte 706 si ces produits correspondent à une activité principale de l'entité
(8) Cas de révision de plan d'amortissement	(9) En cas d'offre publique d'échange (O.P.E.) ou d'achat (O.P.A.) notamment.
(10) Cas de révision de plan d'amortissement	

LEGENDES

Comptes n'ayant pas changés lors de la mutation OHADA (20 novembre 2000 – OHADA 2017)

+++ Comptes créés lors de la mutation OHADA 20 novembre 2000 - OHADA du 15 février 2017

++ Comptes dont les numéros et/ou intitulés ont été modifiés à partir de 15 février 2017

~~Comptes supprimés lors de la mutation OHADA 2000 – OHADA à partir de 15 février 2017~~

INDEX DES TERMES

INDEX DE LA BIBLIOGRAPHIE

TABLEAUX

FIGURES

TABLE DES MATIERES

Structures éditoriales du groupe L'Harmattan

L'Harmattan Italie
Via degli Artisti, 15
10124 Torino
harmattan.italia@gmail.com

L'Harmattan Hongrie
Kossuth l. u. 14-16.
1053 Budapest
harmattan@harmattan.hu

L'Harmattan Sénégal
10 VDN en face Mermoz
BP 45034 Dakar-Fann
senharmattan@gmail.com

L'Harmattan Cameroun
TSINGA/FECAFOOT
BP 11486 Yaoundé
inkoukam@gmail.com

L'Harmattan Burkina Faso
Achille Somé – tengnule@hotmail.fr

L'Harmattan Guinée
Almamya, rue KA 028 OKB Agency
BP 3470 Conakry
harmattanguinee@yahoo.fr

L'Harmattan RDC
185, avenue Nyangwe
Commune de Lingwala – Kinshasa
matangilamusadila@yahoo.fr

L'Harmattan Congo
219, avenue Nelson Mandela
BP 2874 Brazzaville
harmattan.congo@yahoo.fr

L'Harmattan Mali
ACI 2000 - Immeuble Mgr Jean Marie Cisse
Bureau 10
BP 145 Bamako-Mali
mali@harmattan.fr

L'Harmattan Togo
Djidjole – Lomé
Maison Amela
face EPP BATOME
ddamela@aol.com

L'Harmattan Côte d'Ivoire
Résidence Karl – Cité des Arts
Abidjan-Cocody
03 BP 1588 Abidjan
espace_harmattan.ci@hotmail.fr

Nos librairies en France

Librairie internationale
16, rue des Écoles
75005 Paris
librairie.internationale@harmattan.fr
01 40 46 79 11
www.librairieharmattan.com

Librairie des savoirs
21, rue des Écoles
75005 Paris
librairie.sh@harmattan.fr
01 46 34 13 71
www.librairieharmattansh.com

Librairie Le Lucernaire
53, rue Notre-Dame-des-Champs
75006 Paris
librairie@lucernaire.fr
01 42 22 67 13

www.ingramcontent.com/pod-product-compliance
Lightning Source LLC
LaVergne TN
LVHW011318061026
849535LV00005B/1615
* 9 7 8 2 3 3 6 4 4 3 3 5 5 *